中小学教师

Flash

课件制作教程

王玉芹　崔　冬　孙会中　主编

海洋出版社

2016年·北京

内 容 简 介

国家中长期教育改革和发展规划纲要(2010-2020 年)把教育信息化纳入国家信息化发展整体战略,超前部署教育信息网络。其中第十九章"加快教育信息化进程"中明确指出"加强优质教育资源开发与应用"。对于教育资源的建设和应用,从国家教育改革和发展的战略高度提出了明确的要求。为提高教师应用信息技术水平,更新教学观念,改进教学方法,提高教学效果,充分发挥一线教师的主观能动性,提高教学资源的质量和数量,编写了这本 Flash 课件制作教程。

本书共分为 9 章,通过大量的课件制作实例介绍了课件制作基础;Flash CS6 的初步认识;Flash CS6 图形绘制与编辑;Flash CS6 文本处理;Flash CS6 动画制作基础;多媒体素材处理;脚本实现交互、导航与动画效果;常见组件的使用;模板的使用与制作等知识。

适用范围:本书可作为中小学教师课件制作培训课教材,同时也可作为课件制作爱好者的自学指导书。

光盘说明:本光盘中包括 50 个视频教程及相关素材、图片和案例课件效果。

图书在版编目(CIP)数据

中小学教师 Flash 课件制作教程/王玉芹,崔冬,孙会中主编.—北京:海洋出版社,2016.1
ISBN 978-7-5027-9324-1

Ⅰ.①中… Ⅱ.①王…②崔…③孙… Ⅲ.①中小学—教师—多媒体课件—动画制作软件—教材 Ⅳ.①G434

中国版本图书馆 CIP 数据核字(2015)第 297823 号

总 策 划:刘斌		发 行 部:(010)62174379(传真)(010)62132549	
责任编辑:刘斌		(010)62100075(邮购)(010)62173651	
责任校对:肖新民		网 址:http://www.oceanpress.com.cn/	
责任印制:赵麟苏		承 印:北京画中画印刷有限公司	
排 版:海洋计算机图书输出中心 晓阳		版 次:2016 年 1 月第 1 版	
出版发行:海洋出版社		2016 年 1 月第 1 次印刷	
		开 本:787mm×1092mm 1/16	
地 址:北京市海淀区大慧寺路 8 号(707 房间)		印 张:14.5	
100081		字 数:348 千字	
经 销:新华书店		印 数:1~4000 册	
技术支持:010-62100059		定 价:38.00 元(1DVD)	

本书如有印、装质量问题可与发行部调换

前　言

国家中长期教育改革和发展规划纲要（2010—2020 年）把教育信息化纳入国家信息化发展整体战略，超前部署教育信息网络。其中第十九章"加快教育信息化进程"中国家明确指出"加强优质教育资源开发与应用"。对于教育资源的建设和应用，从国家教育改革和发展的战略高度提出了明确的要求。为提高教师应用信息技术水平，更新教学观念，改进教学方法，提高教学效果，充分发挥一线教师的主观能动性，提高教学资源的质量和数量，编写了这本 Flash 课件制作教程。

多线程编写是本教材的一大特点，分别是基于课件类型的线程，基于课件实例的线程和基于 Flash 课件制作知识结构的线程，其中以课件实例为主线程，同时照顾知识结构和课件类型，目的是帮助中小学教师快速开发适合自己的多媒体课件。

本书编写者均为一线教师，有丰富的课件开发经验，曾在全国教育教学信息化大奖赛中获奖，同时也有图书编写经验，均在国家级出版社出版过教材。各章节的实例都是经过认真思考，结合 Flash 软件的特点后设计的，大部分知识点都放到实例中，以便读者在较短时间内掌握 Flash 课件制作的理论知识和实战技法，使教材简单易懂，趣味性强。

本书以应用为核心，充分照顾中小学教师在课件制作过程中的真实需求，在编写教材时，所设计的实例都是中小学教师受欢迎的实例。

本书以 Flash 开发工具为核心，将图形工具、图像扫描、文字识别、音视频捕获等多种工具应用到多媒体课件制作中，以提高中小学教师采集和制作图像、声音、视频、三维动画等素材的能力。

本书由河北省电化教育馆王玉芹、唐山市电化教育馆崔冬、迁安市第一中学孙会中任主编，李红艳、黄骁任副主编。全书共分为 9 章，崔冬编写第 1 章，崔波编写第 2 章，张洪钢编写第 3 章，李云红编写第 4 章，李红艳编写第 5 章，王蕾编写第 6 章，孙会中编写第 7、8 章，宋珊珊编写第 9 章，王玉芹参加部分章节的编写。

在编写本书时，编者在案例的选择与内容组织等方面做了最大的努力，但由于编者水平有限，时间仓促，书中难免存在错误与不足，敬请读者批评指正。

目　录

第1章　课件制作基础

学习要点

☑ 认识多媒体课件
☑ 熟悉课件制作工具
☑ 学会编写课件脚本
☑ 掌握文本、图片、音频、视频及动画获取的基本方法

本章主要介绍课件的相关概念、设计原则、制作流程、常见的课件类型及制作工具，为读者了解课件的作用、掌握课件设计的科学方法、合理选择课件的制作工具打下基础。

1.1　认识多媒体课件

1.1.1　什么是课件

全国教育教学信息化大奖赛参赛指南是这样界定课件的：课件是指基于计算机技术和网络技术，根据教学设计，将特定的教学内容、教学活动和教学手段有效呈现的应用软件，目的是辅助教与学，并完成特定的教学任务，实现教学目标。可以是针对某些知识点，也可以是一课时或一个教学单元内容，制作工具和呈现形式不限。

可见课件与课程内容有着直接联系，是指教师根据教学大纲的要求和教学的需要，经过严格的教学设计，把需要讲述的教学内容通过计算机多媒体信息（视频、音频、动画、图片）、文字来表述并构成的课程软件。

课件作为一种现代化的教学手段，有别于以粉笔和黑板为主要载体的传统教学，是近年来被广泛应用于中小学教学中的手段，是现代教学发展的必然趋势。在课堂教学中，合理恰当地运用课件进行辅助教学，可以改善教学的表现力和交互性，充分调动学生多种感官参与认知和思考，促进课堂教学内容、教学方法、教学过程的全面优化，提高教学效果。课件在教学中得以广泛应用，主要在于其具有下面的几个特点。

1. 丰富的表现力

课件不仅可以更加自然、逼真地表现多姿多彩的视听世界；还可以对宏观和微观事物进行模拟，对抽象、无形事物进行生动、直观的表现；对复杂过程进行简化再现等。这样，就使原本艰难的教学活动充满了魅力。

2. 良好的交互性

课件不仅可以在内容的学习使用上提供良好的交互控制，而且可以运用适当的教学策略，指导学生学习，更好地体现出"因材施教的个别化教学"。

3. 极大的共享性

课件作为数字化教学资源，可以无限复制，本身就具有很大的共享性。网络技术的发展，多媒体信息的自由传输，更为课件跨区域的交换、共享提供了便捷途径。

1.1.2 课件的基本制作流程

华南师范大学李运林教授说：课件，是指教学的应用程序。根据教学目的、教学内容，利用程序设计语言，由教师编制的程序。华东师范大学王吉庆教授说：课件的设计者把自己对于教学的想法，包括教学目的内容、实现教学活动的教学策略、教学的顺序、控制方法等用计算机程序描述。

这清楚地告诉我们，课件是"用计算机程序描述"的教案，两者的不同之处在于，一个写在备课本上，一个显示在屏幕上，所以先确定目标写教案，再按教案编写课件开发脚本，最后根据脚本制作课件是广大教师普遍遵守的课件制作基本流程。

1. 确定目标写教案

设计和制作课件的主要目的是突出教学重点，突破教学难点，解决某些用传统教学方法解决不了的教学问题。因此，课件制作前首先要写教案，通过教案明确教学目标，教学重点、难点，教学的进程，并绘制教学过程的树型结构。在写教案的过程中梳理各教学环节需要展示的教学内容，收集并整理相关素材。

2. 课件脚本设计

（1）选择适合的开发工具。通过教学设计我们确定了课件所要展示的内容，在脚本设计环节要思考用什么方式展现效果最好，即选择开发工具。当教学内容以文字、图片、音视频为主，表现方式以呈现为主时，可以选择 PowerPoint 制作课件；教学内容为原理展示，需要通过动画进行模拟演示时，可以使用 Flash 制作课件；当教学内容交互性较强，有虚拟仿真实验或是需要通过制作游戏激发兴趣时，应该考虑使用 Flash、Authorware、Director 等专业软件来实现。

（2）编写开发脚本。这是一个逐层深入的过程，先根据教学设计规划课件各个大的模块，然后逐模块进行细化，最好确定每一页要显示的内容与显示顺序、方式等。

3. 课件制作、调试与发布

（1）按照开发脚本设计的要求，分步骤的开始制作过程。首先是逐页制作相关的画面内容，然后按照脚本设计制作导航控制条调整各演示页面的播放顺序。

（2）对课件进行测试并选择适当的形式进行发布输出，依据演示效果或课堂使用的反馈结果，还需要对课件进行必要的完善。

1.1.3 课件的设计原则

课件在设计时必须遵守教学性、科学性、可操作性和艺术性原则。

1. 教学性原则

多媒体课件应用的目的是优化课堂教学结构，提高课堂教学效率，制作课件前首先需要考虑使用这个多媒体课件进行教学是否有必要，其次是怎样设计与制作能使这个课件既有利于教师教，又有利于学生学。所以课件内容的选择重点应放在：（1）选取那些常规方法无法演示、不易演示或演示观察不清的内容；（2）选取课堂上用常规手段不能很好解决的问题，也就是教学重点、难点问题；（3）通过提供与教学相关的媒体信息，创造良好的教学环境（情景）、资源环境，扩大学生的知识面、信息源。

2. 科学性原则

科学性无疑是课件评价的重要指标，尤其是模拟演示实验，必须符合科学性。此外在课件中显示的文字、符号、公式、图表及概念、规律的表述式等要力求准确无误，语言发音、范读要准确。但制作课件又不可片面强调科学性，还要具体问题具体分析，如制作演示模拟原理的课件时，达到科学性的基本要求，不出现知识性的错误即可，即只需正确反映主要的机制，淡化细节，在尊重事实的基础上允许必要的夸张。

3. 可操作性原则

制作的课件要操作简便、灵活、可靠，便于教师和学生控制。①多媒体课件应界面简洁，菜单、按钮和图标明确，支持鼠标且触点良好，尽量避免频繁的鼠标与键盘切换操作、避免复杂的键盘操作，避免多层嵌套的交互操作。②为了方便教学，各部分教学内容之间跳转灵活、方便。③演示型课件，应做到可以根据实际教学需要控制演示进程。④学生练习型课件，应做到学生可自由选择训练次数、训练难度，练习结果能及时反馈。

4. 艺术性原则

优质的多媒体课件应是内容与美的形式的统一，使学生在获得美的享受的同时，激发他们的学习兴趣。首先课件展示的画面应符合学生的视觉心理，布局要突出重点，同一画面对象不宜过多，减少或避免引起学生注意的无益信息干扰。其次还应注意前景与背景的色彩对比、线条的粗细、字符的大小，以保证学生能充分感知对象。此外要避免多余动作、减少文字显示数量（只显示重点内容），过多的文字易使学生疲劳，干扰学生的感知。

1.1.4　课件的类型与特点

由于认知的角度不同，课件类型有多种划分方式，较常见划分方式及课件类型主要有下面几种。

1. 按课堂教学中表现方式分类

（1）展示型课件

主要是将教材内容变换成课件通过多媒体设备进行演示，其作用是再现课本知识，化静为动，化繁就简，变抽象为具体，使概念变得为直观，此类课件重在说明知识本身的内容，并不刻意体现知识的内在规律。

（2）演示型课件

主要是利用动画、图解等多种媒体方式进行教学内容的演示，讲解课本知识的原理和规律，通过对教学内容的演示，提示事物的发生发展和变化的内在规律，以说理为主，以表现知识内容为辅，如图 1-1 所示。

（3）资料型课件

将大量反映教学内容的数据或资料进行收集、整理，然后集中存放并提供方便检索手段（如学科主题网站），在课堂教学中学生可以对教学资料或数据进行分析和提炼，从中获取知识信息，掌握教学内容。资料性课件可以帮助学生学会对大量资料或数据的分析方法和综合能力。

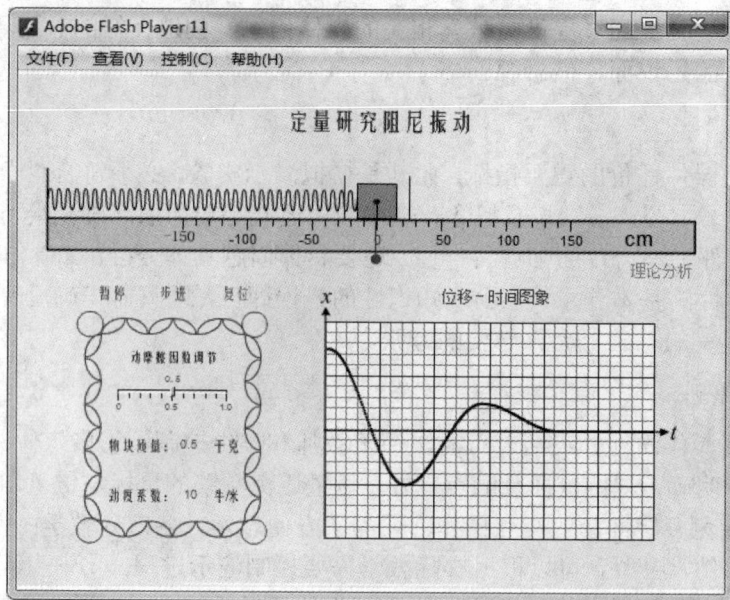

图 1-1　演示型课件

（4）交互型课件

课件中可以实现人机对话，计算机针对教师和学生的操作进行不同的回应，实现人机之间的信息沟通。此类课件重在表现操作方式，通过交互性的操作方式对学生进行思维训练，最常见的例子是在课件中让学生回答某些问题或完成某些操作，根据回答或操作的不同计算机分别给予不同的提示。

（5）综合型

以上几种类型的综合运用。在一个的课件中综合分析多种类型课件的优势，适当运用，实现预期的教学目标。

2. 按课堂教学中应用目的分类

（1）教学型

用于在课堂教学中进行知识传授，既可用于教师讲解，又可用于学生自我学习，这是课件中最主要的类型。

（2）模拟型

用于在课堂教学中进行教学演示，用计算机模拟手段实现现实教学中不能或不易实现的场景，危险的化学实验、物理原理和语文课中意境的创设等，如原子世界、宇宙星空、《斑羚飞渡》一课中斑羚飞跃断崖的场景、内燃机活塞的运动等。

（3）练习型

针对教学内容提供反复练习的机会或在教学活动进行到某一阶段后用于检测学生知识掌握的程度。

3. 按课件完整性分类

（1）课件型

将一节课的教学内容制作成一个完整的课件，包括新课引入、新课讲授、课堂练习、课堂小结、课后作业等大部分教学环节的内容，并可脱离制作工具独立运行。

（2）积件型

把部分教学内容（一个问题的讲解，一个实验的演示，一个过程的模拟，一段历史的回顾，一个场面的展示，一个物体的内部结构剖析等）做成像"积木块"样的课件半成品"积件"，教师上课时可以根据需要选择"积木块"配合教学，也可以将"积件块"组合编排成一节课的完整课件。积件犹如数字化的教具，弥补了传统教学方式在直观、空间、动态等方面的不足，又克服了教师上课受课件走向支配的缺点。积件制作简便，应用灵活，既有利于发挥教师的个性和潜能，又有利于课件的更新和交流。

1.2 选择课件制作工具

1.2.1 Microsoft Office PowerPoint

Microsoft Office PowerPoint，是微软公司的演示文稿软件。利用 Microsoft Office PowerPoint 创建的演示文稿广泛地应用于学术报告、会议、互联网上召开面对面会议、远程会议等场所。由于技术容易掌握、制作简单、修改方便，PowerPoint 是目前中小学教师最常用的课件制作工具之一。

1. 使用 PowerPoint 制作课件的优点

（1）简单易学，方便好用

PowerPoint 是微软公司 Microsoft Office 组件之一，基于标准的 Windows 环境，纯图形化的编辑界面，能熟练使用 Word 就能轻松驾驭 PowerPoint，简单易学，目前是中小学教师制作课件的首选工具。

制作容易，省时省力。PowerPoint 采用线性页面编辑，提供了大量的模板、图形工具、预设效果和动画功能，教师可以在很短的时间内制作出表现力较强的课件，有利于教师将主要精力投入到教学设计与制作脚本的开发中去。

（2）量大体积小，共享性强

用 PowerPoint 制作的课件包含的信息量大，但课件体积较小，一般只有几兆字节，还可以保存为网页文件，能在线演示，可用于网上教学使用，具有很好的共享性。

（3）可二次开发，适用性强

首先，使用 Powerpoint 制作的课件在打包之后仍可以进行编辑、修改。其次，由于采用线性页面编辑，使教师很容易了解设计者的意图，便对课件进行二次开发。无论是教师自己制作的，还是从互联网上下载的 Powerpoint 课件，都可以根据实际教学需要进行修改和再加工，使其更适用于教学实际，从而增强了课件的适用性。

2. Powerpoint 课件的局限性

（1）可控性差，制约教师的发挥和应变

Powerpoint 制作的课件内容以线性存在，讲课时教师难以改变 Powerpoint 的内容出现的先后顺序，不能随心所欲地跳转，这制约了教师的发挥和应变。

（2）交互性差

Powerpoint 课件以信息呈现为主，很难完成模拟演示、人机交互、虚拟仿真等功能要求。Powerpoint 课件不能作为独立的教学课件用于个别化教学，只能作为讲授教学内容中疑点和难点的辅助课件，用于集体的、以讲授为主的课堂教学活动中。

1.2.2　Authorware

Authorware 是美国 Macromedia 公司（现已被 Adobe 公司收购）开发的一种多媒体制作软件，由于具有强大的创作能力、简便的用户界面及良好的可扩展性，所以深受广大教师的欢迎，成为流行的课件制作工具。

1. Authorware 的优点

Authorware 是基于图标（Icon）和流线（Line）的多媒体创作工具，具有丰富的交互方式、大量的内置函数、跨平台的体系结构、高度的多媒体集成环境和标准的应用程序接口，可用于制作网页和在线学习应用软件。

2. Authorware 的缺点

一是基于流程，容易将结构构造复杂化，不利于总体内容的组织和管理，修改时也非常的复杂与不便。二是缺乏多媒体同步机制。三是不能独立播放视频。四是要求制作者对编程有一定的了解，Authorware 的函数也难以掌握。五是 Authorware 课件兼容性较差，变换环境后容易出现问题。

1.2.3　Director

Director 是美国 Adobe 公司开发的一款软件，主要用于多媒体项目的集成开发。广泛应用于多媒体光盘、教学（或汇报）课件、触摸屏软件、网络电影、网络交互式多媒体查询系统、企业多媒体形象展示、游戏和屏幕保护软件等的开发制作。

使用 Director 能够开发包括高品质图像、数字视频、音频、动画、三维模型、文本、超文本以及 Flash 文件在内的多媒体程序，是开发多媒体演示程序、单人（或多人）游戏、画图程序、幻灯片、平面（或三维）的空间演示的最好选择。

Director 作为一款专业的多媒体项目开发软件，初学者在短时间内难以掌握其开发技巧，目前用 Director 制作课件的教师并不多。

1.2.4　Flash

Flash 是 Macromedia 公司（现已被 Adobe 公司收购）出品的矢量动画制作软件。Flash 可以将图像、音乐、文字与动画融合在一起，并嵌入交互功能。采用 Flash 软件制作的多媒体课件具有形象性、多样性、趣味性、直观性等特点，能够有效地配合课堂教学、创建教学情境、渲染教学气氛。

Flash 课件制作的优势如下：

（1）采用矢量图形技术，课件缩放不变形

Flash 采用矢量图形技术，可以任意缩放尺寸而不影响图形的质量，所以使用 Flash 制作的课件可以在保持画面质量的前提下做到真正的无限放大，这有助于细节的演示。而其他的课件制作工具一般都是通过调用位图图形来实现动画的，会因分辨率或播放窗口的不同而出现图像失真、模糊、变形等现象。

（2）强大的图形、音视频编辑能力，课件表现力强

Flash 包括多种绘图工具，可以灵活地绘制、编辑各种图形、图像，可导入 JPG、GIF、BMP、MOV、AVI、MPG（MPEG）、WMV、ASF 等多种格式的音频、视频素材，课件内容

更丰富，表现形式更多样。

（3）播放方便、生成的文件小，适于开发网络课件

Flash 生成的动画播放文件有 SWF 和 EXE 等，都非常小巧，一般只有几十 KB，有利于网络传播。Flash 作品打包成可执行文件，可执行文件比 SWF 文件仅大 200KB 左右，但由于内嵌播放器，所以它可以在任何操作系统中独立运行。此外，Flash 采用了"流"技术，可以边下载边播放，在网络上直接调用课件流畅自然，目前 Flash 已成为教师制作网络课件的"宠儿"。

（4）课件交互性较强

Flash 具有自己的脚本开发语言，制作的课件能及时响应学习者提交的请求，实现良好的交互性和指导性。可以开发物理 "模拟演示实验"、化学"仿真实验"、学科测试等交互式课件，实现人机对话。

（5）可以用于制作积件。

用 Flash 生成的 SWF 文件能被很多软件（如 PowerPoint、Authorware、网页等）调用，又适合开发功能比较复杂、交互性较强的动画，尤其适合积件的制作。

1.3　编写课件脚本

课件脚本是根据教学内容，结合当前的多媒体技术，用特定的描述语言，对教学内容的选择、结构的布局、视听形象的表现、人机界面的形式、解说词的撰写、音响和配乐的手段等进行周密的考虑和细致的安排。

1.3.1　脚本与教学材料

要制作出方便、实用、效果好的课件，除了要有较好的制作技术外，关键在于创意。而脚本正是创意的体现，是创意的初级表达。编写脚本的目的之一是指导制作者去进行课件制作，虽然我们有关于整堂课设计的教案，但教案主要是由学科教师按照教学过程的先后顺序，将知识内容和呈现方式描述出来的一种形式，还不能作为课件制作的直接依据。脚本对教学内容的选择以教材为基础，但不局限于教材，为了便于学习者更好地理解教学内容，需要其他相关素材来补充，这些教学材料既包括与教学内容关系密切的参考资料，也包括图片、声音及视频素材。脚本编写者还需要熟悉多媒体技术，了解呈现教学内容的技术、手段或效果。

1.3.2　教学分析

课件只能作为教育教学的一种辅助工具，如果花费大量的人力和时间制作的课件不符合实际教学要求，也就失去了计算机辅助教学的意义。课件的设计思想要与教学目的要求一致，与教学的整体设计一致，为整体教学服务，这样才能达到辅助的效果。在设计课件脚本之前应深入理解教学大纲的教学要求，分析教材、分析教学内容、分析学情，在进行教学分析的基础上设计脚本，突出重点，攻克难点。在撰写课件脚本时，尽可能地将那些既能够充分发挥计算机功能又能有效完成教学要求、提高学生学习能力的重点、难点内容作为制作的题材。不能将课本变为电子教材，更不能把课本上的例题、练习、概念等全都搬到计算机屏幕上。

1.3.3　设计呈现内容

课件呈现内容包括界面的元素与布局，页面的时间长度及切换方式、人机交互方式、色彩

的配置、文字信息的呈现、音响效果和解说词的合成、动画和视频的要求以及各个知识节点之间的链接关系等。

1. 选取课件呈现内容

课件呈现内容整个课件的主角，需要教师进行精心选择，选择课件呈现内容的时候，要牢记教学目标和整堂课的设想，要把学生需求放到首位，兼顾教师授课需求。课件呈现内容主要包括文字、音频、视频和图片等。其中文字信息以标题和凝练出来的教学内容为主；音频信息包括背景音乐、解说等内容；视频信息既包括帮助学生掌握教学重点和难点设计的动画和录像，也包括为增强教学的生动性和趣味性所设计的动画和录像。图片信息指那些直观展示教学内容的图片。

为了使课件达到教师对课堂的设想，选取课件呈现后，还要进行合理的优化，要斟酌每个呈现内容，决定哪个地方该要，哪个地方不要；推敲文字信息，优化文字的呈现效果，提高视频、音频、图像和动画的质量。

2. 组织课件内容

在设计脚本时，需要对课件所要呈现的各种内容进行有机组合、分析，并安排好各个知识点的关系和呈现顺序。首先要根据教学过程用线性顺序将知识点串联起来；其次要根据知识点之间内在关系绘制知识点拓扑结构图，以便制作知识点链接。

1.3.4 撰写脚本

1. 绘制教学流程

按照教学过程绘制教学流程，既可以按教学内容或知识点绘制，也可以根据教学设计绘制教学流程，如图 1-2 所示。

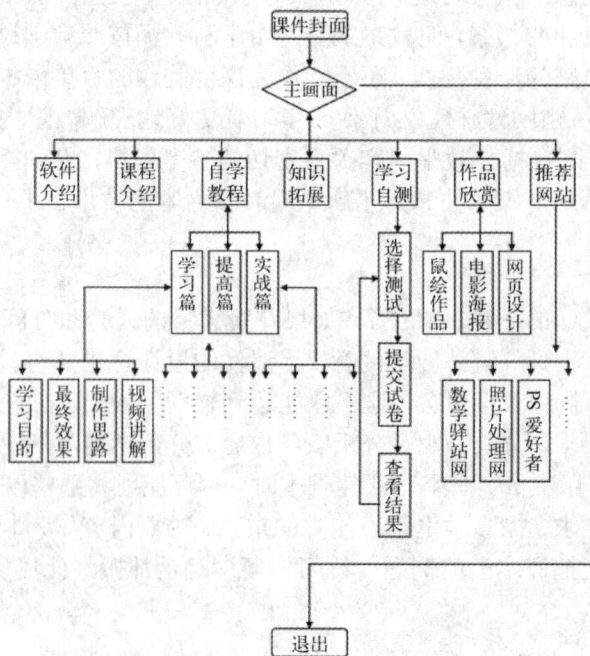

图 1-2 PS 自主学习案例教程的教学流程

2. 首页脚本

课件首页即是课件的封面。封面应使学生明确这是一个课程的开始。封面一般应标明课程名称、作者姓名、版权等内容。在封面中适当地运用图片、动画等可以激发学生的学习兴趣，如图 1-3 所示。

图 1-3　PS 自主学习案例教程课件封面

3. 内容页脚本

建议用表格来撰写内容页脚本，内容页脚本至少包括页码、场景描述、操作说明、素材及说明。页码是课件呈现给学生的画面序号。场景描述将教学内容、画面的结构布局、音视频的展现、人机交互、解说、音响和配乐等用文字描述出来。操作说明是教师按照预期设想设计动作，包括单双击按钮、拖拽、鼠标移动、键盘操作、文字输入等动作，以及每个动作所完成的功能。素材指教师本人所能提供的素材或素材获取方式等，说明在撰写脚本时，需要进一步解释的内容，例如，表 1-1 是 PS 自主学习案例教程的脚本。

表 1-1　PS 自主学习案例教程的脚本范例

页　码	场景描述	操作说明	素　材	说　明
1	课件封面 场景的上下方加黑色的幕布，用毛笔"写"出课件的标题，同时，蝴蝶徐徐飞进画面，轻落在水墨画的花枝上。配乐采用古典音乐，使画面饱含中国风情	等待标题全部显示后，单击"进入"按钮可进入课件主页	绘制毛笔、蝴蝶、水墨画	全屏命令、鼠标替换功能
2	课件主页 画面的正上方显示课件的 LOGO，中间位置为课件的导航，采用轮播的方式逐一显示七个图片，图片切换顺序为正反两个方向。鼠标指向轮播图时，自动停止图片的切换	单击七个按钮，可分别进入课件的七个场景："软件介绍"、"课程介绍"、"自学教程"、"知识拓展"、"学习自测"、"作品欣赏"和"推荐网站"	处理七个指定大小的图片，上面显示各分支的内容	调用 XML 文件、按钮的跳转功能

（续表）

页 码	场景描述	操作说明	素 材	说 明
3	软件介绍 采用半透明的圆角矩形作为文字背景，标题与按钮上下呼应	单击主菜单中的"软件介绍"按钮，即可进入该场景，单击"返回主页"可返回课件主页	图片素材、文字介绍	按钮的跳转功能
4	课程介绍 一只蜜蜂扇动着翅膀从画面外飞入，半透明的圆角矩形作为文字背景，标题与按钮上下呼应	单击主菜单中的"课程介绍"按钮，即可进入该场景，单击"返回主页"可返回课件主页	图片素材、文字介绍	按钮的跳转功能
5	自学教程 夸张的圆角矩形按钮，为用户进一步学习提供了导航，用户可点击导航按钮，也可单击下方的文字按钮进入学习页面	单击主菜单中的"自学教程"按钮，即可进入该场景，单击"学习篇"、"提高篇"和"实战篇"能够进入下一级场景，单击"返回主页"可返回课件主页	图片素材、文字介绍	按钮的跳转功能
6	学习篇（同提高篇、实战篇） 给出学习篇的内容介绍，用户可以对该部分内容有初步的了解，案例学习中包括"学习目标"、"最终效果"、"制作思路"和"视频讲解"四部分内容	单击"自学教程"中的"学习篇"，即可进入该场景，单击"案例1"可进入案例的学习环节，单击"返回主页"可返回课件主页	图片素材、视频讲解、文字介绍	按钮的跳转功能，调用视频文件
7	知识拓展 里面包括"色彩基础"、"抠图技巧"、"文字工具"等9个PPT或动画文件	单击主菜单中的"知识拓展"按钮，即可进入该场景，通过单击"色彩基础"、"抠图技巧"、"文字工具"等按钮进行详细的拓展学习，单击"返回主页"可返回课件主页	图片素材、PPT、原理动画、文字介绍	按钮的跳转功能，调用EXE文件
8	学习自测 六套选择题题库，用户自由选择答题，提交答卷后，可查看正确结果。管理员可以登录到后台，修改题库中的试题	单击主菜单中的"学习自测"按钮，即可进入该场景，选择题库后，可在答题区进行解答，单击"查看结果"对答题情况进行评分，单击"返回主页"可返回课件主页	六套题库、图片素材	按钮的跳转功能，调用TXT文件，评分功能
9	作品欣赏 里面包括"鼠绘作品"、"电影海报"、"主题设计"、"网页设计"四大类作品	单击主菜单中的"作品欣赏"按钮，即可进入该场景，可通过单击对应按钮欣赏，单击"返回主页"可返回课件主页	图片素材	按钮的跳转功能，调用SWF文件
10	推荐网站 里面共推荐10个权威网站，帮助实现在线学习，旨在提升学生自主学习的能力	单击主菜单中的"推荐网站"按钮，即可进入该场景，可通过单击对应链接进入相应网站，单击"返回主页"可返回课件主页	网站网址、图片素材	按钮的跳转功能，与网站建立链接。

4. 导航菜单设计

导航菜单和教材的目录一样，可使学习者了解课件所呈现的内容，快速进入知识点。导航菜单以一级导航菜单和二级导航菜单为主,没有特殊需求,少用甚至不用三级或三级以上菜单。导航菜单包括悬浮菜单、右键菜单、下拉菜单、伸缩菜单等多种形式的菜单,导航菜单的设计要以方便学生学习、教师教学为主。

5. 教学交互

教学交互是衡量课件质量的一项重要指标,教学交互既包括人机交互,也包括教师与学生之间的交互、学生之间的交互。目前多媒体技术至少可以实现以下几种交互方式:按钮交互、热区交互、热对象交互、目标区域交互、下拉菜单交互、条件交互、文本输入交互、按键交互、重试限制交互、时间交互、事件交互以及声音交互等方式。

1.4　整理课件素材

1.4.1　整理文本素材

多媒体课件中的文本是学生获取大量信息的来源。文本素材获取途径主要有文字录入、电子教材、网页、软件帮助文档及其界面文本、纸质版教材或其他参考资料。通过键盘录入文字是补充文本素材的主要手段,大量文本素材的获取还得依靠其他手段。

1. 直接复制文本

对来自电子教材、网页、软件帮助文档及其界面文本中的文字,多数文本可以通过复制方式获得,然后将获取的文本整理到纯文本 TXT 文件或 Word 文件中,如果用 Word 整理文本素材,粘贴时以"无格式文本"或"只保留文本"方式粘贴,如图 1-4 所示,确保素材整齐,并可快速打开、使用文本素材。

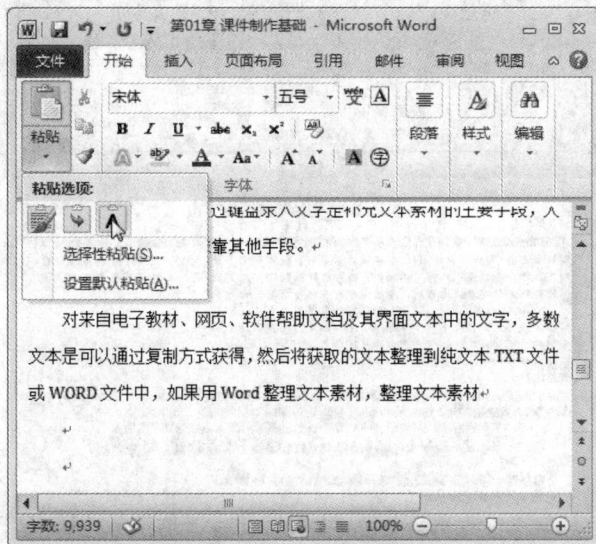

图 1-4　粘贴时只保留文本

2. 专业截图工具获取文本

如果不能复制电子教材、网页、软件帮助文档及其界面文本中的文字,可以用 SnagIt 等专业截图工具获取文本素材,如图 1-5 所示。

图 1-5　捕获屏幕时直接获取文本

3. 图片转换为文本素材

如果用上述方式仍不能获取文本，可以先将这些文本截成图片，尤其是纸质教材或参考材料，可以用扫描仪或高拍仪将其扫描成图片，甚至可以用相机或手机将其照成图片，然后用 OCR 工具将其转换成文本，如图 1-6 所示。

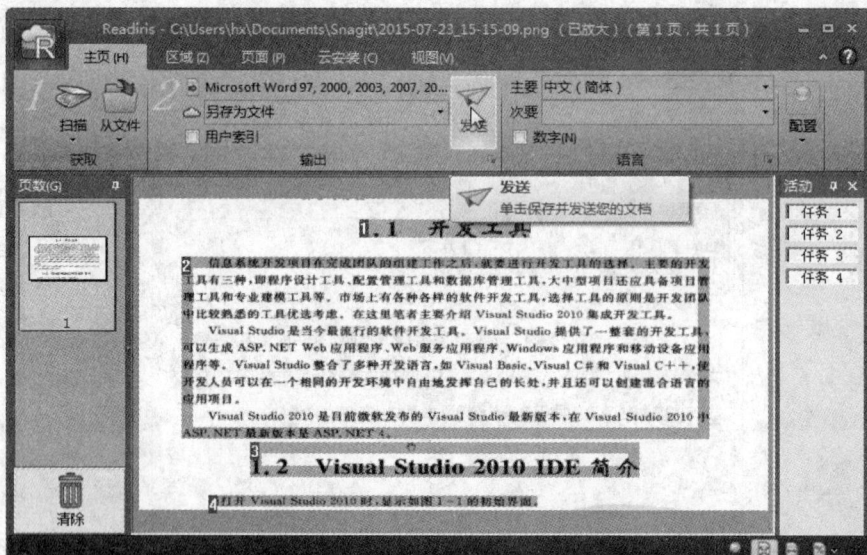

图 1-6　用 OCR 工具转换图片为文本

1.4.2　整理图片素材

图片能形象展示教学内容，能解决难以用文字或语言描述的教学内容，能极大地激发学习者的学习兴趣。除此之外，课件中所展示的人物、背景、界面、按钮都是图形元素，可以通过扫描仪、数码照相机等硬件获取，然后通过图像处理软件进行处理；也可以通过软件的方式来获取，如屏幕截图工具获取，或直接在图形软件中手绘产生。

图片素材一般有两种，一种是基于像素的位图图形，另一种则是基于数学方式绘制曲线的矢量图形。位图根据分辨的大小决定了图像的大小和品质，低分辨率的图像如果放大的话，就会变得比较模糊。矢量图则可随意放大而不会改变其清晰度。

比较常用的图片素材处理工具是 Adobe 公司的 Photoshop，在处理图片素材时，以矢量图为主，保存图形时，一是要保存为 PSD 文件，它是 Photoshop 的专用格式，能保存 Photoshop 的图层、通道、路径等信息，是目前唯一能够支持全部图像色彩模式的格式。二是将图片存为 PNG 或 JPG 格式，以便图像素材能用于课件。在保存图片素材时，将分辨率调整到 200DPI 以上，以确保图片素材质量，如图 1-7 所示。

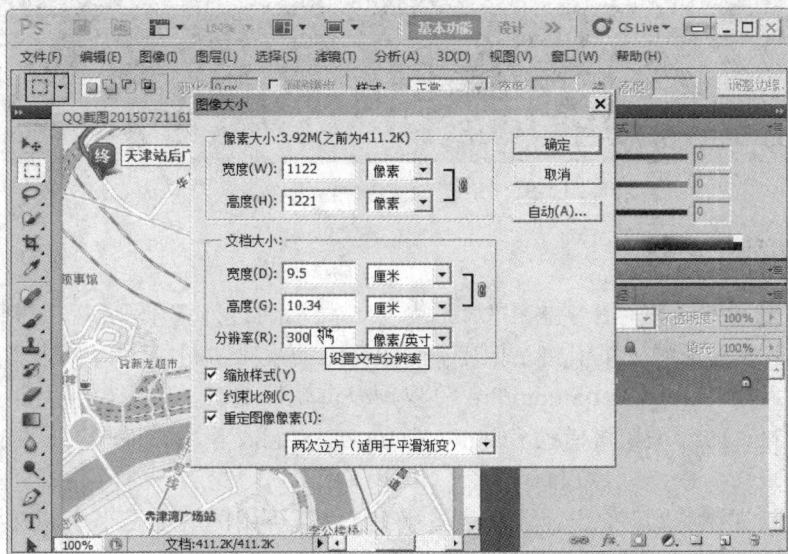

图 1-7　调整图像分辨率

1.4.3　整理声音素材

声音素材一般用在提示注意、朗读、背景音乐等方面，一段优美的音乐能舒缓课堂的紧张气氛。教师可以通过互联网等途径收集声音素材，也可以自制声音素材，尤其是朗读或解说。在自制声音素材时，将麦克风的插头插入电脑 MIC 孔后，用 Windows 自带的录音机或 CoolEdit 等专业声音处理软件录制即可。教师还可以将录音带转换为声音素材，具体做法是用一条音频线将录音机和电脑连接起来，音频线的两端都是小三芯插头，如图 1-8 所示。音频线的一端插入录音机的耳机插孔或 Line Out 孔，另一端将其插入电脑的线路输入（Line In），这样就可以将录音带转换为音频素材。

图 1-8　音频线

常见的音视频处理软件是 Corel VideoStudio Pro（会声会影），用会声会影可以轻松地将课件所需要的素材剪辑成音频文件，如图 1-9 所示。

图 1-9　用会声会影剪辑音频素材

1.4.4　整理视频素材

视频素材的整理方法和声音素材相似，视频素材可以通过外部采集和内部制作、收集的方法获得。外部采集通过视频采集卡将录像带、摄像机上的视频材料通过数字处理和压缩录制到电脑硬盘中，然后用 Corel VideoStudio Pro 等视频编辑软件编辑，生成最终供课件开发工具使用的数字视频素材。内部采集可借助 Snagit、Camtasia Studio 等视频录制工具将网络或软件播放的视频录制下来。

如果要在录制视频的同时，也需要将声音采集下来，可用两端都是小三芯插头的音频线将电脑的 MIC 孔或线性输入孔与音频输出孔连接起来即可。

录制视频时，可以用缩小录制范围的形式去掉视频中的 LOGO，如图 1-10 所示。也可以用某个窗体遮住 LOGO。

图 1-10　通过缩小视频捕捉范围来去除 LOGO

如果要获取来自网页的视频，还可借助维棠 FLV 视频下载工具将视频直接下载到本地电脑，如图 1-11 所示。

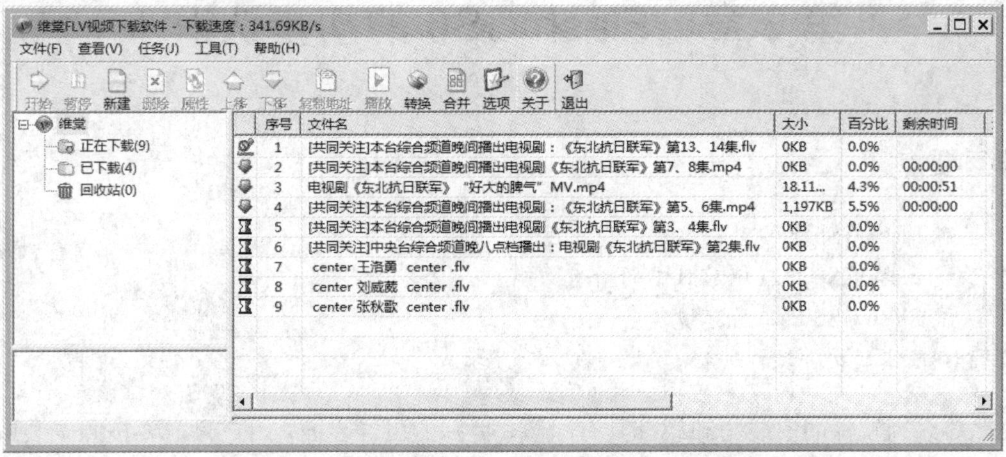

图 1-11　维棠 FLV 视频下载网页中的视频素材

1.4.5　整理动画素材

动画包括二维和三维两类素材，除自制动画外，教师可以从互联网获取动画素材，也可以通过软件获取，还可从动画制作工具的样例库中获取，例如，在用 Microsoft PowerPoint 制作演示课件时，可插入剪贴画，这些剪贴画中就有不少较好的动画素材。在制作课件时，除了课件自身的动画效果外，扩展名为 flc、gif、fli、swf、avi 等的文件均可用作课件中的动画素材。

1.5　课后练习

1. 什么是多媒体课件？
2. 常见课件制作工具有哪些，各有什么特点？
3. 课件设计应遵循哪些原则？
4. 课件有哪些类型，各有什么特点？
5. 比较 Adobe Flash 和 Microsoft PowerPoint 两款课件制作工具，列表说明各自的优缺点。
6. 请结合工作实际，仿照"表 1-1　PS 自主学习案例教程的脚本范例"编写一个课件的脚本。
7. 熟悉本章课件素材整理方法，结合工作实际，谈谈你在课件制作中所遇到的问题，本章提供的解决方案以及新的素材整理思路。

第 2 章　Flash CS6 的初步认识

学习要点

☑　了解 Flash CS6 的安装、启动与退出过程

☑　了解 Flash CS6 中较以前版本的新增功能

☑　认识 Flash CS6 的工作环境

☑　了解基本的文件操作过程

Adobe 系列软件的安装与卸载都具有一致、良好的引导界面，用户只需要按照安装或卸载程序的提示就可以轻松完成软件的安装和卸载，在讲解 Flash CS6 软件之前，首先需要安装该软件，本章将向读者介绍如何在 Windows 7 操作系统中安装、启动和运行 Flash CS6 软件。

2.1　Flash CS6 的安装、启动与退出

近些年计算机硬件的发展非常迅速，而新发行的各类应用软件也对硬件的运行环境有着一些苛刻的要求，所以在安装 Flash CS6 之前我们有必要对该软件的运行环境有一个初步的了解。

2.1.1　系统要求

Flash CS6 可以在 Windows 系统及苹果机中运行。Flash CS6 在 Windows 系统中运行的系统要求如下所示。

（1）IntelPentium4 或 AMD Athlon 64 以上处理器。

（2）Microsoft WindowsXP(SP3)；Windows Vista Home Premium、Business、Ultimate 或 Enterprise（SP1），或 Win7。

（3）2G 以上内存。

（4）3.5G 以上用于安装的硬盘存储空间；安装过程中需要额外的可用空间（无法安装在可移动闪存设备上）。

（5）1024X768 分辨率以上。

（6）多媒体功能需要 QuickTime7.6.6 软件。

（7）在线服务需要 Internet 链接。

Flash CS6 在苹果机上运行的系统要求如下所示。

（1）Intel 多核处理器。

（2）Mac OS X10.6 版或 10.7 版。

（3）2G 以上内存。

（4）4G 可用硬盘空间用于安装；安装过程中需要额外的可用空间（无法安装在可移动闪存设备上）。

（5）推荐使用 1280×800 的显示分辨率。

（6）多媒体功能需要 QuickTime7.6.6 软件。

（7）在线服务需要 Internet 链接。

2.1.2　Flash CS6 的安装

Flash CS6 是一款专业性很强的设计软件，其安装方法也和其他专业级的设计软件一样，有着标准的安装流程。

双击安装文件【Set-up】，先初始化安装程序，接着弹出【欢迎】对话框，如图 2-1 所示。

图 2-1　欢迎对话框

如果是正版用户，可以点击上面的【安装】按钮，弹出【序列号】对话框，如果有一个正版的序列号，那么在此处输入，否则，可选择以试用版的方式进行安装，试用期为 1 个月，在这一个月时间内，可以享受正版的一切待遇使用该软件。

点击【试用】按钮后弹出【Adobe 软件许可协议】对话框，如图 2-2 所示。

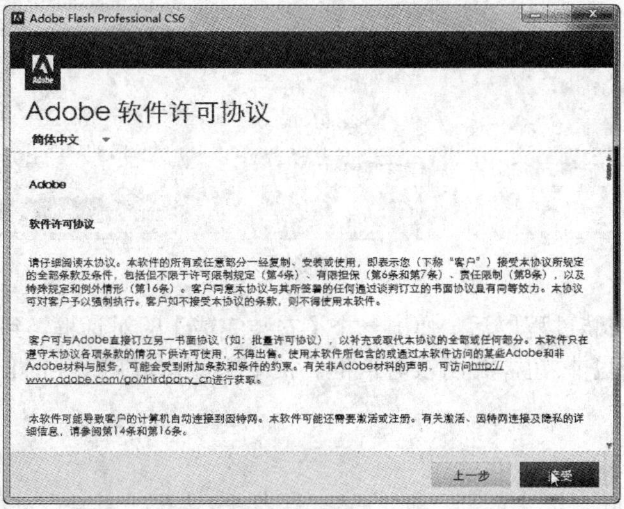

图 2-2　软件许可协议对话框

点击【接受】按钮，弹出【AdobeID】对话框，如果系统中没有注册过该产品的 AdobeID，那么在联网的情况下，可以注册一个 Adobe ID 号。如果已经注册过，那么点击随后的【登录】按钮，将跳过这一对话框，如图 2-3 所示。

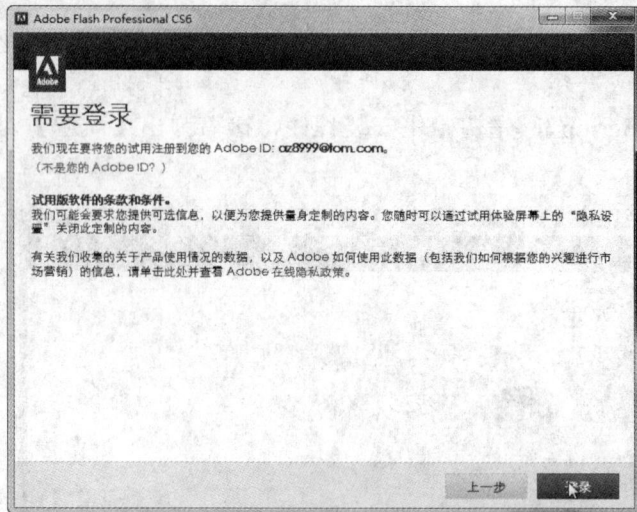

图 2-3　创建 Adobe ID 对话框

点击【登录】按钮后，将弹出一个【选项】对话框，选择安装的选项、路径、语言（中文简体）后，单击【安装】按钮，即进入一个几分钟的安装过程，如图 2-4 所示。

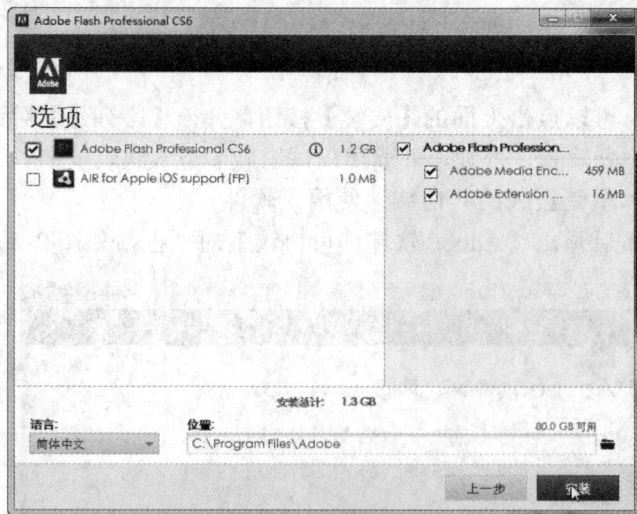

图 2-4　安装选项对话框

经过一段时间的安装过程以后，弹出一个【安装完成】的对话框，到此即宣告安装过程顺利完成了，点击【关闭】按钮，关闭该对话框。接下来就可以启动 Flash CS6 程序，开始课件制作旅程了。

2.1.3　启动与退出

点击 Windows 7 系统的【开始】菜单，依次选择【所有程序】→【Adobe】→【Adobe Flash

Professional CS6】，打开 Flash CS6 软件，如图 2-5 所示。

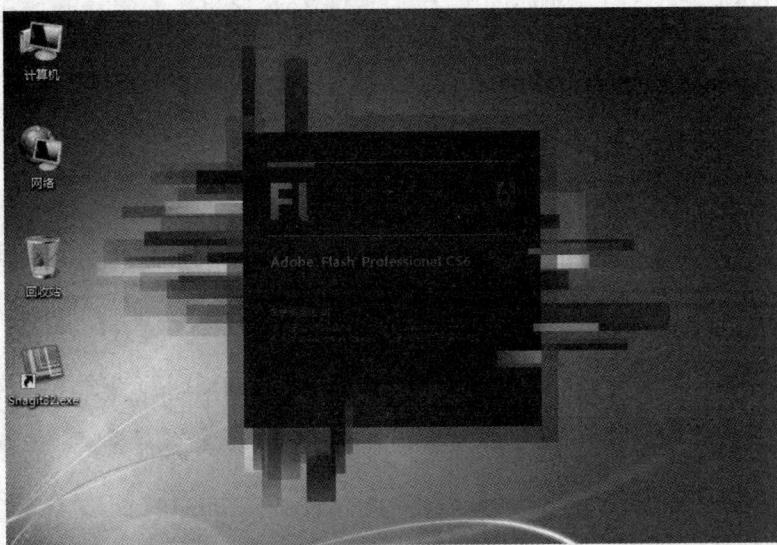

图 2-5　Flash CS6 启动画面

在对运行环境初始化后，首先进入 Flash CS6 的【开始】页面，如图 2-6 所示。

图 2-6　Flash CS6 开始页面

在【开始】页面选择新建文档的类型，软件将自动进入相应类型文件的编辑状态。单击画面右上角的"叉号"按钮，或者选择【文件】→【退出】命令，可以退出 Flash CS6。

2.1.4　Flash CS6 的新增功能

Flash CS6 软件是交互创作的业界标准，可用于提供跨个人计算机、移动设备，以及几乎任何尺寸和分辨率的屏幕一致呈现的令人痴迷的互动体验。Flash CS6 较以前的版本而言，不仅用户界面更易于使用，而且功能的整合也得到了大幅度的提高。

可以使用复杂的视频工具、强大的动画和交互式设计工具，超越创意可能性的极限。

（1）新增 html5 发布支持

基于 Flash Professional 动画和绘图工具，利用新的扩展包（单独下载 CreateJS 工具包）来导出 html5 交互内容。

（2）自动生成 Sprite sheet

将原件和动画导出为 Sprite sheet 序列帧，游戏开发流程更顺畅，增强游戏运行效率和体验。

（3）文本框布局框架文本引擎

新的 TLF 文本引擎大大增加了对文本属性和流的控制。通过新的文本布局框架，借助印刷质量的排版全面控制文本。

（4）"字体嵌入"对话框

"字体嵌入"当前给予"FLA"文件而不是文本对象。通过新的"字体嵌入"对话框可以快速访问所有的"字体嵌入"功能。

（5）代码片段面板

通过"代码片段"面板，非程序员不需要知晓 ActionScript3.0（简称 AS3）的知识也可以应用 AS3 代码进行常见交互，并实现更高的创意。

（6）为 iphone 打包应用程序

Flash CS6 包含允许 Flash 文件作为 iphone 应用程序部署的 Packager for iphone，用户能够发布 iphone 应用程序。

（7）视频提示点可用性

可以轻松地向 Flash 中的视频添加视频提示点。

（8）舞台上的 FLVPlayback 实时预览

通过 FLVPlayback 组件的 AS3 版本，可以预览舞台上整个链接的视频文件。

（9）FLVPlayback 组件的新外观

FLVPlayback 组件的新外观功能为 FLVPlayback 组件提供了更多的外观样式，并且可以在 Flash 项目中启用更多种类的设计样式。

（10）XFL 文件格式

Flash FLA 文件包含被称为 XFL 的新格式，这种新格式基于 XML。对于大多数用户来说，此更改是不可见的。但是，新格式支持与其他的 Adobe 应用程序实现更好的数据交换，并允许选择以未压缩的 XFL 文格式工作。

（11）FXG 文件格式

FXG 文件格式允许 Flash 以完全保真度与其他 Adobe 应用程序交换图形。

（12）新装饰性绘画工具效果

在装饰性绘画工具中可以找到添加的几个新效果。

（13）IK 骨骼的弹簧属性

借助为骨骼工具新增的动画属性，可以创建出更逼真的反向运动效果。

（14）使用 PhotoShop 与 FireWork 编辑

用户可以在 Flash 源文件中，将导入的某些位图图形直接用 PhotoShop 与 FireWork 打开并直接编辑，同时编辑好的效果将可以直接保存在 Flash 源文件内部。

（15）自定义类的代码提示

现在除了内置类以外，还对自定义 AS3 类启用了代码完成或代码提示。

（16）自动插入右括号

当用户在"动作"面板或"脚本"窗口中键入左括号"{"时，Flash 会自动添加相应的右括号"}"。这将节省编写代码和调试时间。

（17）增强的 FlashPro-Flash Builder 工作流程

在 Flash CS6 和 Flash Builder4 之间已启用新工作流程，以便这两种产品更易于结合使用。

（18）重新组织 AIR 发布设置 UI

已重新组织"AIR 应用程序和安装程序设置"对话框，以便 Adobe AIR 发布时更容易访问所需的许多设置。

（19）SWF 大小历史记录

在"测试影片"、"发布"和"调试影片"操作期间生成的所有 SWF 文件的大小，可以在"文档属性"检查器中显示出来。

（20）新模板

在 Flash CS6 中包含一系列新模板，用户可以很容易地在 Flash 中创建常见类型的项目。

（21）动画对象 JSAPI

在 Flash CS6 创作环境中，已经为处理补间动画添加了几个新的 JavaScript API。

2.1.5　轻松使用其他的 Adobe 软件

1. Adobe Photoshop 和 Illustrator 导入

对于 Adobe Photoshop 文件的导入，在保留图层和结构的同时，可导入和集成 Photoshop（PSD）文件，然后在 Flash 中编辑它们。可使用高级选项，在导入过程中优化和自定义文件。

对于 Adobe Illustrator 的导入，在保留图层和结构的同时，可以导入和集成 Illustrator（AI）文件，然后在 Flash 中编辑它们。

2. 增强的 Adobe 软件集成

（1）Adobe After Effects 集成

可使用新的 QuickTime 导出器导出具有透明度的各个图层，并将它们导入 After Effects 中进行高级处理。并且可以直接从 After Effects 导入 FLV。

（2）Adobe Premiere Pro 集成

可使用新的 QuickTime 导出器导出具有透明度的各个图层，并将它们导入 Adobe Premiere Pro 中进行高级处理。并且可以直接从 Adobe Premiere Pro 导入 FLV。

（3）导入/导出提示点

Adobe After Effects、Adobe Premiere Pro 和 Soundbooth 可导入基于 XML 提示点数据，创建复杂的交互式视频体验。可使用提示点触发视频和音频内容中特定点处的交互性。

2.2　认识 Flash CS6 工作环境

在开始学习使用 Flash CS6 制作课件之前，有必要先简单地认识一下 Flash CS6 的工作环境。双击已存在的某 Flash 文档，或者新建一个 Flash 文档，即进入 Flash 文档的编辑环境，如图 2-7 所示。

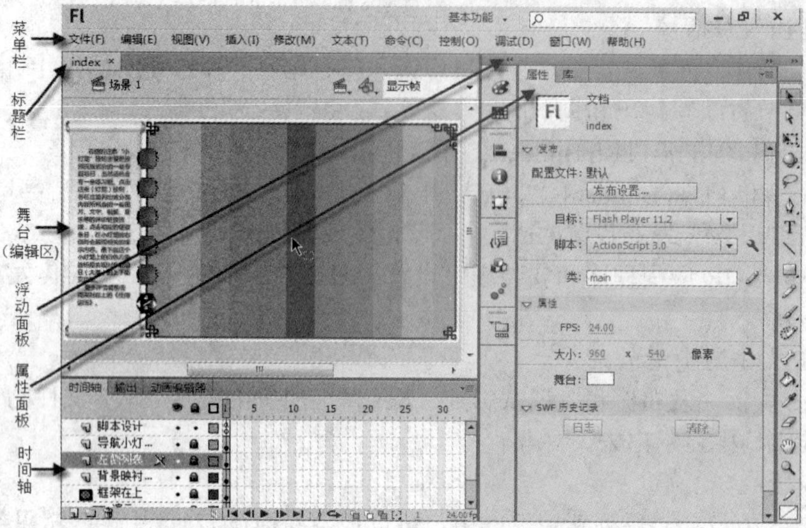

图 2-7 认识 Flash CS6 基本功能工作区

2.2.1 了解 Flash CS6 工作区

1. 使用【开始】页

运行 Flash CS6 后，将会自动打开【开始】页，通过该页用户可以轻松地进行日常的基本操作。【开始】页主要包括以下 5 个区域，参考前页中图 2-6 所示。

（1）从模板创建：列出了创建新 Flash 文件最常用的模板。单击列表中所需的模板可以创建新文件。

（2）打开最近的项目：用于打开最近编辑过的文档，也可以通过单击【打开】按钮显示【打开】对话框。

（3）新建：列出了 Flash 的文件类型，如 Flash javaScript 文件和 ActionScript 文件等。单击列表中的文件类型即可快速地创建新的文件。

（4）扩展：把它链接到 Adobe 公司的相关站点，用户可以在其中下载 Flash 的扩展程序、脚本以及其他相关信息。

（5）学习：用于学习、了解 Flash CS6 的相关知识。

2. 舞台

Flash 创作环境中的舞台相当于 FlashPlayer 或 Web 浏览器窗口中在回放期间显示 Flash 文件的矩形空间。用于自定义舞台的尺寸以及视图大小，以方便创作。

舞台（参考图 2-7 所示）是用户在创建 Flash 文件时放置演示内容的一个矩形区域，这些内容包括矢量图形、文本对象、按钮、导入的位图、视频剪辑等。如果要在舞台上定位项目，可以借助网格、辅助线和标尺。

3. 时间轴

对于 Flash 来说，时间轴是实现各类动画的灵魂。只有熟悉了时间轴的操作和使用方法，才能更得心应手地创作出漂亮的动画效果。文档中的图层列在时间轴左侧，每个图层中包含的帧显示在该图层名右侧的一行中。时间轴顶部的时间轴标题指示帧编号，播放头指示当前在舞台中显示的帧。播放 Flash 文件时，播放头从左向右通过时间轴。

时间轴状态显示在时间轴的底部，可显示当前的帧频、帧速率，以及到当前帧为止的运行时间，如图 2-8 所示。

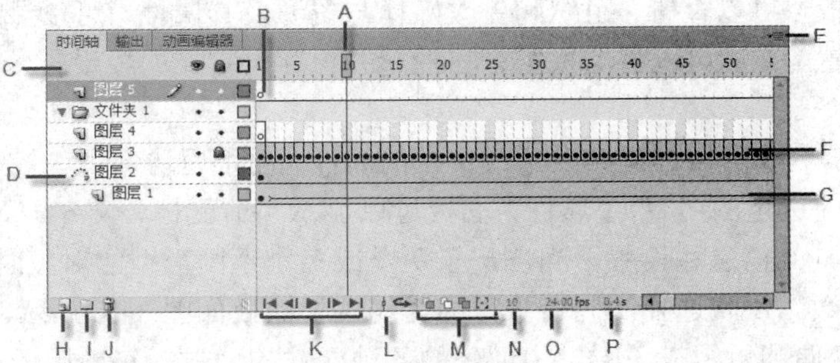

图 2-8　时间轴面板

A—播放头；B—空白关键帧；C—时间轴标题；D—引导层图标；E—"帧视图"弹出菜单；F—逐帧动画；G—补间动画；H—新建图层；I—新建图层文件夹；J—删除图层或文件夹；K—播放控制组按钮；L—帧居中按钮；M—绘图纸组按钮；N—当前帧指示器；O—帧频指示器；P—运行时间指示器。

4.【工具】面板

使用【工具】面板中的工具，可以绘图、上色、选择和修改插图，并且可以更改舞台中的视图。详细图例参看后面相关章节。

【工具】面板分为下面所列的 4 个部分。

（1）【工具】区域：包含绘图、上色和选择等工具。

（2）【查看】区域：包含在应用程序窗口内进行缩放和移动的工具。

（3）【颜色】区域：包含用于笔触颜色和填充颜色的功能按钮。

（4）【选项】区域：显示用于当前所选工具的功能键。功能键影响工具的上色或者编辑操作。

选择【编辑】→【自定义工具面板】命令，弹出【自定义工具面板】对话框，从中可以指定要在 Flash 创作环境中需要显示的工具，如图 2-9 所示。

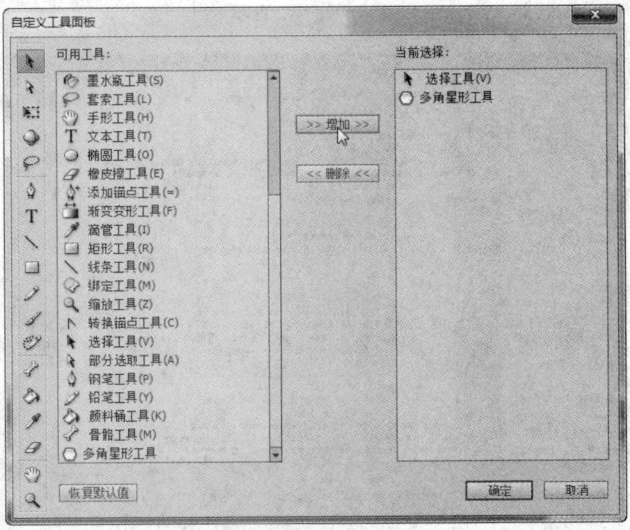

图 2-9　自定义工具面板

5. 【属性】面板和其他面板

Flash CS6 提供许多自定义工作区的方式，用于满足不同用户创作习惯的需要。使用其他面板和【属性】面板，可以查看、组织和更改媒体与资源及其属性，可以显示、隐藏面板和调整面板的大小、位置等。还可以将面板组合在一起并保存自定义面板设置，使工作区的样貌更符合用户的个人偏好。

用户可以在【属性】面板中更改对象或文档的属性，而不用访问用于控制这些属性的菜单或者面板。根据当前选定的内容，【属性】面板可以显示当前文档、文本、元件、形状、位图、视频、组、帧或工具的信息和设置。当选定了两个或多个不同类型的对象时，【属性】面板会显示选定对象的总数。反映选择不同对象时的【属性】面板如图 2-10 所示。

【库】面板是存储和组织在 Flash 中创建的各种元件的地方，它还用于存储和组织导入的文件的地方，包括位图、声音、视频等。用户使用【库】面板，可以组织文件夹中的库项目，查看项目在文档中使用的频率，并按照类型对项目排序，如图 2-11 所示。

图 2-10　在选择不同对象时的属性面板

图 2-11　库面板

【动作】面板可以创建和编辑对象或帧中的 ActionScript 代码。选择帧后按 F9 键可以打开【动作】面板，如图 2-12 所示。

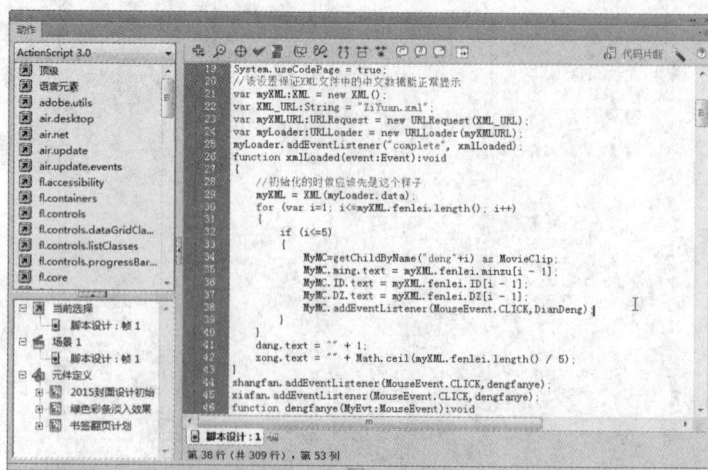

图 2-12　动作面板

　　【历史记录】面板显示的是自创建或打开某文档以来，在该活动文档中运行的步骤的列表，列表中的数目最多为指定的最大步骤数。要依次撤销或重做个别步骤或多个步骤，可以使用【历史记录】面板。操作步骤是选择【窗口】→【其他面板】→【历史记录】命令，即可打开【历史记录】面板，如图 2-13 所示。

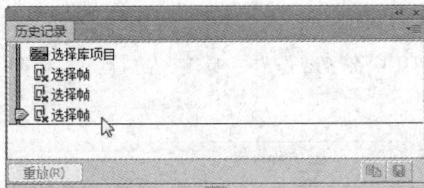

图 2-13　历史记录面板

　　关闭文档将会清除其操作的历史记录。要在关闭文档后使用该文档中的步骤，应使用【复制步骤】命令来复制步骤，或者将步骤保存为命令。

6. 图层

　　图层就像透明的塑料薄膜一样，在舞台上一层层地向上叠加。图层用以帮助用户组织文档中的插图，用户可以在图层上绘制和编辑对象，而不会影响其他图层上的对象。如果一个图层上没有内容，那么就可以透过它看到下面的图层。

　　要绘制、上色，或者对图层、对图层文件夹进行修改，需要在时间轴上选择该图层以激活它。时间轴中图层或图层文件夹名称旁边的铅笔图标，表示该图层或图层文件夹处于活动状态。一次只能有一个图层处于活动状态（尽管一次可以选择多个图层）。

　　当创建了一个新的 Flash 文件后，它仅包含一个图层。可以添加更多的图层，以便在文档中组织插图、动画和其他的元素。可以创建的图层数只受计算机内存大小的限制，而且图层不会增加发布 SWF 文件的大小，只有放入图层的对象才会增加文件的大小。图层允许隐藏、锁定或重新排列。

　　用户还可以通过创建图层文件夹，然后将图层放入其中来组织和管理这些图层。可以在时间轴中展开或折叠图层文件夹，而不会影响在舞台上看到的内容。对声音文件、ActionScript、帧标签和帧注释等分别使用不同的图层或文件夹是一个不错的主意，这样有助于在需要编辑这些项目时快速地找到它们。

　　另外，使用特殊的引导层可以使绘画和编辑变得更加容易，而使用遮罩层用户则可创建复杂的显示效果。

2.2.2　Flash 文件的基本操作

　　在 Flash 中工作时，可以创建新文档或者打开以前保存的文档。要设置新文档或现有文档的大小、帧频、背景颜色和其他的属性，可以使用【文档属性】对话框，也可以使用【属性】面板来设置现有文档的属性。使用【属性】面板可以轻松地访问和更改文档最常用的属性。用户可以将 Flash 模板作为新文档打开，可以在 Flash 自带的标准模板中选择，也可以打开以前保存的模板。用户可以通过在【首选参数】对话框【启动时】下拉列表中选择选项，来指定在启动 Flash 时该应用程序打开的文档；选择【新建文档】，就可以打开一个新的空白文档；选择【打开上次使用的文档】，可以打开上次退出 Flash 时打开的文档；选择【不打开任何文档】，那么启动 Flash 时将不会打开任何文档。

1. 新建 Flash 文件

启动 Flash CS6 后，在【开始】页面中【新建】下包括 ActionScript3.0、ActionScript2.0、Adobe AIR2、iphoneOS、Flash lite4、ActionScript 文件、Flash JavaScript 文件、Flash 项目和 ActionScript3.0 接口等项目。在【开始】页面中，单击任何一个新项目都可以进入该项目的编辑窗口。（参考图 2-6 Flash CS6 开始页面）

选择【新建】下的 ActionScript3.0 选择项，是在以后创建 Flash 文档的主要方式，如图 2-14 所示。

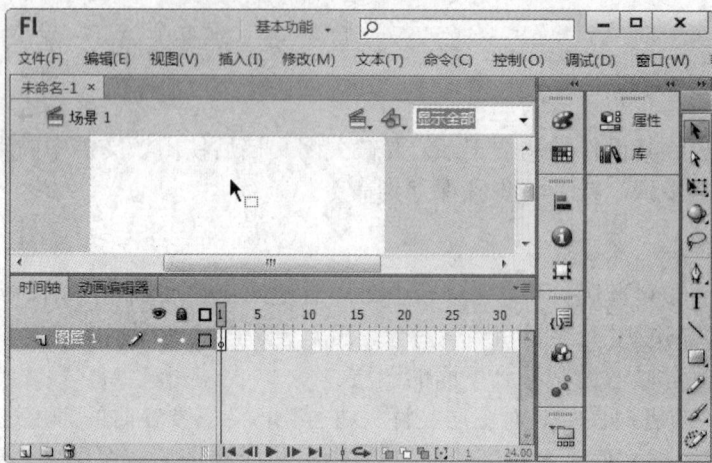

图 2-14 新建 Flash 文档

在新建文件时选择【ActionScript 文件】选项，可以创建一个外部脚本文件，扩展名默认为 ".as"，同时可打开脚本编辑窗口对其进行编辑，如图 2-15 所示。

图 2-15 新建脚本文档

2. 打开 Flash 文件

要打开现有文档，具体操作步骤如下。

选择【文件】→【打开】命令，弹出【打开】对话框，如图 2-16 所示。

图 2-16　打开文件对话框

　　直接选择文件，或者在【文件名】下拉列表文本框中输入文件的路径，然后单击【打开】按钮，即可打开所选文件。

3. 保存和关闭 Flash 文件

　　可以用当前名称和位置保存正在编辑的 Flash FLA 文档，也可以用不同的名称或者位置保存文档。可以还原到上次保存的文档版本，还可以保存为 Flash CS6 以前版本的文档类型。操作步骤如下。选择菜单中的【文件】→【保存】命令，如图 2-17 所示。

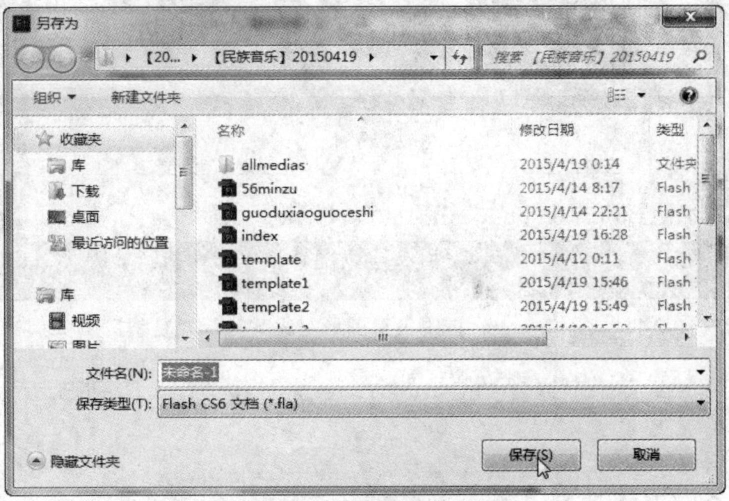

图 2-17　保存文件对话框

　　还可以将文档另存为模板，以便用作新 Flash 文件的起点（就像在字处理或 Web 页面编辑应用程序中使用模板一样）。要将文档另存为模板，具体操作步骤如下。

　　选择【文件】→【另存为模板】命令，弹出【另存为模板】对话框。

　　在【名称】文本框中输入模板的名称。从【类别】下拉列表中选择一种类别或输入一个名称，以便创建新类别。在【描述】文本框中可以输入模板说明（最多 255 字符），这样在【新建文档】对话框中选择该模板时就会显示此说明。最后单击【保存】按钮。

2.3 课后练习

1. Flash CS6 对操作系统有哪些基本要求？

2. 从 Adobe 官方网站下载一个试用版的 Flash CS6，然后亲自安装一下，体会 Flash CS6 的安装过程。

3. 回顾一下 Flash CS6 与以前的版本相比有哪些新增的功能？

4. 尝试一下在 Flash CS6 中使用 PhotoShop 等软件编辑图库图片的过程。

5. Adobe Illustrator 软件本身是以制作矢量图形而著名的，网上有很多优秀的矢量图形素材也都采用了 Illustrator 的文件格式 ".ai" 或 ".eps"，而 Flash 本身对 Illustrator 文件格式有很好的兼容性，大多数的 ".ai" 或 ".eps" 格式的矢量素材在 Illustrator 中打开以后，选中需要的素材部分，执行"复制"命令，如图 2-18 所示。

图 2-18　在 Illustrator 选中矢量图形对象并执行"复制"命令

然后到打开的 Flash 文档中执行"粘贴"命令，这时将弹出一个粘贴选项的对话框，如图 2-19 所示。

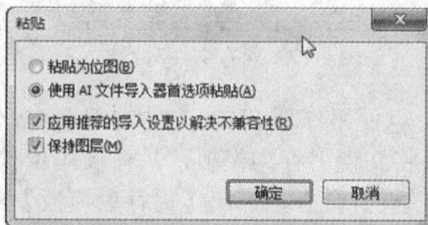

图 2-19　粘贴选项对话框

单击"确定"按钮后，这些矢量素材就导入到了当前的 Flash 中，如图 2-20 所示。

图 2-20　矢量图形导入到 Flash 文档中

　　在【素材】文件夹中还有多个矢量图形文件，请练习一下矢量图形文件的导入过程。

　　6. 当工作区中各种面板被拖拽得比较凌乱的时候，怎样快速地将其恢复最初状态？

　　7. 在 Flash CS6 中提供了很多模板样例，例如其中的 IK 曲棍球手范例是 IK 动画很好的入门教程。执行【文件】→【新建】命令，然后选择【模板】选项卡，从列表中可以看到很多 Flash CS6 的入门样例，如图 2-21 所示。

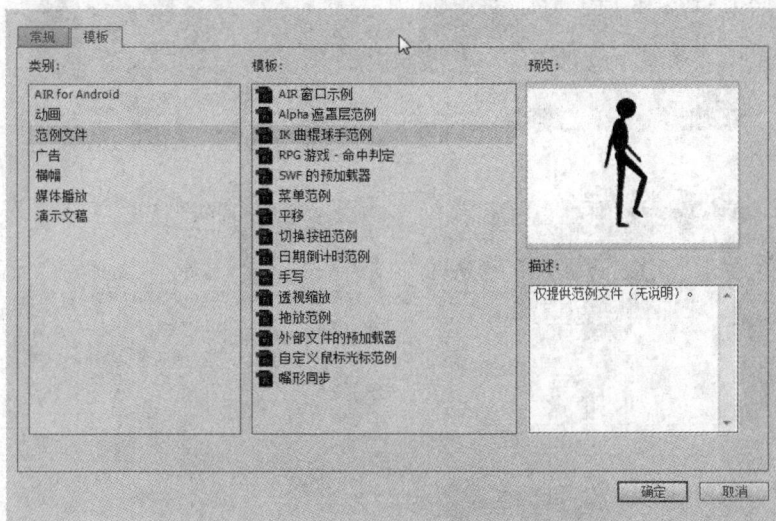

图 2-21　矢量图形导入到 Flash 文档中

　　针对有兴趣的样例打开并测试一下，体会 Flash CS6 带来的强大功能。

　　8. 在本章【课后练习】文件夹下面有几个 Flash 脚本文档，试着打开几个，了解这些脚本文档的结构以及基本的语法表达方法。

第 3 章　Flash CS6 图形绘制与编辑

学习要点

☑ 了解 Flash CS6 绘画的功能
☑ 掌握 Flash CS6 中各种绘图工具的使用方法
☑ 学会绘制及编辑各种简单图形

Flash CS6 具有独特的绘图功能，方便用户绘制各种图形、角色以及场景。本章主要通过"案例—认识图形"课件来介绍如何使用绘图工具和辅助工具处理图形对象，为以后制作课件打下基础。

"认识图形"这个课件适用于小学一年级数学教学，本章通过制作此课件来帮助用户学会使用 Flash CS6 的绘图工具及一些命令，并能够绘制出一些简单的图形及卡通形象。课件效果如图 3-1 所示。

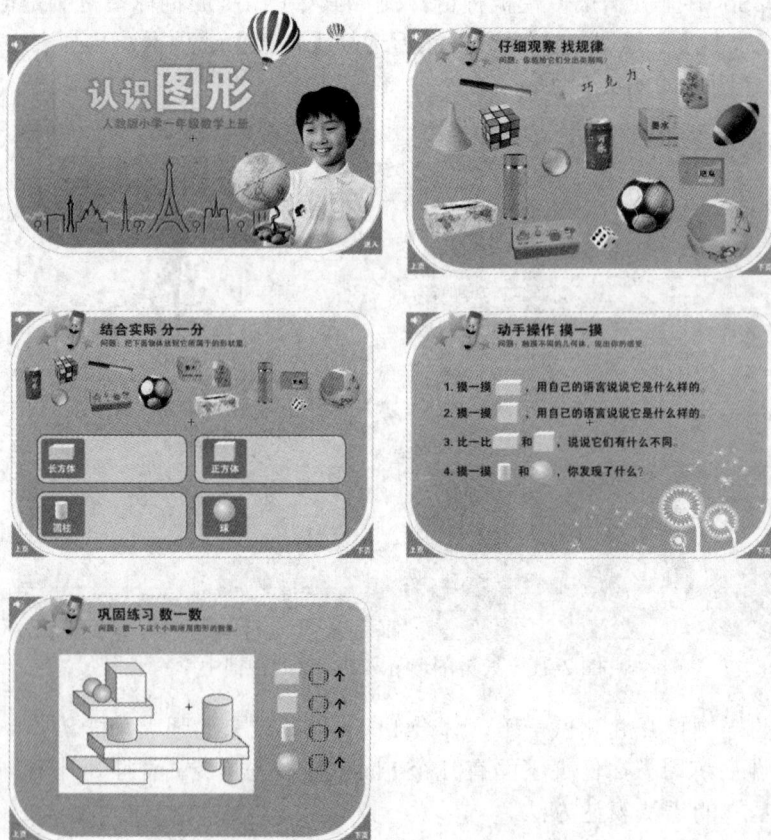

图 3-1　"认识图形"课件截图

3.1　Flash 绘图基础

3.1.1　位图与矢量图

电脑图形可以大致分为位图和矢量图。Flash 不仅支持位图，还支持矢量图，并且以矢量图为主。

1. 位图

位图又称为点阵图像或绘制图像，是由称作像素（图片元素）的单个点组成的。这些点可以进行不同的排列和染色以构成图样。当放大位图时，可以看见构成整个图像的无数单个方块。扩大位图尺寸的效果是增大单个像素，从而使线条和形状显得参差不齐。然而，如果从稍远的位置观看它，位图图像的颜色和形状又显得是连续的。

由扫描仪或数码相机、网页上复制的一些图片都是位图。位图比较适合表现自然真实的影像，但因存储方式是以像素为单位，所以如果进行大比例的放大将会造成影像模糊失真，如图3-2 所示。

图 3-2　位图放大效果

2. 矢量图

矢量图是根据几何特性来绘制图形，矢量可以是一个点或一条线，矢量图只能靠软件生成，文件占用内存空间较小，因为这种类型的图像文件包含独立的分离图像，可以自由无限制地重新组合。它的特点是放大后图像不会失真，和分辨率无关。

矢量图以几何图形居多，图形可以无限放大，不变色、不模糊，如图 3-3 所示。常用于图案、标志、VI、文字等设计。常用软件有 CorelDraw、Illustrator、Freehand、XARA、CAD 等。

矢量图有如下特点：

（1）文件小，图像中保存的是线条和图块的信息，所以矢量图形文件与分辨率和图像大小无关，只与图像的复杂程度有关，图像文件所占的存储空间较小。

（2）图像可以无级缩放，对图形进行缩放、旋转或变形操作时，图形不会产生锯齿效果。

（3）可采取高分辨率印刷，矢量图形文件可以在任何输出设备打印机上以打印或印刷的最高分辨率进行打印输出。

（4）最大的缺点是难以表现色彩层次丰富的逼真图像效果。

图 3-3　矢量图放大效果

虽然矢量图文件小、缩放不失真，不过如果要表现自然真实的影像时，却不得不使用位图了。用户可以将位图导入 Flash 中，然后对该影像进行各种动画的设计；还可以导入外部的矢量图，以提高用户的工作效率。

3.1.2　绘图工具箱

利用 Flash 修改、绘制任何图形，都要借助于绘图工具来完成，而所有的绘图工具都在【绘图工具箱】里面，【绘图工具箱】如图 3-4 所示。

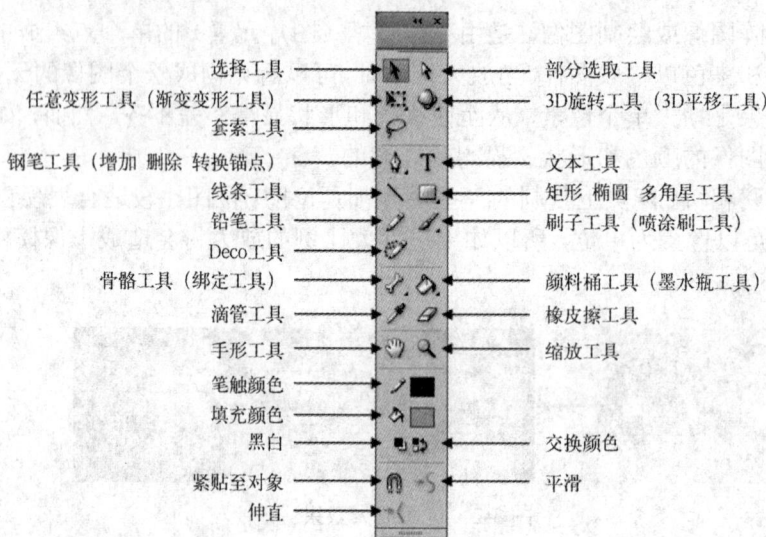

图 3-4　绘图工具箱

【绘图工具箱】大致分为四大部分：

（1）绘图工具：所有有关绘图的工具都放在这个区域。

（2）查看：为了方便图形的编辑，常会需要暂时缩小或放大图形，用户可以通过这里的工具来完成。

（3）颜色：这里会显示目前所使用的各项颜色，当然，用户也可以通过这里来设定颜色。

（4）工具选项：有些工具很简单，有些工具则功能强大，通过这里的设定可以把工具的功能完整地发挥出来。

3.2　基本绘图技法——线条

线条是图形的重要组成部分，在 Flash 中修改、绘制线条的工具有许多，但是都有其独特的用处，所以各种工具用户都要掌握好。

3.2.1　铅笔工具

【铅笔工具】就是徒手画的工具，用户能直接使用鼠标在 Flash 中随意画出线条。其操作的方法就是：按住鼠标左键，拖动的路径就是用户画出来的线条了。

【铅笔工具】有一个工具选项——"铅笔模式"，它是用来控制线条的弧度的，有三种模式供用户选择。

1. 伸直

这个模式会让线条变得非常工整，如果用户画的路径接近直线，结果就会被修正为直线；如果用户画的是弧线，则可能帮用户修正得更圆滑。

2. 平滑

这个模式也会自动修正用户的线条，不过没有"伸直"那么夸张，它只会将用户所画出来的线条变得更加平滑。这个模式的线条流畅、饱满，最适合于鼠绘。

3. 墨水

这个模式最单纯了，因为使用这个模式画出的线条，将和用户所画的真实路径最为接近。这个模式最容易表现手写的感觉。

3.2.2　线条工具

【线条工具】虽然和【铅笔工具】同样是画线条的工具，但它只能画直线。点选【直线工具】后，在工作区里拖动，就能画出一条条的直线了。

【线条工具】和【铅笔工具】的属性完全相同，其中有关框线的各项属性，如粗细、颜色、样式等，都可以在【属性面板】中加以修改，如图 3-5 所示。

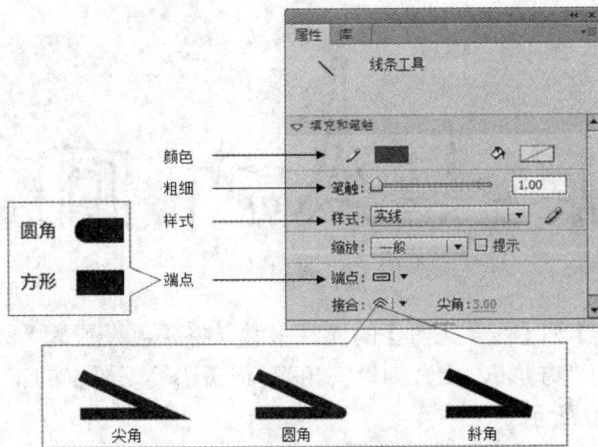

图 3-5　线条工具的属性面板

【铅笔工具】和【线条工具】中有一个组合按键非常重要，那就是 Shift 键，按下 Shift 键，再用【铅笔工具】或是【线条工具】就可以绘制出水平的直线或是垂直的直线，【线条工具】还可以绘制出 45 度角的直线。

不管用户用哪种工具来绘制线条，都不可能一次就完美，所以修改是很必要的，这里提到的修改不是用橡皮擦掉，而是用【选择工具】来修改线条的形状。绘制完线条之后，用【选择工具】接近它，会有不同的修改状态，如图 3-6 至图 3-8 所示。

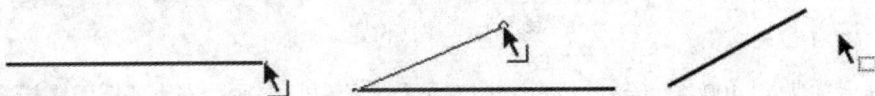

图 3-6　直角编辑：【选择工具】在线条端点附近可以改变线条的角度、长短

图 3-7　弧线编辑：【选择工具】在线条中间部位可以改变线条的弧度

图 3-8　【选择工具】在线条中间部位，同时按住 Ctrl 键可以进入直角编辑状态

下面通过制作课件实例来进一步理解【铅笔工具】和【线条工具】。

操作步骤

1　打开 Flash CS6，将舞台【属性】的参数设定为 "FPS：24.00"、"大小：550×400 像素"、"舞台颜色为白色"。设定好之后执行【文件】→【保存】命令，将其重命名为 "认识图形.fla"。

2　利用【铅笔工具】和【线条工具】绘制简单的城市剪影，如图 3-9 所示。

图 3-9　城市剪影

3　设定【铅笔工具】和【线条工具】的属性参数，将颜色设置为 "红色"，笔触为 "2.00"，样式为 "实线"，端点为 "方形"，接合为 "尖角"。将【铅笔工具】的工具选项的【铅笔模式】设为【伸直】，如图 3-10 所示。

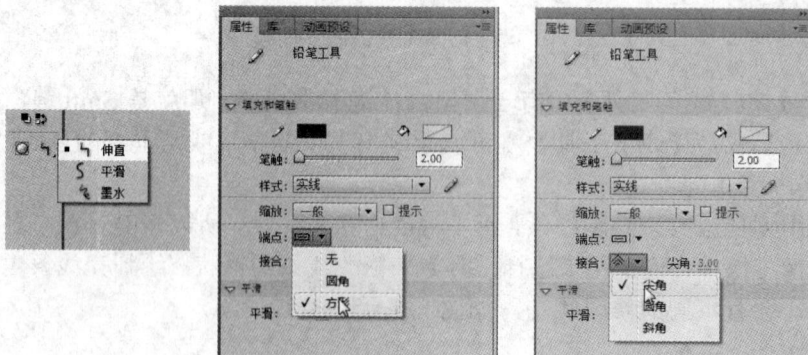

图 3-10　属性设置

4　将舞台放大到 400%。绘制过程中建议用【线条工具】画 "长线"，用【铅笔工具】画 "短线"，并用【选择工具】来调节线条的弧度及顶角，如图 3-11 所示。

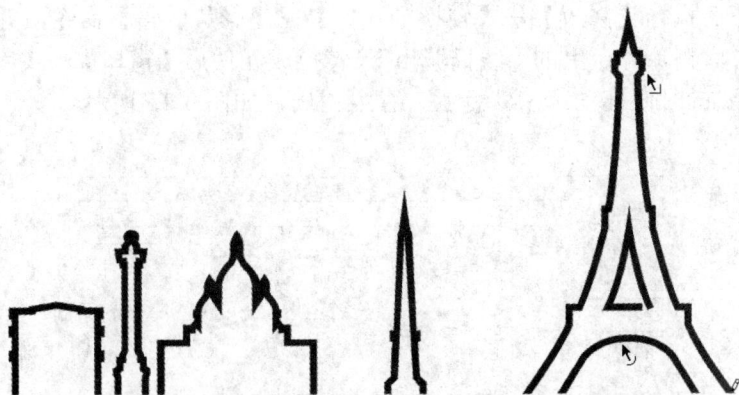

图 3-11　【铅笔工具】、【线条工具】和【选择工具】的运用

5 绘制出城市剪影的雏形，如图 3-12 所示。

图 3-12　完成城市剪影的雏形

6 进一步勾画细节，如图 3-13 所示。

图 3-13　完成城市剪影的细节

7 更改颜色并且复制一份做出投影的效果，全选后执行【修改】→【形状】→【将线条转换为填充】命令，将线条变成填充，这样可以缩小文件，提高运行速度，如图 3-14 所示。

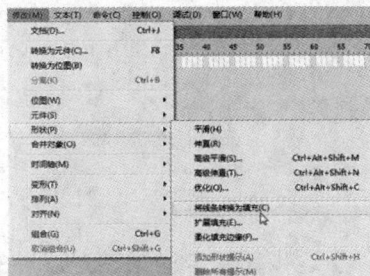

图 3-14　完成城市剪影的颜色并转换为填充

8 全选图形后执行【修改】→【转换为元件】→【影片剪辑】命令，并重命名为"线描城市"。转换完成后删除舞台上的"线描城市"（转换成元件后【窗口】→【库】中就已经有了这个元件，在需要的时候拖动出来就行了）存盘退出，如图 3-15 所示。

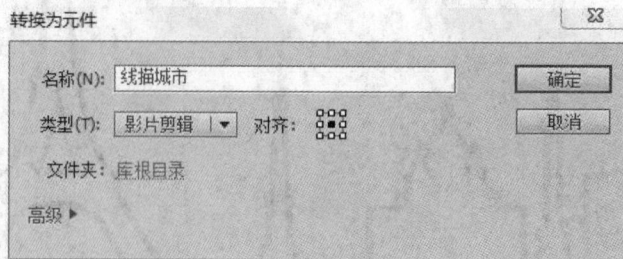

图 3-15　转换为影片剪辑元件

★ **提 示**　使用本节内容可制作课后练习题 1。

3.2.3　钢笔工具

对于简单的图形来说，用学过的【铅笔工具】和【线条工具】再结合【选择工具】基本上可以完成，但是在要画出比较专业的图形时，仅仅靠这些是不够的。

在 Flash 中，可以使用【钢笔工具】控制曲线的造型。

【钢笔工具】画出来的线条就是【贝赛尔曲线】，它的主要元素为【锚点】，所有线条的长短、弧度都是经由每个【锚点】所决定的。而每一个【锚点】都可以轻易地由鼠标来控制。

工具箱里的【钢笔工具】包括一个工具组，其中有【钢笔工具】、【添加锚点工具】、【删除锚点工具】、【转换锚点工具】。

"认识图形"课件中有一个漂亮的卡通铅笔的造型，这个的绘制难度有点大，用户要通过【钢笔工具】来绘制。

🖱 **操作步骤**

1 打开"认识图形.fla"，把舞台放大到 200%，选择【钢笔工具】，将其属性设定为：笔触颜色"黑色"，样式为"极细线"。先绘制铅笔的轮廓，然后用【添加锚点工具】为轮廓添加一些必要的"锚点"；再用【部分选取工具】来完善铅笔轮廓的造型。如图 3-16 所示。

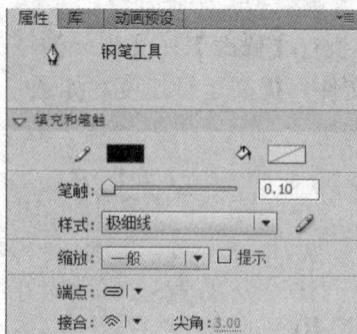

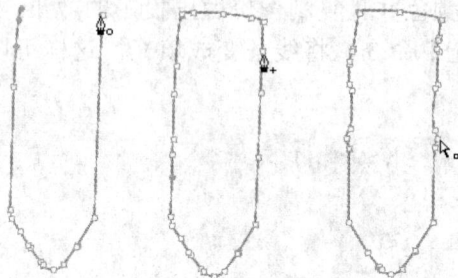

图 3-16　绘制过程

2 利用【钢笔工具】、【添加锚点工具】和【部分选取工具】逐步完善卡通铅笔。如图 3-17 所示。

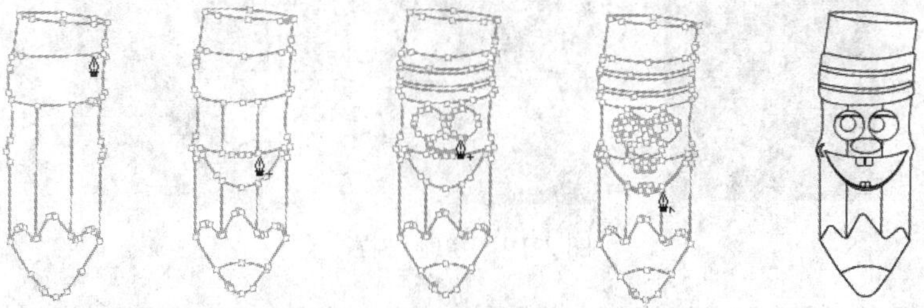

图 3-17　绘制过程

3 利用【颜料桶工具】并结合【混色器】面板的"线性渐变"和"径向渐变"来为卡通铅笔填充颜色。填色完成后，使用【橡皮擦工具】的"擦除线条"模式将卡通铅笔的线条擦除掉。全选卡通铅笔执行【修改】→【转换为元件】→【影片剪辑】命令，并重命名为"铅笔"。转换完成后，删除舞台上的"铅笔"元件，存盘退出。如图 3-18 所示。

图 3-18　绘制过程

★ 提 示　使用本节内容可制作课后练习题 2。

3.3　基本绘图技法——闭合图形

学习完笔触线条的绘画技巧后，下面着重学习闭合图形的绘制。在绘制闭合图形时会使用到矩形工具、椭圆工具、基本矩形工具、基本椭圆工具和多角星形工具等基本的造型工具。

3.3.1　矩形工具

【铅笔工具】点选工具箱中的"矩形工具"后，接着在工作区中利用拖动的方式，就能画出所需要的矩形了。按住"Shift"键也可以绘制出正方形。

如果用户想要修改有关矩形的相关属性，在拖拽之前，在"属性栏"中设定好所有参数，接下来画出来的矩形就会和用户设定的一样了。

下面通过矩形工具接着制作"认识图形"课件。

🖱 操作步骤

1 打开"认识图形.fla"，选择【矩形工具】，将其属性设定为：笔触颜色"无"，填充颜色为"草绿色"。取消【矩形工具】的"对象绘制"按钮。按下 Shift 键的同时在舞台拖动鼠标绘制出一个正方形；再用【删除锚点工具】单击正方形左上角，使其变成一个三角形。如图 3-19 所示。

图 3-19 绘制过程

2 选择【选择工具】，用光标靠近三角形的一边，使之变成"弧线编辑"状态，拖动光标把直线变成弧线。如图 3-20 所示。

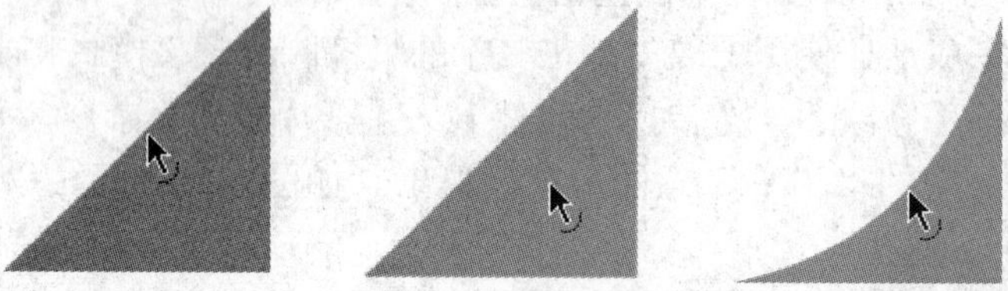

图 3-20 绘制过程

3 使用【文本工具】输入相关文字，执行【修改】→【转换为元件】→【按钮】命令，并将其重命名为"进入按钮"。使用同样的方法再制作两个如下按钮并删除舞台上的按钮。如图 3-21 所示。

图 3-21 绘制过程

★ **提 示** 使用本节内容可制作课后练习题 3。

3.3.2 椭圆工具

【椭圆工具】是绘制椭圆及圆形的工具。其和【矩形工具】的使用方法基本上类似，同样是以拖动的方式完成造型。和【矩形工具】一样，如果要画出正圆形，需先按住 Shift 键，再进行拖动。

如果想绘制出特定样式的椭圆形，就要在"属性面板"中设定参数。通过对"椭圆选项"的设定，可以绘制出别具一格的椭圆。要想修改"椭圆选项"的属性，一定要在拖拽之前修改属性面板才行，绘制完之后就不能修改了。

下面通过椭圆工具接着制作"认识图形"课件。

 操作步骤

1 打开"认识图形.fla"，选择【椭圆工具】，将其属性设定为：笔触颜色"无"，填充颜色为"红色"。取消【椭圆工具】的"对象绘制" 按钮。在按下 Shift 键的同时在舞台拖动鼠标绘制出一个正圆形；再用【选择工具】的"弧线编辑"状态和"直角编辑"状态（按下 Ctrl 键的同时拖动光标）调整正圆形的轮廓。如图 3-22 所示。

图 3-22 绘制过程

2 利用【混色器面板】的"径向渐变"改变图形的颜色，并用【渐变变形工具】调整颜色的高光。用【铅笔工具】的"平滑模式"绘制热气球的线条。如图 3-23 所示。

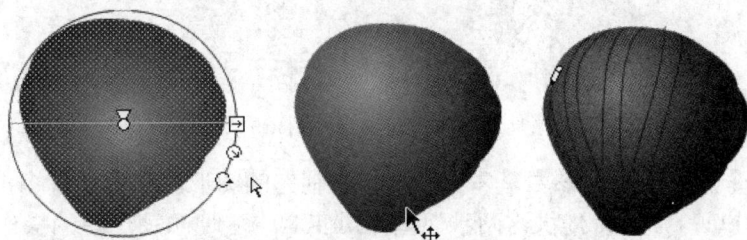

图 3-23 绘制过程

3 用【颜料桶工具】给线条之间填充白色，再用【橡皮擦工具】的"擦除线条"模式擦除红色线条。调整最下端的颜色为"径向渐变"颜色。如图 3-24 所示。

图 3-24 绘制过程

4 用【刷子工具】绘制热气球的黑色线条，再用【矩形工具】结合【选择工具】的"擦直角编辑"状态绘制热气球的最下部。用同样方法绘制一个红色热气球。最后分别选中两个热气球执行【修改】→【转换为元件】→【影片剪辑】命令，并分别重命名为"气球 1"和"气球 2"。转换完成后删除舞台上的两个"气球"元件。如图 3-25 所示。

图 3-25 绘制过程

3.3.3 基本矩形工具和基本椭圆工具

以【基本矩形工具】为例，对比一下工具的属性面板和绘制完的图形的属性面板，如图 3-26 所示。

图 3-26 【基本矩形工具】的属性面板和绘制完的图形的属性面板对比

可以看出，两个属性面板的参数基本上一样，绘制完的图形的属性面板多出来了"位置和大小"的参数。所以说，Flash 提供这两种"基本"工具，更便于使用者的操作，可以很直观地修改绘制完的图形。

下面使用基本矩形工具制作"认识图形"课件。

操作步骤

1 打开"认识图形.fla"，选择【基本矩形工具】，将其属性设定为：笔触颜色"无"，填充颜色为"黄色"，"矩形选项"的 4 个数据都为"80.00"，在舞台上拖动出一个矩形。用【选择工具】点选这个矩形，更改其属性面板的"位置和大小"的宽为"520.00"、高为"305.00"。再用【基本矩形工具】绘制一个"矩形选项"的数据为"30.00"的小的黄色矩形，全选两个矩形，执行【修改】→【对齐】→【顶对齐】和【右对齐】命令。如图 3-27 所示。

图 3-27 绘制过程

2 全选两个矩形，执行【修改】→【合并对象】→【联合】命令，使两个矩形变成一个。【右击】鼠标执行【复制】命令，然后把黄色矩形的颜色修改为"红色"。执行【编辑】→【粘贴到当前位置】命令，把黄色矩形复制出来。选择【任意变形工具】按下 Alt 键，调整黄色矩形的大小，调整完后全选两个矩形，执行【修改】→【分离】命令。如图 3-28 所示。

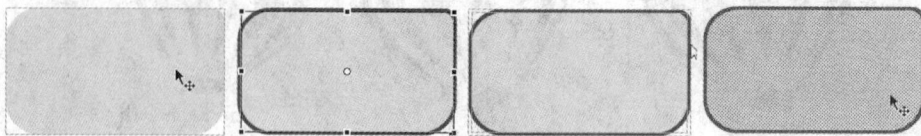

图 3-28 绘制过程

3 选择【墨水瓶工具】，将其属性设定为：笔触颜色"灰色"，笔触粗细为"1.00"，为矩形的内外都勾上边。更改红色为"白色"，更改黄色为"线性渐变"色，并用【渐变变形工具】进行调整。完成后执行【修改】→【转换为元件】→【影片剪辑】命令，并分别重命名为"绿色背景"，用同样的方法制作一个"橙色背景"的影片剪辑元件。然后删除舞台上所有的元件。如图 3-29 所示。

图 3-29　绘制过程

下面使用基本椭圆工具制作"认识图形"课件。

操作步骤

1 打开"认识图形.fla"，先选择【矩形工具】绘制一个草绿色的三角形，（如 3.3.1 的实例）。把舞台放大到 400%，选择【基本矩形工具】，将其属性设定为：笔触颜色"无"，填充颜色为"白色"，"矩形选项"的 4 个数据都为"20.00"，在绿色三角形上拖动出一个圆角矩形，同样将【基本矩形工具】的矩形选项的四个数据都设置为"1.00"并绘制一个大矩形，选中大矩形执行【修改】→【分离】命令。再用草绿色的矩形色块遮住这个大矩形的左边（要取消【矩形工具】的"对象绘制"按钮）。如图 3-30 所示。

图 3-30　绘制过程

2 利用【选择工具】的"直角编辑"状态调整大矩形的形状。选择【基本椭圆工具】，将其属性设定为：笔触颜色"无"，填充颜色为"白色"，按下 Shift 键拖动出一个正圆形，拖动正圆形的"拖动柄"，将其调整成半圆形并移动位置。按下 Alt 键拖动半圆形再复制出一个半圆形。如图 3-31 所示。

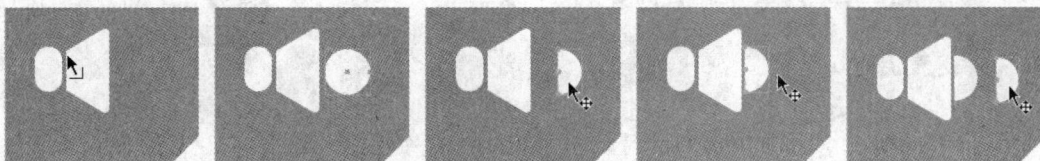

图 3-31　绘制过程

3 利用【任意变形工具】调整半圆形的大小。调整半圆形的【属性面板】→【椭圆选项】→【内径】，使半圆变成一条弧线并调整其位置。如图 3-32 所示。

41

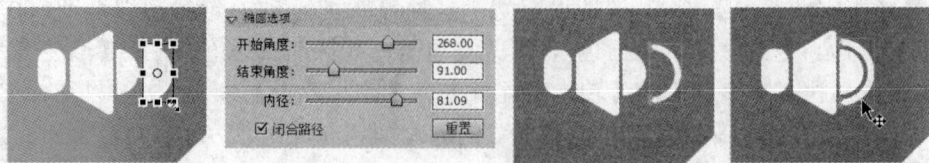

图 3-32　绘制过程

4 用同样的方法再制作一个最外围的弧线，把舞台恢复到 100%，全选所绘制的图形并执行【修改】→【分离】命令。执行【修改】→【转换为元件】→【按钮】命令，分别重命名为"音频"。用同样的方法制作一个"音频 2"的按钮元件。然后删除舞台上所有的元件，存盘退出。如图 3-33 所示。

图 3-33　绘制过程

★ 提示　使用本节内容可以绘制课后习题 4。

3.3.4　多角星形工具

　　【多角星形工具】和【矩形工具】、【椭圆工具】一样，也是用拖动的方式完成造型的，不过它的"工具设置"的参数比较多，但是并不复杂。

　　下面通过使用多角星形工具继续制作"认识图形"课件。

🖱 操作步骤

　　1 打开"认识图形.fla"，先选择【多角星形工具】，在其属性面板的【工具设置】中将样式设置为星形，边数设置为 5，星形顶点大小设置为 0.60。在舞台上拖动出一个星形，更改颜色为"线性渐变"色，并用【渐变变形工具】进行调整。完成后执行【修改】→【转换为元件】→【影片剪辑】命令，将其重命名为"星 1"，用同样的方法再制作"星 2"、"星 3"的影片剪辑元件。如图 3-34 所示。

图 3-34　绘制过程

　　2 执行【窗口】→【库】命令，将【库】里的"铅笔"影片剪辑元件拖动到星形的上边。在属性面板中分别为这些元件添加"投影"滤镜。然后全选这些元件，执行【修改】→【转换为元件】→【影片剪辑】命令并重命名为"铅笔组"。然后删除舞台上所有的元件，存盘退出。如图 3-35 所示。

图 3-35　绘制过程

3.3.5　刷子工具

与【线条工具】相比,【刷子工具】绘制的线条更加活泼,并且可以模拟出某种真实的笔触。但是绘制完之后不如【线条工具】那样便于修改或调整。

【刷子工具】使用的方法和【铅笔工具】并没有差别,只要拖动过的地方就会被涂上颜色。它和【铅笔工具】最大的区别就是绘制出的是"填充颜色",而【铅笔工具】绘制出的是"笔触颜色"。在它的属性面板中可调节的参数很少,只有"填充颜色"和"平滑度"。

在【刷子工具】的【工具选项】中可以调整刷子的大小、形状及刷子的各种模式。

下面使用【刷子工具】来继续绘制"认识图形"课件。

操作步骤

1 打开"认识图形.fla",将【刷子工具】的颜色设置为"红色",在【工具选项】内按下"对象绘制"按钮,选择圆形刷子和最小号刷子。在舞台上拖动出一条短线,选择【任意变形工具】,将其中心的"空心圆"拖动到线段下端,然后执行【窗口】→【变形】命令,将"旋转"设置为 15 度,连续单击 6 次右下角的【重置选区和变形】按钮。得到一组线段,再用【任意变形工具】进行调整。如图 3-36 所示。

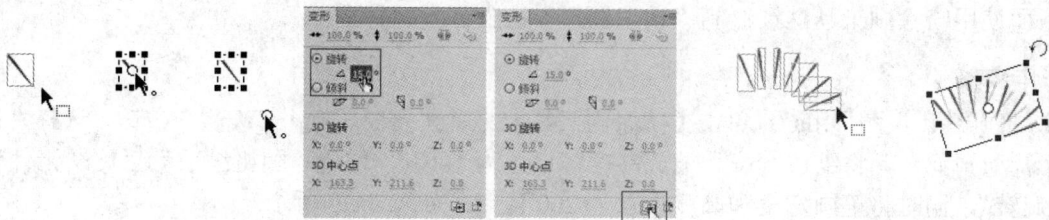

图 3-36　绘制过程

2 选择【椭圆工具】在这些线段下边按下 Shift 键绘制一个正圆形,再用【刷子工具】绘制一条竖线,然后用【选择工具】选择正圆形的同时按住 Alt 键拖动复制一个正圆形,并用【任意变形工具】调整其大小。绘制完成后用【选择工具】框选所有绘制对象,执行【修改】→【分离】命令,再执行【修改】→【转换为元件】→【影片剪辑】命令,将其重命名为"花瓣"。如图 3-37 所示。

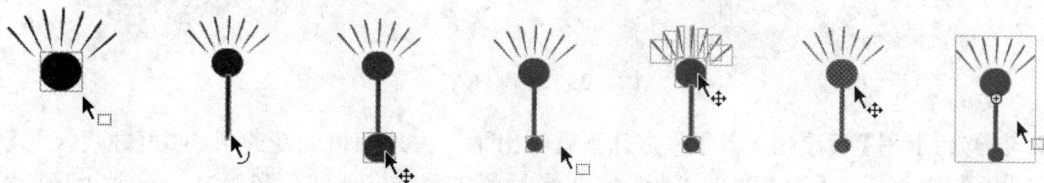

图 3-37　绘制过程

3 选择【任意变形工具】，将"花瓣"元件中心的"空心圆"拖动到元件下端，然后执行【窗口】→【变形】命令，将"旋转"设置为 15 度，连续单击右下角的【重置选区和变形】按钮，得到转了一周的花瓣。在中间用【椭圆工具】绘制一个正圆形，再用【刷子工具】绘制一根花杆。最后用【选择工具】框选所有绘制对象，执行【修改】→【分离】命令，再执行【修改】→【转换为元件】→【影片剪辑】命令，将其命名为"蒲公英"，然后删除舞台上所有的元件，存盘退出。如图 3-38 所示。

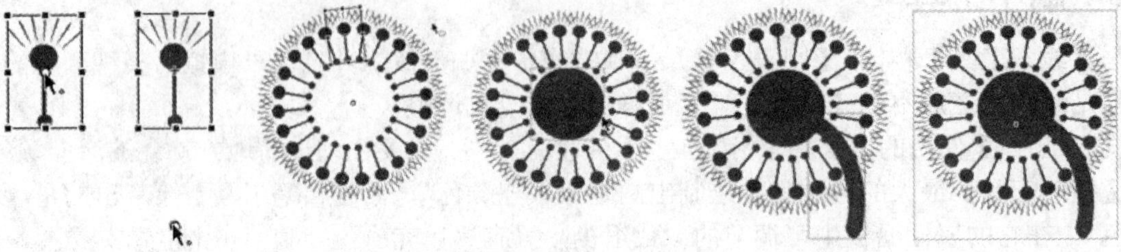

图 3-38   绘制过程

★ 提 示   使用本节内容可以绘制课后练习 6。

3.3.6   喷涂刷工具

【喷涂刷工具】类似于粒子喷射器，使用它可以一次将数个同样的形状图案"刷"到舞台上。默认情况下，喷涂刷使用当前选定的填充色喷射粒子点。

用户还可以使用【喷涂刷工具】将影片剪辑或图形元件作为"粒子"使用。通过这些基于元件的"粒子"，可以对 Flash 中创建的插图进行多种创造性控制。

下面使用喷涂刷工具继续绘制"认识图形"课件。

操作步骤

1 打开"认识图形.fla"，单击【喷涂刷工具】的属性面板，点击"编辑"按钮，选择"花瓣"影片剪辑元件，将缩放宽度和缩放高度都设置为 100%，勾选"随机缩放"、"旋转元件"、"随机旋转"，同时将笔画宽度和高度设置为 200 像素。如图 3-39 所示。

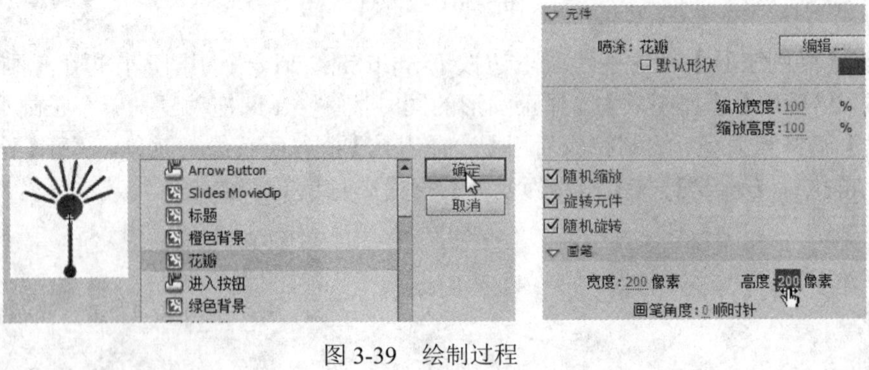

图 3-39   绘制过程

2 在舞台上用【喷涂刷工具】单击几下就喷出了一大片随机的花瓣了。喷好之后执行【窗口】→【库】命令，将【库】里的"蒲公英"影片剪辑元件拖动到花瓣上边，拖动出 3 个"蒲公英"元件，并用【任意变形工具】调整好大小与位置。框选所有绘制对象，执行【修改】→

【转换为元件】→【影片剪辑】命令，将其命名为"蒲公英组"。然后删除舞台上所有的元件，存盘退出。如图 3-40 所示。

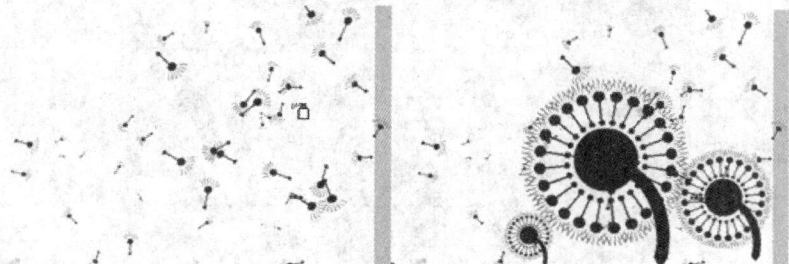

图 3-40　绘制过程

3.4　图像的导入与编辑

在使用 Flash 制作课件时，常常会导入一些位图，使作品显得更完美。

3.4.1　导入外部图片

Flash 支持非常多的图片格式，几乎常用的一些图片都能输入到 Flash 中应用，其中包含了位图和矢量图。Flash 最主要的作用在于制作动画，有关绘图方面的工具和其他矢量图软件比起来还是有一段差距的，如果用户已熟悉其他矢量图形软件的操作，可以在该软件中绘制所需的图形，再导入到 Flash 中应用。而且 Flash 还支持在很多软件之间互相拖拽图形。

点选主菜单的【文件】→【导入】→【导入到舞台】（或是导入到库），接着在对话框中找出所要输入的图片文件并按下【打开】命令，该图片文件就会以原尺寸出现在舞台中了（如果导入到库的话需要再从库中拖拽到舞台上）。还可以直接将图片从文件夹中拖拽到舞台上，这种方式比较方便。

下面通过继续制作"认识图形"课件范例介绍图像的导入方法。

 操作步骤

1 打开"认识图形.fla"，执行【文件】→【导入】→【导入到舞台】命令，选中要导入的"人物.png"图片，单击【打开】命令，舞台上就有这个图片了。选中图片并执行【修改】→【转换为元件】→【影片剪辑】命令，将其命名为"孩子"。然后删除舞台上所有的元件，如图 3-41 所示。

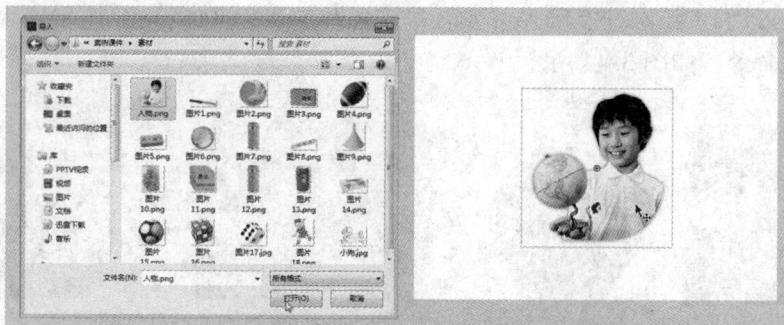

图 3-41　操作过程

2 Flash 还支持一次导入多张图片，方法同上，在选择时只需多张图片都选中就行了。如图 3-42 所示。

图 3-42　操作过程

3 舞台上只能看到一张图片，其实这些图片都压在一起了，只要用【选择工具】拖动这些图片就可以看到后面的图片了。分别选中这些图片执行【修改】→【转换为元件】→【影片剪辑】命令并分别重命名，然后删除舞台上所有的元件，存盘退出。如图 3-43 所示。

图 3-43　操作过程

3.4.2　图片的编辑

下面通过范例介绍图片的编辑方法。

🖱 **操作步骤**

1 打开 Flash CS6，绘制一个圆形并导入一张图片"图 3-0441.jpg"，选择这张图片执行【修改】→【分离】命令，如图 3-44 所示。

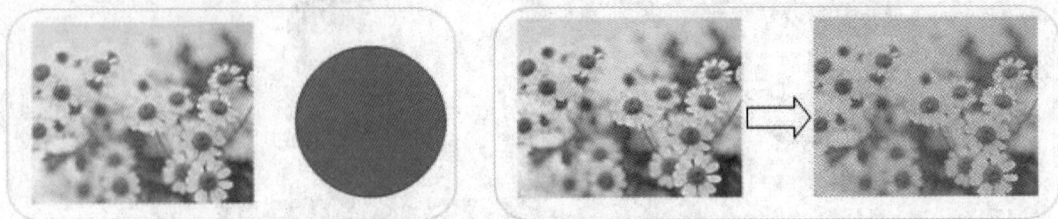

图 3-44　操作过程

2 点选工具箱中的【滴管工具】，利用它单击舞台中"分离"后的位图。这时可以发现目前填充色的内容变为刚才那张位图了。接下来使用【颜料桶工具】点击旁边的圆形，它的填色就会变成位图了。如图 3-45 所示。

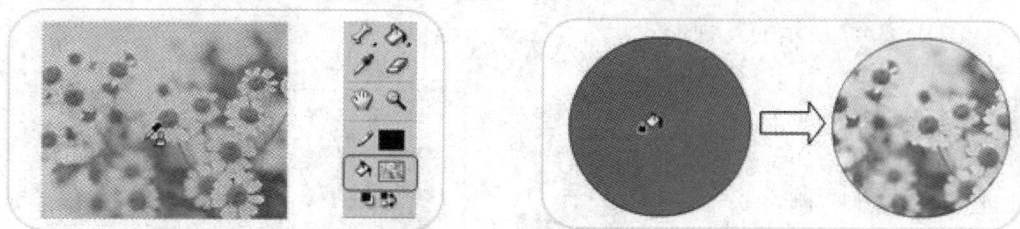

图 3-45　操作过程

上面的范例只是把位图填入图形中，但是位置、角度或大小可能都不太符合用户的要求，这时就可以使用【渐变变形工具】来进行修改，让填色完全符合用户的要求。

位图最大的缺点就是不能够放大，否则会很不清晰，所以 Flash 提供了一个功能，就是可以把位图转换为矢量图。点选主菜单的【修改】→【位图】→【转换位图为矢量图】命令，就会出现一个对话框，根据自己对矢量图的要求更改一下参数就可以得到一张转换成的矢量图了。根据位图画面的复杂程度，转换出的矢量图的效果有很大的差异。如果画面比较简单，那么转出的矢量图就跟原位图的差别比较小，反之，就会有很大的差别。

当用户将位图【分离】后，只要利用【选择工具】就可以任意选取该图的一部分，进行移动甚至是删除的命令。不过用【选择工具】只能选取矩形范围，而使用【套索工具】可以让用户任意圈选范围，就像是徒手画一样，如此所选出来的部分就更自由了。

下面通过继续制作"认识图形"课件进一步介绍图片的编辑方法。

🖱 操作步骤

1 打开"认识图形.fla"，在库中找到"骰子"的元件，将其拖动到舞台上。

2 将舞台颜色设为黑色，可以看到骰子的元件有一个白色的底色，要把底色去掉。双击骰子的元件进入元件编辑状态，执行【修改】→【分离】命令，再用【套索工具】将白色的区域选中，按下 Delete 键删除所选对象，这样就没有白色底色了。将舞台颜色再设为白色，存盘退出。如图 3-46 所示。

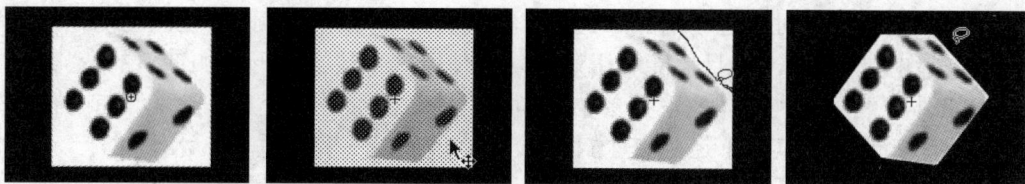

图 3-46　操作过程

3.5　图形的编辑

Flash 所绘制的矢量图基本上包括两个内容：外框和填充，也就是线条和色块。通过前面的学习，用户都学会了如何绘制外框和填充。下面主要介绍图形的选取、变形、复制、删除、排列、对齐、翻转等知识。

3.4.1 图形的选取、变形、复制与删除

图形的选取主要用到【选择工具】。在动画创建过程中，【选择工具】主要应用于对象的选取和移动，同时还具备使矢量图形变形的功能。通常，使用【选择工具】时因光标所处的位置不同而呈现如图 3-47 所示的 4 种形式。

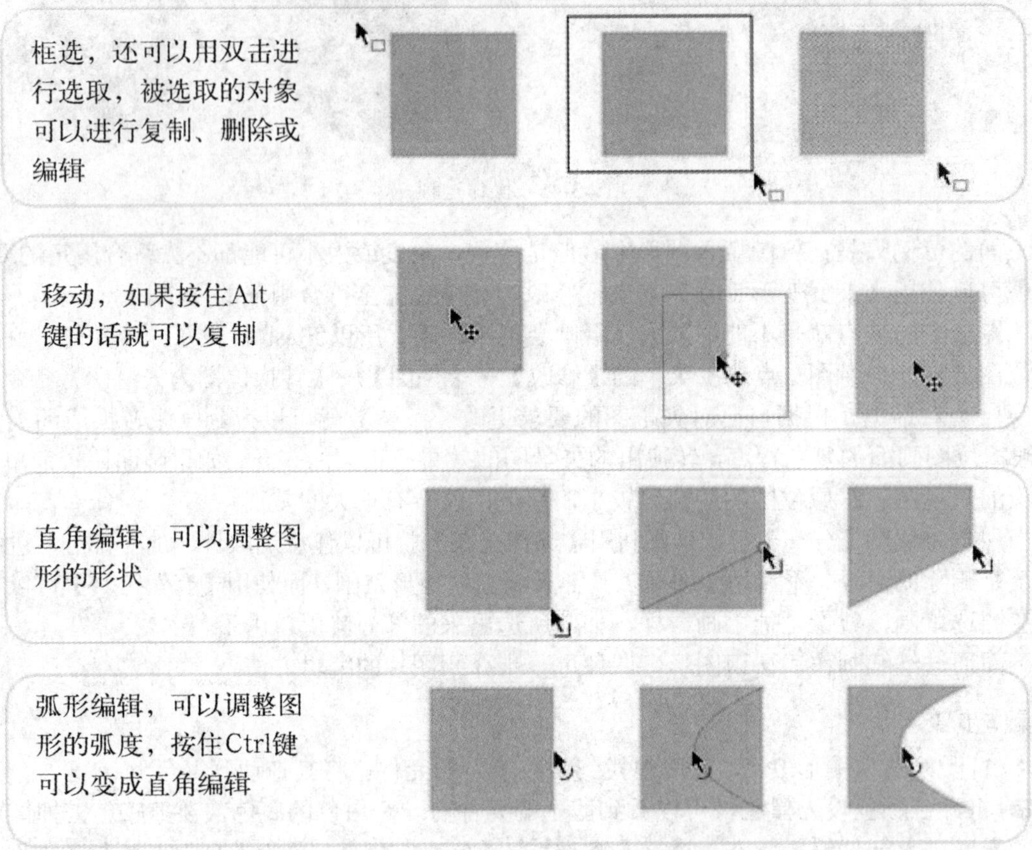

框选，还可以用双击进行选取，被选取的对象可以进行复制、删除或编辑

移动，如果按住 Alt 键的话就可以复制

直角编辑，可以调整图形的形状

弧形编辑，可以调整图形的弧度，按住 Ctrl 键可以变成直角编辑

图 3-47　选择工具

利用【选择工具】可以对矢量图进行变形，但是对于位图的变形需要借助【任意变形工具】。【任意变形工具】可以使对象进行缩放、旋转、倾斜及扭曲等操作。使用这些功能，可以省掉许多重新绘制图形的时间，而且还能利用这些功能使原来平淡的图形增加许多的变化。

在 Flash 中，还可以利用【变形菜单】更加精确地对图形进行变形，除了具有【任意变形工具】的功能外，【变形菜单】还具有"封套"、"90 度旋转"和"垂直、水平翻转"等功能。

下面通过制作"认识图形"课件介绍对图形的选取、变形、复制与删除操作。

操作步骤

1 打开"认识图形.fla"，将舞台颜色设为黑色，选择【矩形工具】，将笔触颜色设置为橙色，填充色设置为白色，取消"绘制对象"按钮。按下 Shift 键绘制一个正方形，先点选上边的线条，按下 Shift 键复选右边的线条，然后按下 Alt 键拖动复制出这两条线段。用【线条工具】绘制连接线。用【颜料桶工具】填充颜色，删除所有线条。最后用【选择工具】调整一下立方体的透视感。如图 3-48 所示。

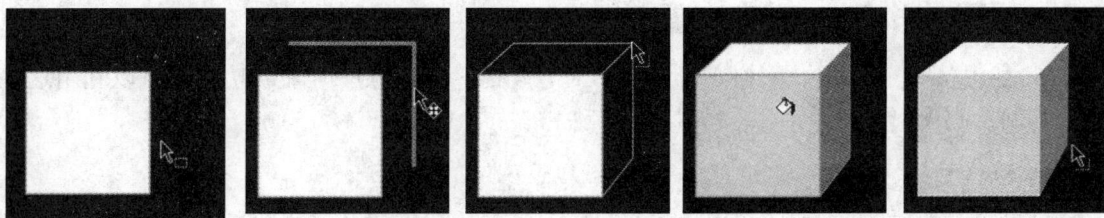

图 3-48　操作过程

2 框选立方体，按下 Alt 键拖动复制出一个立方体。用【选择工具】框选立方体的一半，然后按下 Shift 键向右水平拖动，再选中中间的一部分，用【任意变形工具】横向调整大小，这样就得到了一个长方体。如图 3-49 所示。

图 3-49　操作过程

3 用【椭圆工具】绘制一个椭圆外框，再用【矩形工具】绘制一个矩形的外框，两个连在一起，删除没用的线段，用【选择工具】将其调整成圆柱体，最后用【颜料桶工具】填充颜色。用【混色器】修改侧面的颜色为线性渐变色。删除所有线条。如图 3-50 所示。

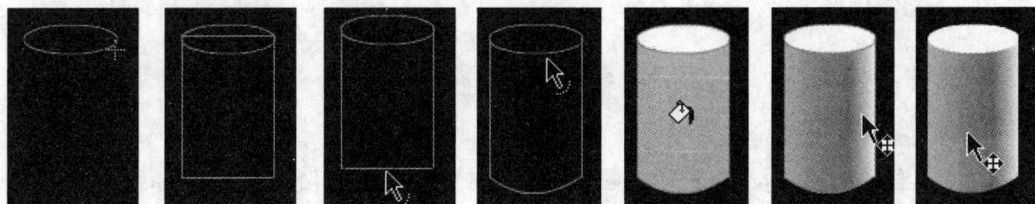

图 3-50　操作过程

4 用【椭圆工具】的同时按下 Shift 键绘制一个正圆形，用【混色器】的径向渐变色修改颜色，并用【渐变变形工具】调整填充色，删除所有线条。分别选中这些图形执行【修改】→【转换为元件】→【影片剪辑】命令并重命名为几何体。 然后删除舞台上所有的元件，将舞台颜色改回白色，存盘退出。如图 3-51 所示。

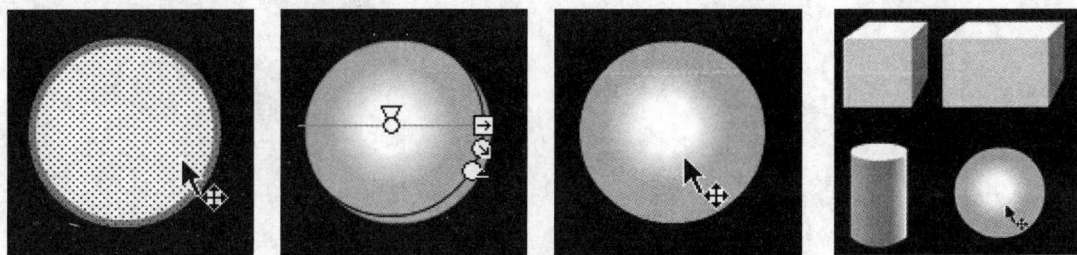

图 3-51　操作过程

3.4.2 图形的排列、对齐、翻转

在 Flash 中，包括标尺、网格、辅助线、对齐功能、排列顺序等辅助功能，可以利用这些功能来辅助绘制图形。

1. 网格

"网格"就像是把方格纸放在用户的舞台中，方便用户编修及排列图形。而且还可以控制是否显示、网格间距及颜色等。

（1）显示网格

默认情况下，网格是不显示的，需要在菜单栏单击【视图】→【网格】→【显示网格】命令使网格显示出来。如图 3-52 所示。

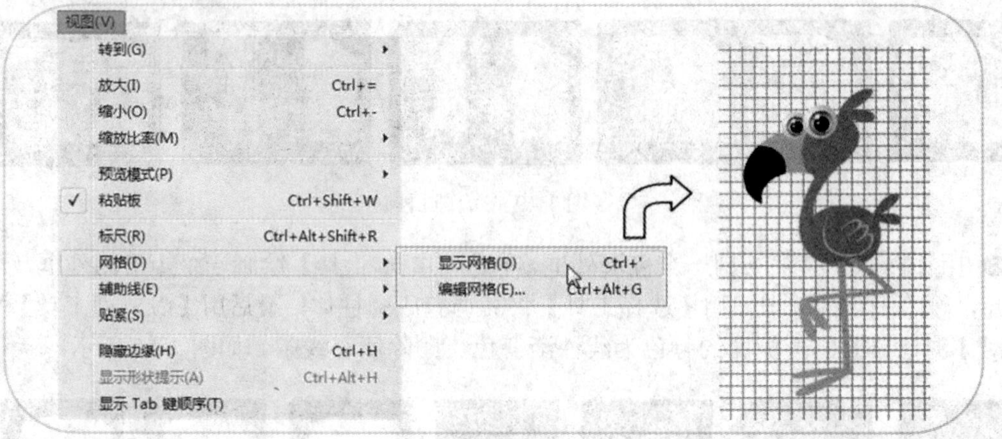

图 3-52　显示网格

（2）贴紧网格

"网格"还具有使对象自动贴齐的功能，只要将对象拖动到网格线附近，Flash 就会自动把对象抓到网格线上；在绘制对象时更为明显。默认情况下，贴紧网格功能也是不启动的，必须点选【视图】→【贴紧】→【贴紧至网格】命令启动它。如图 3-53 所示。

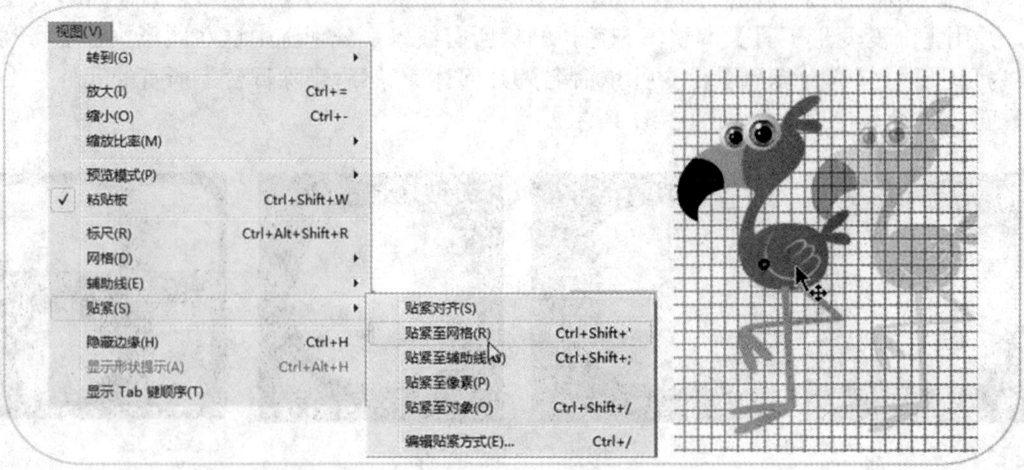

图 3-53　贴紧网格

（3）编辑网格

在 Flash 中还可以修改网格的各项参数，使设置好的网格线更适合用户的每次工作。

在主菜单点选【视图】→【网格】→【编辑网格】命令打开【网格】对话框，就能根据自己的要求设定各项参数了，设定好之后按下"确定"就可以了。如图 3-54 所示。

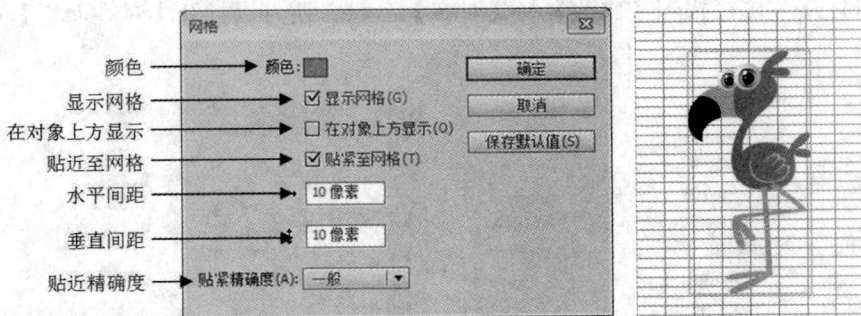

图 3-54　编辑网格

2. 标尺

标尺可以使用户更加精确地知道对象的尺寸，以及对象与对象之间的间距。

和网格一样，标尺在默认的情况下并不会显示，必须点选【视图】→【标尺】命令显示标尺。

标尺分为"水平标尺"和"垂直标尺"，其实就是舞台的 X 轴和 Y 轴。有一点必须注意，在 Flash 的坐标系统中，原点（0，0）位于舞台的左上角，X 轴向右为正（向左为负）；Y 轴向下为正（向上为负）。

3. 辅助线

辅助线就是一些在编辑区中水平或垂直的线条，其数量及出现的位置都可以由用户决定。它可以方便地进行对象的排列，也可以设定使对象贴齐辅助线。如图 3-55 所示。

图 3-55　辅助线

要增加新的辅助线很简单，不过必须要有"标尺"才能完成，所以先要显示出标尺。如果想增加一条水平的辅助线，按住编辑区上方的水平标尺，向下拖拽，就拉出了一条辅助线。垂直的辅助线就是在垂直的标尺上拖拽出来。用户在哪里放开鼠标，辅助线就会出现在哪里，而且还可以随时通过拖拽来改变辅助线的位置。

要想删除辅助线，只要按住该辅助线，向外拖拽到工作区的范围之外或者是拖拽到标尺上，辅助线就消失了。如果想一次清除所有的辅助线，可以使用【清除辅助线】命令。

4. 对齐

如果舞台上的对象很多的话，操作起来就很麻烦了。在 Flash 中可以使用【对齐】命令来调整图形。可以从菜单栏找到【修改】→【对齐】命令，还可以打开【对齐面板】。如图 3-56 所示。

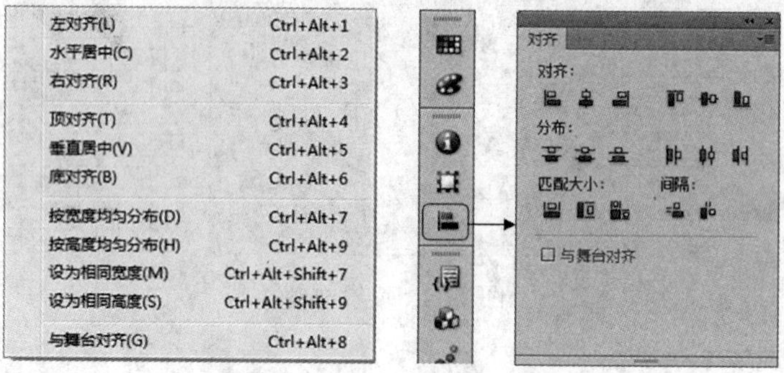

图 3-56　对齐命令与对齐面板

5. 排列

同一图层的对象之间有前后的关系，一般情况下，新建立的对象会盖住旧的对象，也就是说，新的对象会在比较上层的位置。

但是有时候这些默认的前后关系，可能和用户想要的不太一致，这时就必须手动调整对象的排列顺序了。有关排列顺序的功能，都可以在【修改】→【排列】命令中找到。如图 3-57 所示。

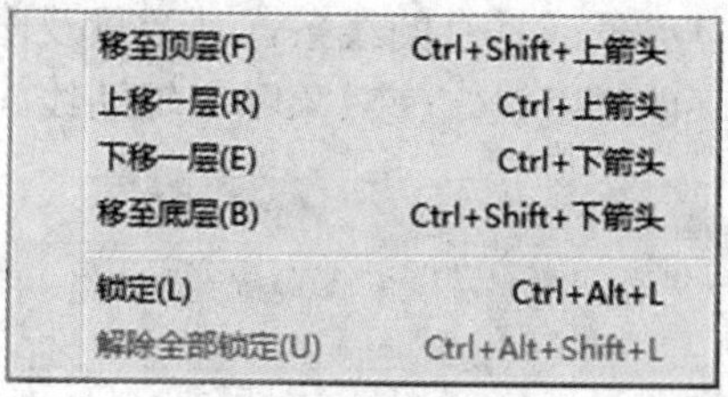

图 3-57　排列命令

3.5　综合练习

Flash 中的各项绘图工具及功能是制作动画和课件的基础，下面通过制作完成"认识图形"的课件，综合练习各种绘图工具和功能的使用方法。在前面学习各种绘图工具的时候已经把大部分素材都整理好了，用户只要把它们连接在一起即可，由于模板功能还没有介绍，因此在制作"按钮"、"交互动画"的时候，则需要借助 Flash 自带的模板。

操作步骤

1 打开 Flash CS6，选择从模板创建，点击【更多】，选择【演示文稿】→【高级演示文稿】，然后单击【确定】按钮。如图 3-58 所示。

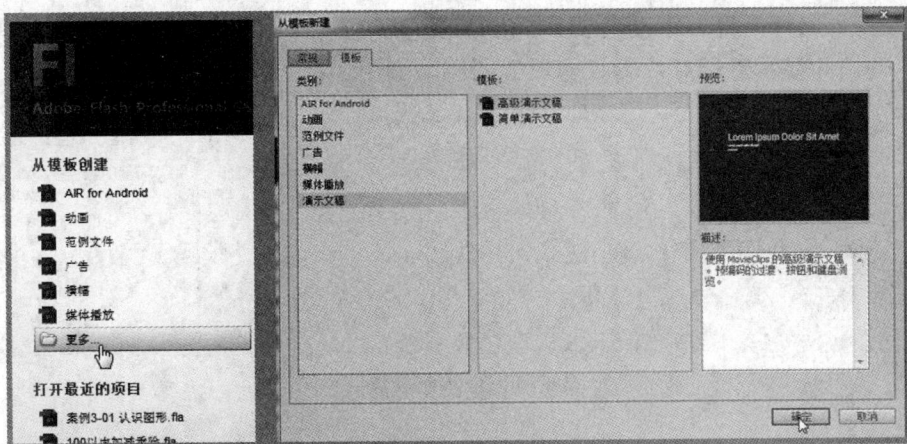

图 3-58　选择模板

2 打开高级演示文稿的模板之后，删除【时间轴】上的"说明"图层，并把"背景"图层拖动到"幻灯片影片剪辑"图层上边。如图 3-59 所示。

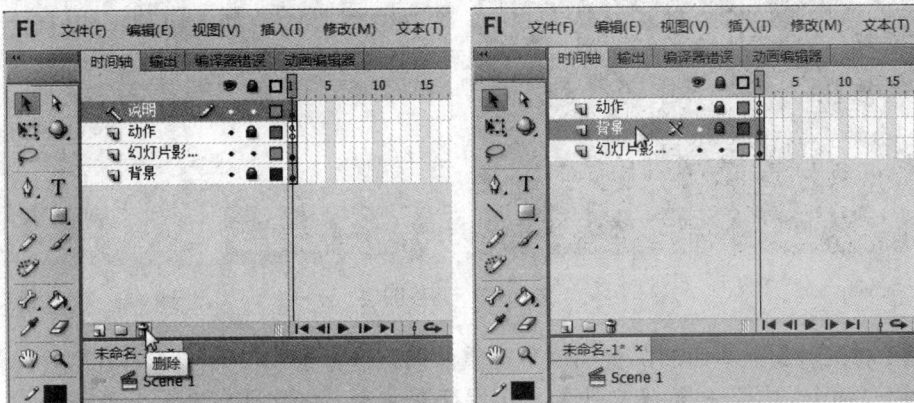

图 3-59　调整图层

3 隐藏并锁定"幻灯片影片剪辑"图层，解锁"背景"图层。把"背景"图层上的东西删除掉，只保留"按钮"和"页码"。如图 3-60 所示。

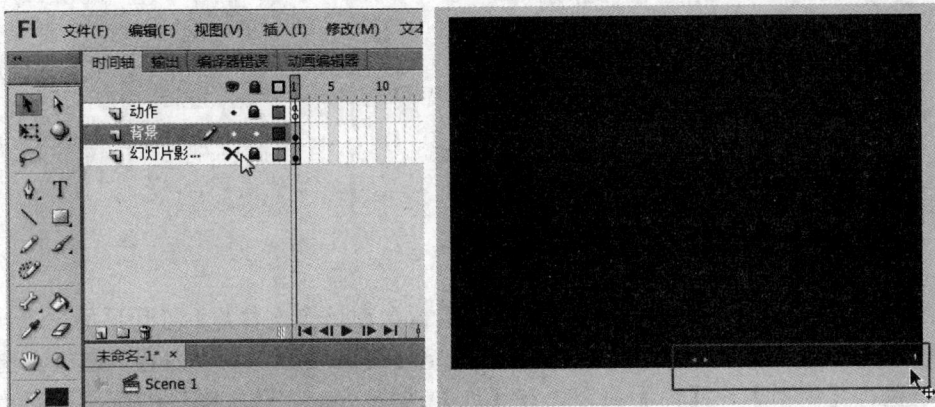

图 3-60　调整图层

4 更改舞台属性，将大小设为 550×400，颜色为白色，得到一个白色的舞台。锁定"背景"图层，解锁并显示"幻灯片影片剪辑"图层。如图 3-61 所示。

图 3-61　更改舞台属性

5 双击进入"Slides MovieClip"影片剪辑的编辑状态，在【时间轴】上创建两个新的图层，并且删除掉"辅助线"和"幻灯片"两个图层。如图 3-62 所示。

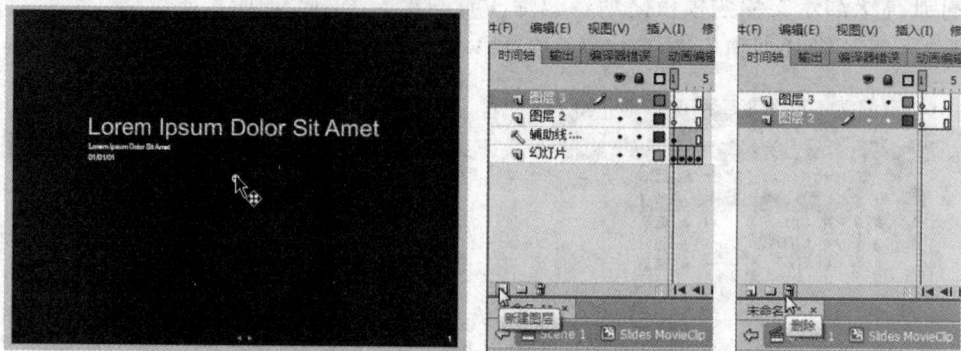

图 3-62　调整图层

6 将【时间轴】上新建的两个图层分别重命名为"背景"和"内容"，且删除掉"辅助线"和"幻灯片"两个图层。执行【文件】→【保存】命令，将文件名设置为"实例-认识图形"。如图 3-63 所示。

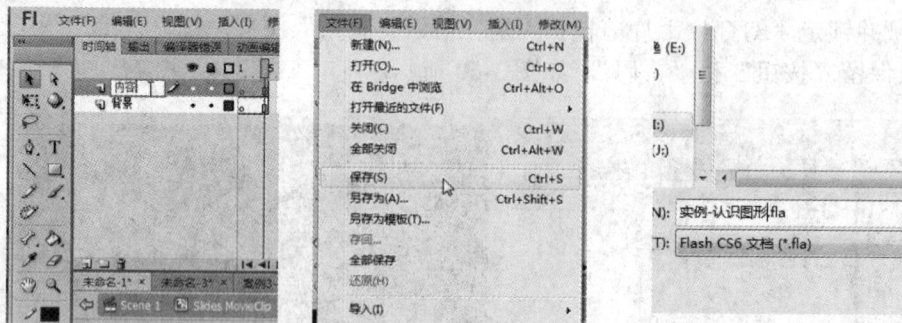

图 3-63　保存文件

7 打开"认识图形.fla"，因为用户所制作的素材全在这个文件里。打开后不用去操作"认识图形.fla"，回到"案例-认识图形.fla"文件，锁定【时间轴】上的"内容"图层，选择"背景"图层。执行【窗口】→【库】命令，在【库】选择"认识图形.fla"的库，拖动"绿色背景"到舞台上。将文件命名为"实例-认识图形"。如图 3-64 所示。

图 3-64　操作过程

8 用同样的方法将库里的"音频"和"进入按钮"两个元件拖动到舞台，调整好位置。然后锁定"背景"图层，解锁"内容"图层。如图 3-65 所示。

图 3-65　拖动元件到舞台

9 在"内容"图层将相关的素材拖动到舞台上，然后用【文本工具】输入标题，调整好大小与颜色后转化为影片剪辑元件，将其重命名为"标题"。如图 3-66 所示。

图 3-66　制作标题

10 隐藏并锁定"内容"图层，解锁"背景"图层。为这两个图层的第 2 帧都添加"空白关键帧"。选定"背景"图层的第 2 帧，将相关素材从库中拖动到舞台上。如图 3-67 所示。

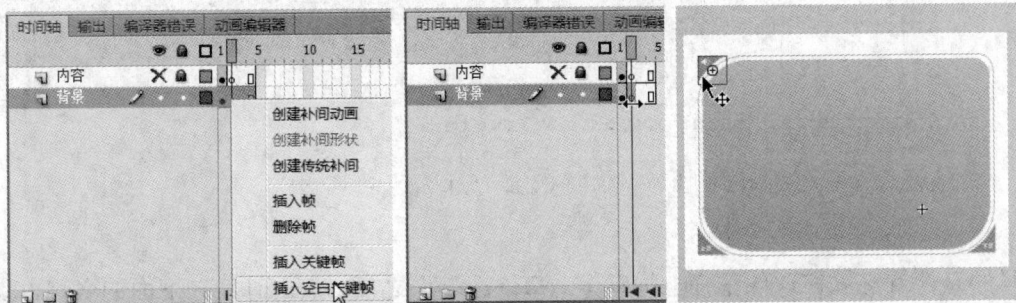

图 3-67　添加素材

11 锁定"背景"图层，解锁"内容"图层。选定"内容"图层的第 2 帧，将相关素材从库中拖动到舞台上并输入文字标题。如图 3-68 所示。

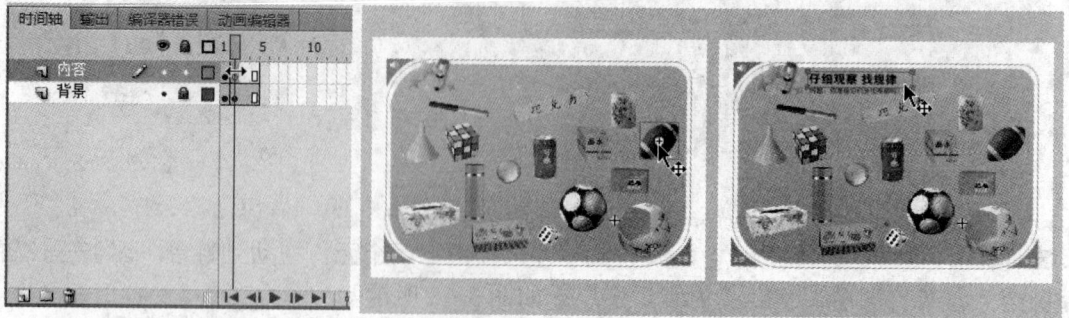

图 3-68　添加素材

12 为"内容"图层的第 3 帧插入关键帧。选定"内容"图层的第 3 帧，修改文字标题，并将物品类图片元件全选缩小一些。如图 3-69 所示。

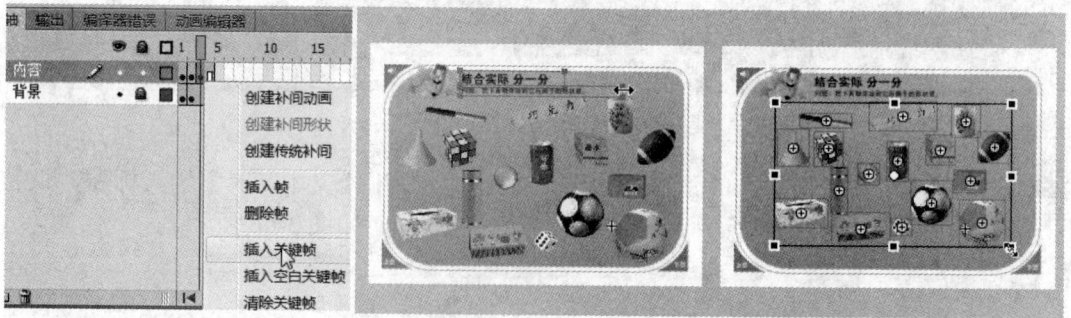

图 3-69　修改文字标题

13 将每个物品类的元件再次执行【修改】→【转换为元件】→【影片剪辑】命令并重命名，然后分别双击进入每个新建的元件内，都添加一个图层，按下 F 键，为新图层的动作面板写上："import flash.events.MouseEvent;

```
import flash.events.Event;
this.addEventListener(MouseEvent.MOUSE_DOWN,yidong);
this.addEventListener(MouseEvent.MOUSE_UP,tingzhiyidong);
this.addEventListener(MouseEvent.DOUBLE_CLICK,tingzhiyidong);
function yidong(evt:Event):void
{
    this.startDrag();

}
function tingzhiyidong(evt:Event):void
{
    this.stopDrag();

}"
```

这样的元件就可以在课件里任意拖动了。每修改一个之后，点击时间轴下面的名称，就能回到相应的位置了。如图 3-70 所示。

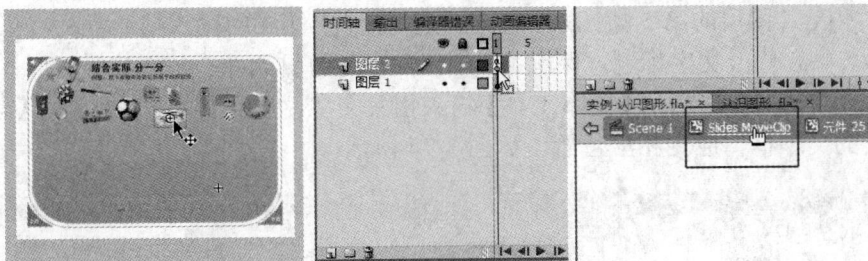

图 3-70　添加动作

14 用【矩形工具】绘制一个圆角矩形，其中间的填充色为透明度是 60% 的白色，边框是深红色，再用【矩形工具】绘制一个没有边框的橙色圆角矩形。将它们转换为元件，按下 Alt 键拖动复制出 3 个。如图 3-71 所示。

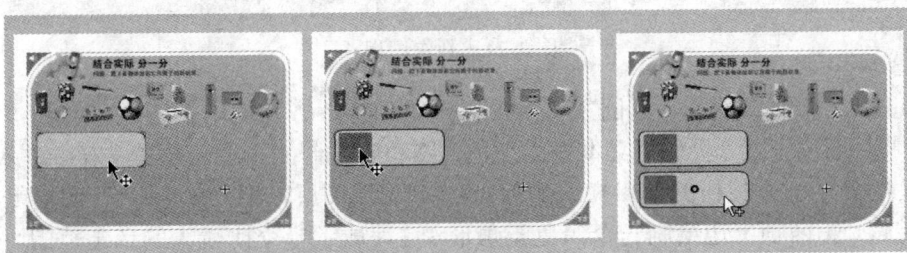

图 3-71　绘制圆角矩形

15 选中上边两个执行【修改】→【对齐】→【顶对齐】命令，再选中下边两个执行【修改】→【对齐】→【底对齐】命令，选中右边两个执行【修改】→【对齐】→【右对齐】命令，选中左边两个执行【修改】→【对齐】→【左对齐】命令，对齐完毕后将库中的几何形体拖动到舞台上并输入相关文字。如图 3-72 所示。

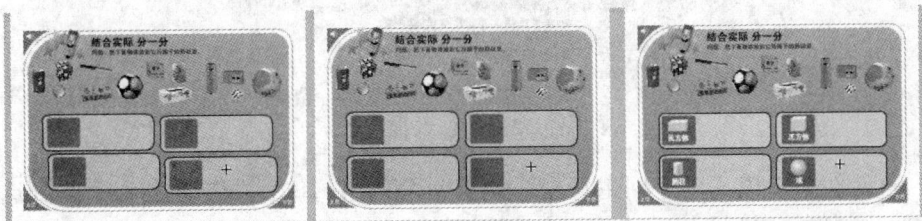

图 3-72　对齐

16 为"内容"图层的第 4 帧插入关键帧。选定"内容"图层的第 4 帧，修改文字标题，保留"铅笔组"影片剪辑元件，删除其他元件。然后用【文本工具】输入相关问题，并将相关元件从库中拖动到舞台上。如图 3-73 所示。

图 3-73　制作内容

17 为"内容"图层的第 5 帧插入关键帧，为"背景"图层的第 5 帧"插入帧"。选定"内容"图层的第 5 帧，修改文字标题，保留"铅笔组"影片剪辑元件，删除其他元件。将相关元件从库中拖动到舞台上，然后用【文本工具】输入相关文字，并用【文本工具】的【输入文本】建立 4 个空白的文本框，放到相应位置。如图 3-74 所示。

图 3-74　制作过程

18 退出元件编辑模式，返回主舞台，锁定"幻灯片影片剪辑"图层，解锁"背景"图层。将"背景"图层上的"页码"文本变成黑色，移动到舞台的左上角位置。双击进入，将"背景"图层上的其中一个按钮的编辑模式删除"Layer 2"图层，把"Layer 1"图层上前 3 帧变成空白关键帧，第四帧上边绘制一个黑色三角形，这就成了一个比较大的点击范围。如图 3-75 所示。

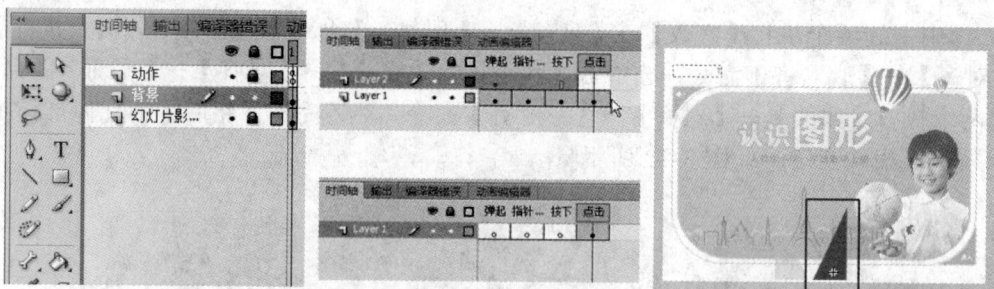

图 3-75　制作过程

19 退出元件编辑模式，返回主舞台，调整两个按钮的位置，左右各一个。到这里基本上完成了课件的制作，以后学习了音频及交互动画之后，还可以为课件添加音乐。最后存盘，然后执行【文件】→【发布】命令。在"实例-认识图形.Fla"的同一目录下就会生成一个"实例-认识图形.Swf"的文件，这就是用户所制作的课件了。如图 3-76 所示。

图 3-76　课件制作效果

3.6　课后练习

1. 利用铅笔工具绘制卡通小狗。颜色可以尝试着填充，主要是练习铅笔工具，绘制过程如图 3-77 所示。

图 3-77　绘制卡通小狗

2. 利用线条工具绘制一把伞。绘制过程如图 3-78 所示。

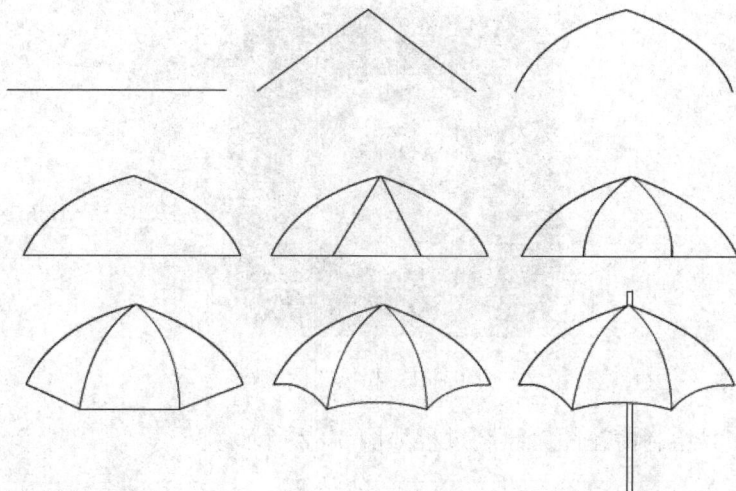

图 3-78　伞的绘制过程

3. 利用钢笔工具分别绘制一颗星和一朵花。最终效果如图 3-79 所示。

图 3-79　星和花

4. 利用矩形工具绘制一个七巧板的房子。最终效果如图 3-80 所示。

图 3-80　七巧板房子

5. 绘制相机图标。最终效果如图 3-81 所示。

图 3-81　相机图标

6. 利用刷子工具绘制梅花图。绘制过程如图 3-82 所示。

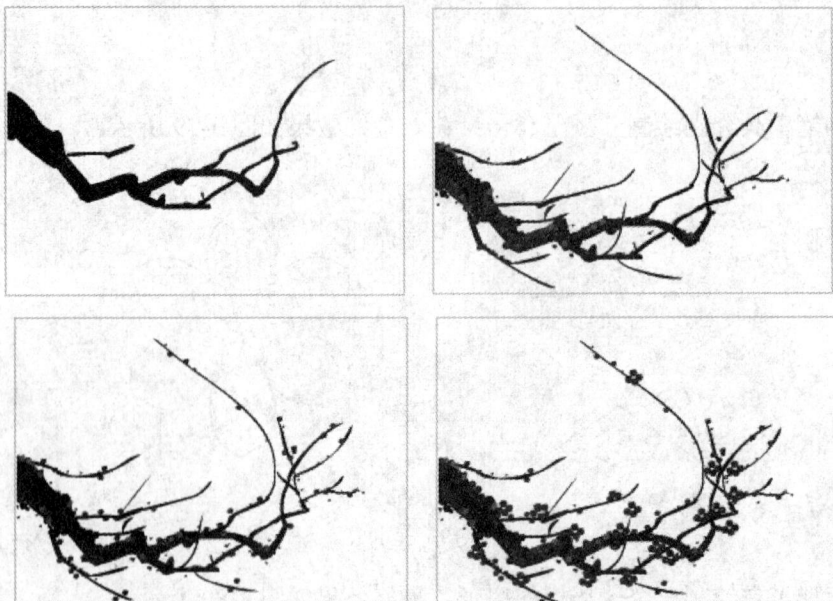

图 3-82　梅花绘制过程

第 4 章　Flash CS6 文本处理

学习要点

☑　了解文本处理的基础知识
☑　掌握文本处理的制作方法

文本是 Flash 动画中重要的组成元素之一，它不仅可以帮助课件表述内容，也可以对课件起到一定的美化作用。Flash CS6 主要通过【文本工具】进行文本的创建，另外，还提供了多种文本处理方法，例如：将文本水平或垂直放置；设置字体、大小、样式、颜色和行距等属性；对文本进行旋转、倾斜或翻转等变形；链接文本；使文本具有动画效果等，用户用这些文本处理方法可以创建出具有各种特效的文字。

4.1　创建文本

可以使用【工具】面板中的【文本工具】T创建文本对象。在创建文本对象之前，首先需要明确所使用的文本类型，然后通过【文本工具】创建对应的文本框，从而实现不同类型的文本对象的创建方法。

Flash CS6 对【文本工具】进行了很大的改变和加强，在丰富原有传统文本模式的基础上，又新增了文本布局框架（TLF 文本）模式，向 FLA 中添加文本，TLF 支持更丰富的文本布局功能和对文本属性的精细控制。在 Flash CS6 中，传统文本工具用以创建 3 种类型的文本字段，分别是静态文本、动态文本和输入文本。TLF 文本是 Flash CS6 中默认的文本引擎，它用以创建 3 种类型的 TLF 文本字段，分别为只读、可选和可编辑。

对于制作课件本身而言，传统文本的静态文本与 TLF 文本相比，其使用方法基本相同，达到的页面效果也基本相同，所不同的是，TLF 文本运行时可以选择或编辑。

4.1.1　创建传统文本

下面通过具体范例介绍创建传统文本的方法。

图 4-1　课件"京剧艺术"背景

🖱 操作步骤

1 新建一个 Flash 空白文档，设定文档的宽度为 800 像素，高度为 600 像素。导入合适的背景图片，选择【文件】→【保存】命令，命名文件为"国粹京剧"。如图 4-1 所示。

2 单击【工具】面板中的【文本工具】按钮T，显示工具栏中的文本工具，如图 4-2 所示。选择【窗口】→【属性】命令，在打开的【属性】面板中的【文本工具】下拉列表中选择【传统文本】选项。选择文本创建的类型文本字段，在其下拉列表中选择【静态文本】选项。如图 4-3 所示。

图 4-2　工具栏中的文本工具

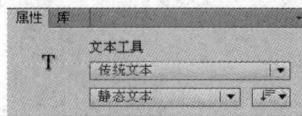

图 4-3　传统文本工具属性窗口

3 在时间轴上插入新的图层，在舞台上单击，此时就会出现个文本输入框。在文本框中输入文字"京剧艺术"，文本框会随着文字的输入而向右扩大。此时，文本框中文字不会自动换行，称为不定宽文本。在需要换行时，按【Enter】键即可。如果创建定宽文本，可在舞台上向右拖动鼠标获得一个文本框，这个文本框就是一个文本容器。在文本框中输入文字时，文本的输入范围将被限制在这个容器中，即当文字超出了这个范围时将会自动换行。如图 4-4 和图 4-5 所示，左为未定宽文本，右为定宽文本自动换行。

图 4-4　未定宽文本展示

图 4-5　定宽文本展示

4.1.2　创建文本域

静态文本虽然解决了文本展示的问题，但是毕竟篇幅有限。当有大量文本需要展示时，需要静态文本与滚动条组件相结合形成文本域。下面以"京剧简介"为例进行介绍。

🖱 操作步骤

1 新建一个 Flash 空白文档，设定文档的宽度为 800 像素，高度为 600 像素。导入合适的背景图片，选择【文件】→【保存】命令，命名文件为"京剧简介"，导入合适的背景图片。

2 在时间轴上插入新的图层，单击【工具】面板中的【文本工具】按钮 **T**，在舞台上向右拖动鼠标获得一个定宽文本框。将素材文件夹的文本文档"京剧简介"内容复制到刚刚创建的静态文本框中，如图 4-6 所示。在【属性】窗口中设置文本宽度为 500 像素，如图 4-7 所示。

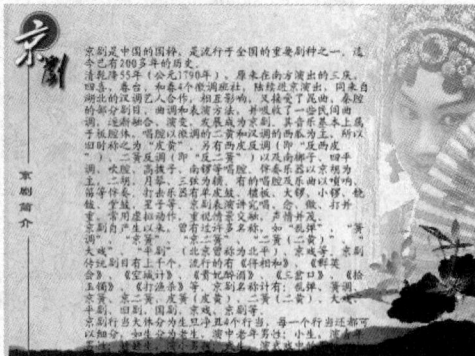

图 4-6　静态定宽文本框

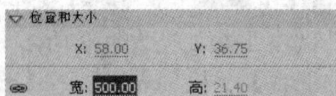

图 4-7　静态文本框宽度设定

3 选中该静态文本框，选择【修改】→【转换为元件】命令，在打开的【转换为元件】窗口名称中输入"京剧简介"，默认为图形。此时已将文字转换成了名为"京剧简介"的图形。将该原件在舞台上删除，如图 4-8 所示。

图 4-8　【转换为元件】窗口

4 在时间轴上插入新的图层，选择【窗口】→【组件】命令，在弹出的【组件】窗口中选择 ScrollPane 组件，如图 4-9 所示。在舞台上向右拖动鼠标获得一个 ScrollPane 组件，并在【属性】窗口中设置 ScrollPane 组件宽度为 510 像素，高度为 400 像素，如图 4-10 所示。

图 4-9　组件窗口　　　　图 4-10　组件属性窗口

5 选择【窗口】→【库】命令，在弹出的【库】面板中设置"京剧简介"图形的"AS链接"名称为"jjjj"，如图 4-11 所示。

6 在舞台上选中 ScrollPane 组件，设置其【属性】中"source"为"jjjj"，如 4-12 所示。设置完毕，按 Ctrl+Enter 键，测试效果如图 4-13 所示。

图 4-11　命名 AS 链接　　　　图 4-12　组件源

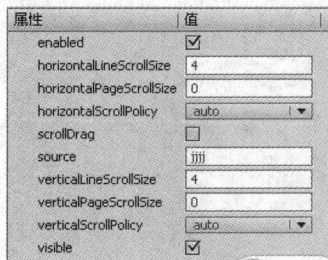

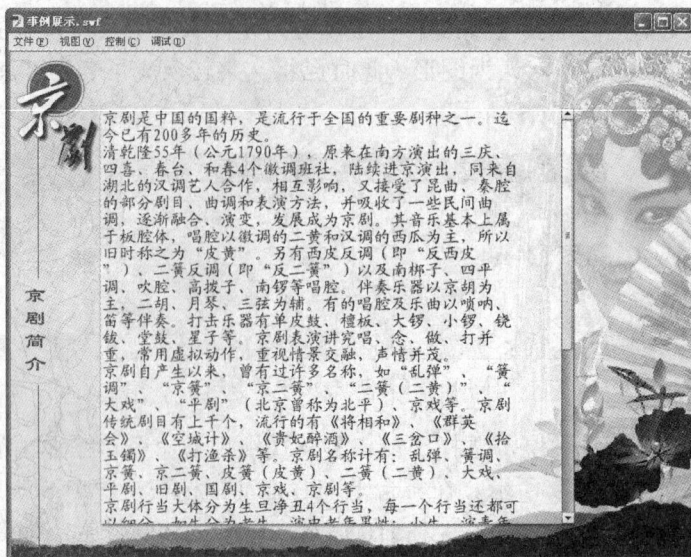

图 4-13   测试效果

经过以上操作，实现了大量文本滚动中显示，但很显然，文字看起来还不够美观，还需要对文本进行进一步的修饰和编辑。

4.2   文本的修饰与编辑

4.2.1   文本属性设置

下面打开"国粹京剧.fla"文件，进入文本属性的设置。

🖱 操作步骤

1 使用【选择工具】选择文字"国粹京剧"。

2 在【属性】面板中的【字符】选项中设置 X 值为 300，Y 值为 60，此时看到文本的位置发生了变化。

3 在【系列】下拉列表中选择字体，设置【大小】为 100，此时就更改了文字的大小和字体。

4 设置【字母间距】为"6"，然后单击【颜色】按钮，在弹出的颜色列表中选择黑色，此时就更改了文本颜色的字母间距。图 4-14 为文本属性设置及效果图。

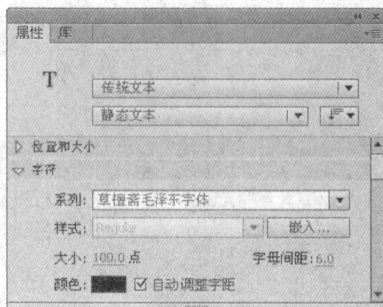

图 4-14   文本属性设置及效果图

4.2.2　文本的打散与分离

在 Flash CS6 中可以分离文本，将每个字符放在一个单独的文本块中。分离文本之后，就可以迅速地将文本分散到各个图层，然后分别制作每个文本块的动画。还可以将文本转换为组成它的线条和填充，以便对它进行改变形状、擦除和其他的操作。同任何其他的形状一样，可以单独对这些转换后的字符分组，或者将它们更改为元件并制作成动画。将文本转换为线条和填充之后，就不能再编辑文本了。

下面以"国粹京剧"为例学习分离文本的方法。

💮 操作步骤

1 使用【选择工具】选中"国粹京剧"文本框，执行【修改】→【分离】命令，这样选定文本中的每个字符会被放置在一个单独的文本块中，文本依然在舞台的同一个位置上。如图 4-15 所示为文本分离效果。

图 4-15　文本分离效果

2 经过分离的文本已经成了单独的文本块，这时可以分别对每一个文本框进行属性设置或者改变它们的位置。用鼠标拖动的方式来改变它们的位置，如图 4-16 所示为分离文本位置改变。

3 使用【选择工具】分别选择每个文本块的属性，将"京"字大小设为 160；"剧"字大小设为 120；"国粹"【系列】设为"华康简综艺"颜色高为白色，如图 4-17 所示为分离文本分位置。

图 4-16　分离文本位置改变

图 4-17　分离文本位置改变

4 使用【选择工具】选中"剧"字，再次执行【修改】→【分离】命令，此时"剧"字被打散成形状，不能再进行文本属性的操作，如图 4-18 所示为打散文本。

5 现在"剧"字已经打散成形状，可以单独选中任意区域并改变其属性。使用【选择工具】选取"剧"字下部所处深红色区域，将其颜色设为白色，如图 4-19 所示为改变打散文本颜色的效果。

图 4-18　打散文本

图 4-19　改变打散文本颜色

4.2.3　给文本添加滤镜效果

下面继续以"国粹京剧"为例介绍为文本添加滤镜效果的方法。

操作步骤

1　使用【选择工具】选中"京"字，在【属性】面板中添加"投影"的滤镜效果，设置投影颜色为白色。选中"国"、"粹"二字，在【属性】面板中添加"投影"的滤镜效果，设置投影颜色为黑色。如图 4-20 所示为投影效果。

2　目前"剧"字仍为形状，不能添加滤镜效果。使用【选择工具】选取"剧"字形状，执行【修改】→【转换为元件】命令，将"剧"转换成影片剪辑，命名为"剧"。使用【选择工具】选取影片剪辑"剧"，为其在【属性】面板中添加"投影"的滤镜效果，设置投影颜色为白色。如图 4-21 所示为"剧"字投影效果。

图 4-20　投影效果

图 4-21　"剧"字添加投影效果

4.2.4　文本的排列与对齐

下面先来认识一下【段落】选项卡，如图 4-22 所示。其中各选项说明如下：

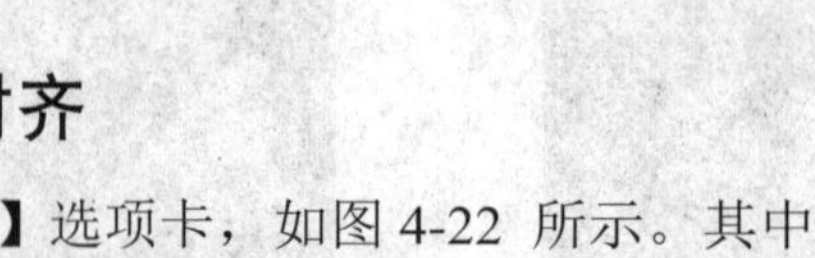

图 4-22　【段落】选项卡

- 格式：其中的各按钮可以调整文本的对齐方式，对齐方式分别是"左对齐、居中对齐、右对齐和两端对齐"。

- 间距: ⁺≡ 40.0 像素 ‡≡ 10.0 点 : 分别设置首行缩进及行间距的大小。
- 边距: ┇⁺ 0.0 像素 ┇⁺ 0.0 像素 : 分别设置段落的左缩进和右缩进的大小。

在这里重点介绍一下"改变文字方向"按钮 ⌐ 。当选择传统文本时该按钮菜单有 3 个命令，分别可以使选中的文本方向为"水平"、"垂直"和"垂直，从左向右"； 当选择 TLF 文本时该按钮菜单有 2 个命令，分别可以使选中的文本方向为"水平" 和"垂直"。 如图 4-23 所示为两者文字方向比较。

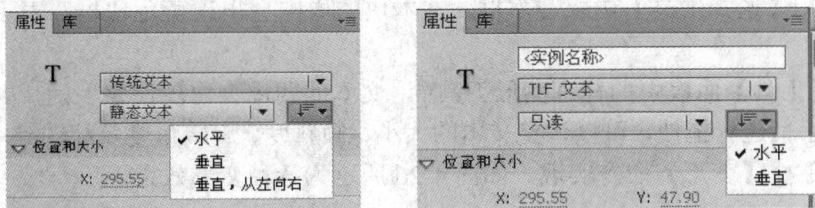

图 4-23 两者文字方向比较

下面打开"国粹京剧"中的"京剧简介"场景，以此学习文本的排版方法。

操作步骤

1 双击库中"京剧简介"图形元件，使用【选择工具】选取静态文本框。选择【窗口】→【属性】命令，打开"段落"选项卡。设置其"间距"值为"40"像素，实现首行缩进两个字符；行间距为"10"，使文本分布排列。

2 把光标放到第二段，设置该段落右缩进为"180"像素，出现如图效果。在右侧空白区域配京剧图片，如图 4-24 所示为段落右缩进效果。

图 4-24 段落右缩进效果展示

3 把光标放到脸谱段落，设置该段落左缩进为"180"像素，出现如图 4-25 所示的效果。在左侧空白区域放脸谱图片，如图 4-25 所示为段落左缩进效果。

图 4-25 段落左缩进效果展示

4.2.5　文本的旋转与变形

在 Flash CS6 中可以像处理对象那样处理文字，如可以对文字的整体进行缩放、旋转、倾斜及翻转等，从而创建各种效果。

📖 操作步骤

1 打开"国粹京剧"中的"京剧简介"场景，在 ScrollPane 组件上方录入静态文本"『京剧简介』"。使用【选择工具】选取文本框，文本块的周围会出现蓝色边框，表示文本框已被选中。

2 单击【工具】面板中的任意变形工具▧，文本的四周会出现调整手柄，并显示出文本的中心点。对手柄进行拖拽，可以调整文本的大小、倾斜度、旋转角度及翻转等。此操作也可以通过【修改】→【变形】命令实现。如图 4-26 所示为各种变形效果。

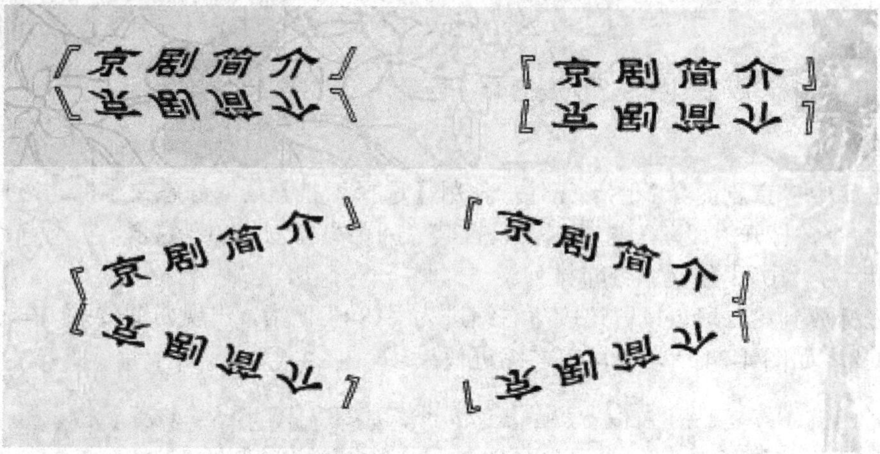

图 4-26　各种变形效果

4.2.6　创建文字链接

在 Flash CS6 中，"创建文字链接"相当于网页中的超级链接，可以将静态或动态的文本链接到 URL，从而在用户单击该文本的时候，就可以通过浏览器打开一个网址或本地文件，也可以跳转到电子邮件。下面通过具体范例介绍创建文字链接的方法，效果如图 4-27 所示。

图 4-27　文字链接项目

📖 操作步骤

1 链接到邮件。首先使用文本工具录入需要链接的文字内容，然后在【属性】面板的【选项】中设置【链接】为"mailto:teacherqa@163.com"，可以轻松发邮件。如图 4-28 所示。

2 链接到本地文件。使用文字链接还可以打开本地文件。在【属性】面板中【选项】中设置【链接】为"..→素材→4-02 简介背景.jpg"，就可以打开素材文件夹下的"4-02 简介背景.jpg"图片。如图 4-29 所示。

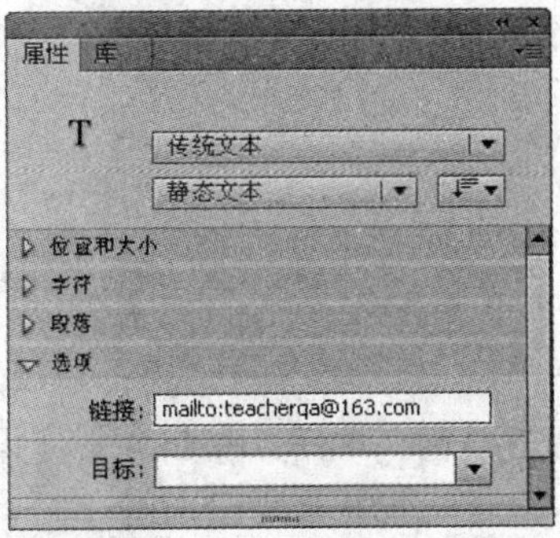

图 4-28　链接到邮件图

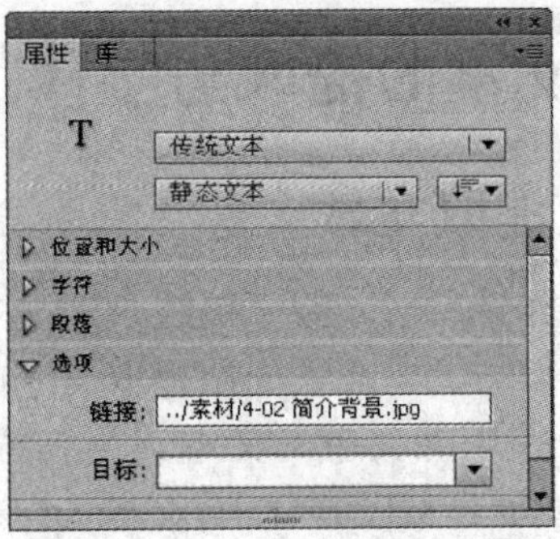

图 4-29　链接到本地文件

如果 SWF 与要打开的资源属于同一目录下，可直接书写要打开的文件名及后缀。如果要打开案例课件里面的"案例 4-01 背景导入. Swf"文件，可以直接输入"案例 4-01 背景导入. Swf"；如果资源在下一层目录，就可以录入"．．→文件夹名→文件名"；如果资源在上层目录，就以"．．→文件名"开头。这里的文件名要求写出文件的扩展名。以上说的目录是指 SWF 文件存放的目录为基准。

3 链接到其他网站。将文字链接到其他网站的方法如图 4-30 所示，直接录入网址即可。

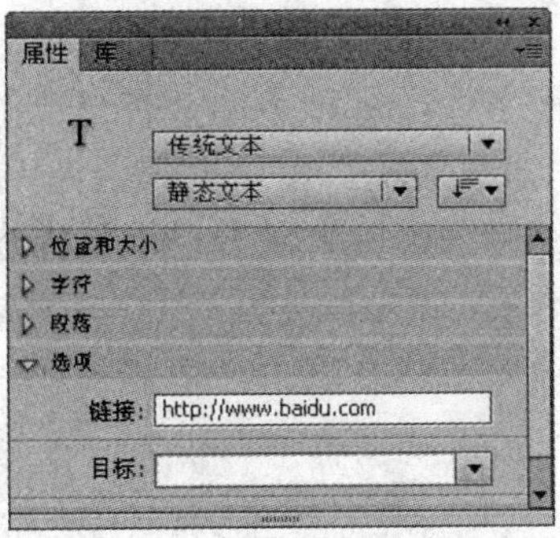

图 4-30　链接到其他网站

学完了链接方法，我们再学习一下目标选项，这里决定以什么方式打开新的链接，如图 4-31 所示，它们的意义分别如下。

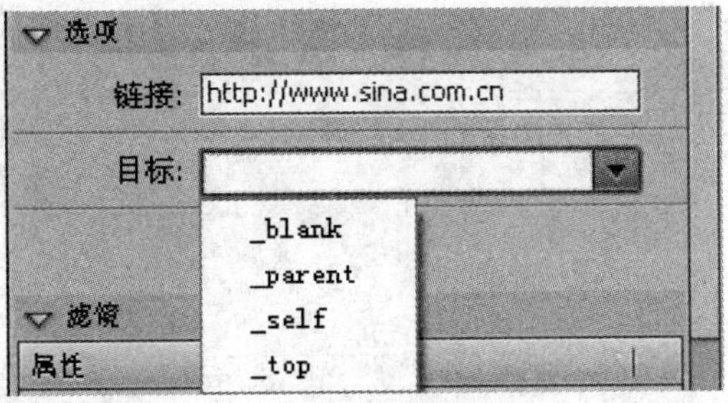

图 4-31　目标选项

- _blank：在新窗口打开网页。
- _parent：在当前位置的上一级浏览器窗口打开链接。
- _self：在当前的浏览器打开链接。
- _top：在当前浏览器上方新开一个链接。

4.3   文本的提取与字体下载

4.3.1   提取文本

在制作课件时，除了单纯录入文本以及复制 word 等文字处理软件中的文字外，还有其他的文字获取方式。下面介绍提取文字的几种方式：

（1）使用课文中的文本。用扫描仪扫描课本上的文字材料，然后用光学字符识别系统（OCR）或屏幕截图软件 HyperSnap-DX 将之转换成文本，修改个别未被识别的字符。从而把印刷物上的文字转换为计算机上的文本文件。

（2）网上的可借鉴内容。现在网上有许多可以学习借鉴的内容，我们不妨适当引用。当网上的文字右键不可复制时，可以点击浏览器的"文件"菜单栏，选择"另存为"，然后在保存类型里选择"文本文件"，这样网页中的文字就存到文本文件里了，就可以方便使用了。

另外，文字素材有时也可以以图片的形式出现在作品中，如通过格式排版后产生的特殊效果，以图像方式保存下来，保存了原有的风格（如字体、颜色、形状等），且可以方便地调整其大小。

4.3.2   字体下载

电脑提供了黑体、楷体等多种字体，每种字体都有自己的特点。如黑体庄重，宋体明朗，楷体清秀，魏碑坚韧，草书流畅，隶书柔美。可以根据课件内容不同选择不同的字体。当制件课件封面时可以选择海报体；课件标题可以大隶书；课件内容则可以选择楷体。

制作课件选择合适的字体很重要，当电脑中没有这些字体时，可以在网上把需要的字体下载下来，在百度搜索栏可以直接输入字体名搜索，字体下载后解压到"C:\WINDOWS\Fonts"文件夹里就可以使用了。

4.4   课后练习

利用本章所学知识制作"七彩标题文字"，效果如图 4-32 所示。

图 4-32   七彩标题文字

第 5 章　Flash CS6 动画制作基础

学习要点

- ☑ 了解动画的基础知识
- ☑ 掌握基本动画的制作方法
- ☑ 学会制作按钮

5.1　Flash CS6 动画基础

在使用 Flash 制作动画前，需要先了解时间轴与帧、图层及元件等基础知识。

5.1.1　时间轴与帧

1. 时间轴面板

在 Flash 中，时间轴用于组织和控制文档内容在一定时间内播放的图层数和帧数，如图 5-1 所示。

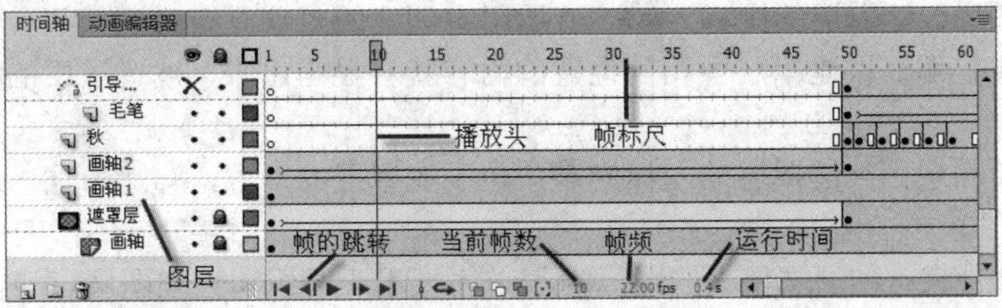

图 5-1　时间轴面板

（1）图层：每个图层都可包含舞台中的动画元素，上面图层中的元素遮盖下面图层中的元素。

（2）播放头：播放头指示当前在舞台中显示的帧。

（3）帧标尺：帧标尺上显示了帧数，通常 5 帧一格。

（4）帧的跳转：用于快速定位帧的位置。

（5）当前帧数：显示选中的帧数。

（6）帧频：动画的播放速度，用每秒帧数（fps）来度量，表示每秒钟播放多少个帧。

（7）运行时间：表示动画从第一帧播放到当前帧所需时间。包括帧的跳转，以及指示所选帧编号、当前帧频及到当前帧为止的运动时间等。

2. 帧与关键帧

帧（Frame）是制作动画的核心，它控制着动画的时间及各种动作的发生。动画中帧的数量和播放速度决定了动画的长度。

关键帧是指在动画演示过程中，此帧的内容与先前的一些普通帧内容大不相同，而呈现出关键性的动作或内容的变化。

关键帧有两种：

（1）实关键帧：是指有内容的关键帧，其表现形式为实心圆点。

（2）空白关键帧：是指无内容的关键帧，表现为空心圆点。

在空白关键帧上创建内容后，空白关键帧即变成实关键帧。

5.1.2 图层

在 Flash 中，图层类似于透明的纸，多个图层就好像叠在一起的很多张透明的纸，通过调整这些"纸"的顺序，就可以改变动画中各对象之间的层次关系。

1. 图层的作用

（1）利用图层，可以将动态对象与静态对象分开，即动态对象和静态对象要放在不同的图层。

（2）利用引导线图层，可以使对象沿某一路径运动。

（3）利用遮罩图层，可以制作遮罩动画。

2. 图层的种类

（1）普通图层：系统默认的图层为普通图层，图标为，该图层中的对象是正常显示的。

（2）引导线图层：引导线图层的图标为，该图层中的内容只是为下面图层的对象提供一条运动的路径，且该路径不会显示在作品的最终效果中。

（3）被引导图层：被引导图层的图标和普通图层一样，只是相对于引导线图层在位置上缩进一段距离，该图层中的对象是被引导的对象，往往是一段传统补间动画。

（4）遮罩图层：遮罩层的图标为，遮罩层中创建的对象具有透明效果，如果遮罩层中某一位置有对象，那么被遮罩层中相同位置的内容就会显露出来，被遮罩层的其他位置则被遮住。

（5）被遮罩图层：被遮罩层的图标为，位于遮罩层的下方，与遮罩层一起可以实现遮罩动画。

（6）图层文件夹：图层文件夹的图标为，主要用于组织和管理图层。

3. 图层的基本操作

（1）新建图层

使用图层面板的按钮或者在右键菜单中选择【插入图层】命令。

（2）删除图层

单击图层面板的按钮或者右键菜单中选择【删除图层】命令。

（3）修改图层的属性

右键单击图层，在快捷菜单中选择【属性】，出现【图层属性】对话框，可以在其中根据实际情况修改当前图层的属性，如图 5-2 所示。

（4）隐藏与显示图层

单击图层面板右侧图标对应的黑色圆点，当出现一个红色

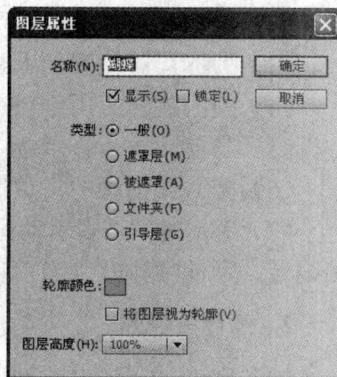

图 5-2 【图层属性】对话框

叉号时，表示隐藏当前图层，再次单击，即可显示当前图层，如图 5-3 所示。

图 5-3　隐藏图层

（5）锁定图层

单击图层面板右侧圖图标对应的黑色圆点，当出现一把锁时，表示锁定当前图层，此时的图层里的内容不能编辑；再次单击，即可取消锁定，如图 5-4 所示。

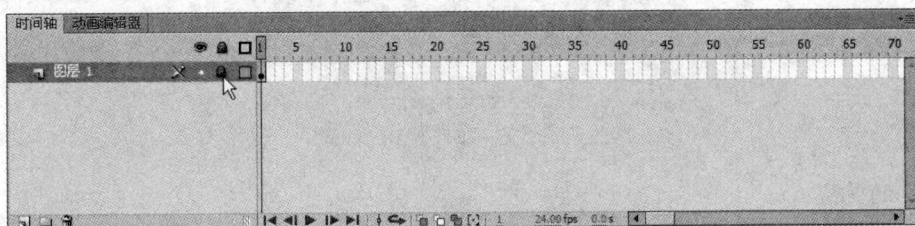

图 5-4　锁定图层

（6）只显示轮廓

单击图层面板右侧□图标对应的黑色圆点，当方框变为空心时，表示当前图层只显示轮廓线，主要用于观察下方图层被覆盖的内容；再次单击，即可取消轮廓显示，如图 5-5 所示。

图 5-5　以轮廓线方式显示图层内容

（7）图层的管理

借助图层文件夹可以对图层进行统一的组织与管理。新建图层文件夹的方法是单击图层面板中的按钮，然后使用鼠标的拖放操作将图层放入图层文件夹中，此时的图层相对原来状态会缩进一段距离，如图 5-6 所示。

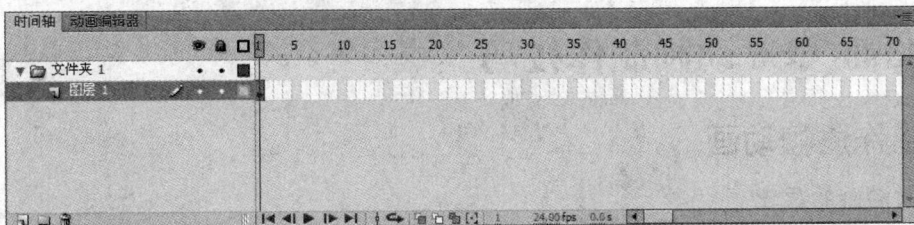

图 5-6　使用"图层文件夹"管理图层

5.1.3 元件

元件是 Flash 动画中的重要元素，是指创建一次即可多次重复使用的图形、按钮或影片剪辑，而元件是以实例的形式来体现的，库则是容纳和管理元件的工具，如图 5-7 所示。

图 5-7　元件和库

1. 元件的优点

使用元件可以简化动画的编辑。当动画中有反复出现的对象时，只需把它制作成元件，在修改时，只需重新编辑元件，所以实例都一并修改，如图 5-8 和图 5-9 所示为元件修改前后的效果图。

图 5-8　元件修改前的效果图

图 5-9　元件修改后的效果图

2. 元件的类型

（1）图形元件：图标为 ⬛，图形元件可以用于静态图像，也可用于创建与主时间轴同步的可重复使用的动画片段。所谓与主时间轴同步，是指图形元件的时间轴与主时间轴重叠。

（2）按钮元件：图标为 ⬛，按钮元件可以响应鼠标事件，一般用于交互式动画中。

（3）影片剪辑元件：图标为 ⬛，创建可以重复使用的动画片段。与图形元件不同的是，影片剪辑在主时间轴上只需要 1 帧即可，因为动画在播放时会播放影片剪辑的时间轴。

5.2　Flash CS6 动画制作技巧

5.2.1　制作逐帧动画

1. 逐帧动画的原理

逐帧动画是一种常见的动画形式，其原理是逐一创建出每一帧上的动画内容，然后播放各动画帧的动画类型。逐帧动画中的每一帧都是关键帧，每一帧上都有内容，且内容是不同的。

逐帧动画没有任何的补间，而是直接将连续的若干帧设置为关键帧，通过在每一个关键帧上绘制对象达到制作动画的目的。因此，逐帧动画制作过程相对比较烦琐，文件量也比较大。但也有其自身的优势：逐帧动画比较灵活，可以表现细腻的动画，如人物的走路、转身，头发和衣服的飘动等效果均可由逐帧动画实现。

逐帧动画的设计原理如图 5-10 所示。

图 5-10　逐帧动画设计原理图

动画创建完成后在时间轴上表现为连续出现的关键帧，时间轴状态如图 5-11 所示。

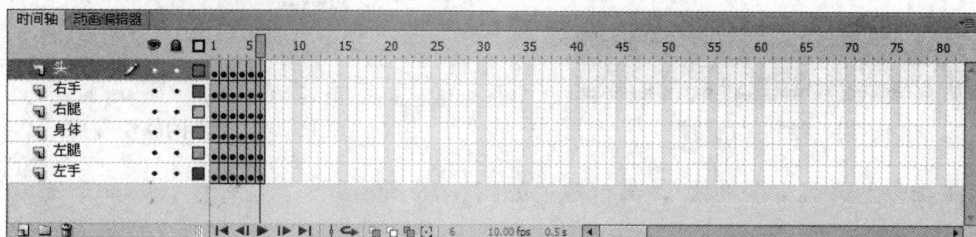

图 5-11　逐帧动画时间轴状态

2. 创建逐帧动画的方法

创建逐帧动画的方法主要有以下几种：

（1）绘制矢量逐帧动画：是指直接利用 Flash CS6 中的绘图工具绘制每一个关键帧中的对象。

（2）从外部导入素材生成逐帧动画，如导入静态图片、序列图像或 GIF 动态图片等。

（3）使用文字工具制作逐帧动画，如实现打字机、手写字等特效动画。

3. 典型案例：手写字显示课件标题

本例主要使用逐帧动画的制作原理，逐步显示文字，真实描绘的手写字的过程。

动画的制作过程采用从前向后推的方法：第一帧是完整的字，第二帧比最后一帧字的笔画少一点，依次向前推，直至最后一帧为空，然后把所有帧进行翻转即可实现手写字效果。

课件展示效果如图 5-12 所示。

图 5-12　动画设计最终效果图

操作步骤

1 新建一个 Flash 文档，设置文档的尺寸为 550×400，背景颜色为白色。

2 双击【图层 1】的文字部分，将默认的"图层 1"重命名为"画轴"，使用矩形工具按效果图绘制画轴。

3 单击【时间轴】面板上的⬛按钮，用于创建一个新图层，将其重命名为"边框"，再使用鼠标的拖拽操作改变其位置到最底层，绘制黑色的边框，如图 5-13 所示。

4 单击【时间轴】面板上的⬛按钮，用于创建一个新图层，并将其重命名为"标题文字"。

5 选择工具箱中的【文字工具】按钮，设置属性情况如图 5-14 所示。

图 5-13　绘制黑色边框

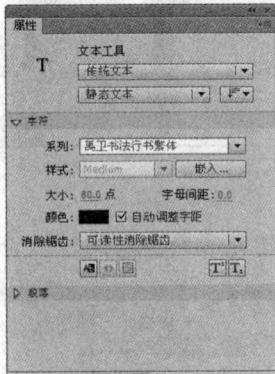

图 5-14　文本的属性参数

6 在舞台上输入文字"秋"，舞台效果如图 5-15 所示。

图 5-15　输入文字

7 选择刚输入的文字，按下 Ctrl+B 键将其打散。

8 选中"标题文字"图层的第 2 帧，按 F6 键插入一个关键帧，选择【橡皮擦工具】擦除"秋"字的最后一笔的一小部分，效果如图 5-16 所示。

9 在"标题文字"图层的第 3 帧插入一个关键帧，继续擦除"秋"字的一小部分，效果如图 5-17 所示。

图 5-16　"标题文字"图层的第 2 帧

图 5-17　"标题文字"图层的第 3 帧

10　重复上面步骤，直到把文字全部擦除。

11　选择"标题文字"层所有帧，单击鼠标右键，在弹出的快捷菜单中选择【翻转帧】
命令，如图 5-18 所示。

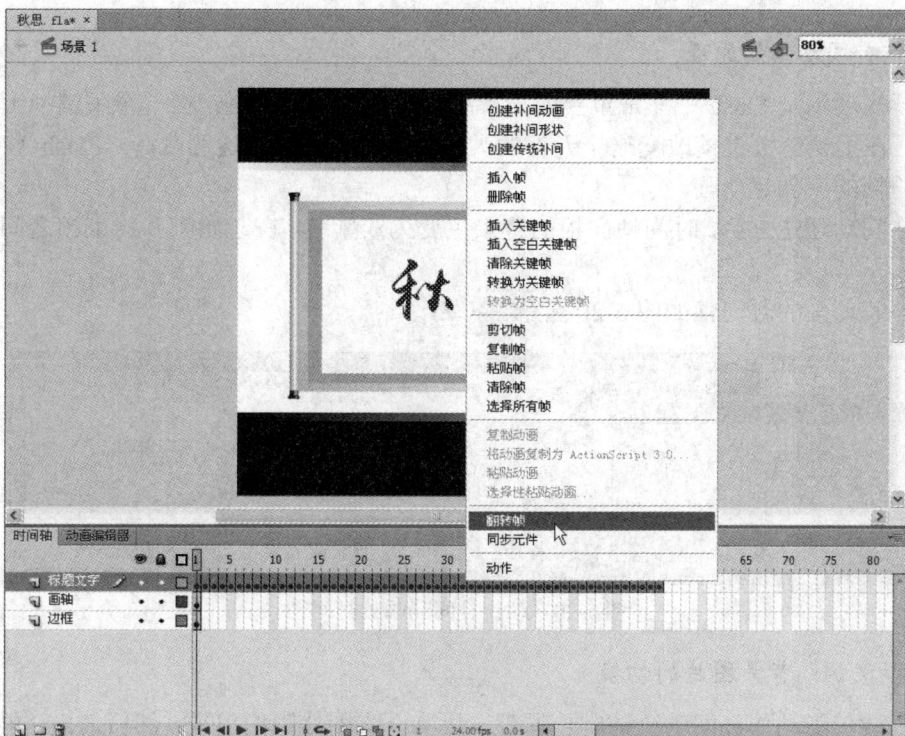

图 5-18　执行【翻转帧】命令

12　分别选择"边框"和"画轴"图层的第 55 帧，按下 F5 键插入普通帧，此时，【时间
轴】的状态如图 5-19 所示。

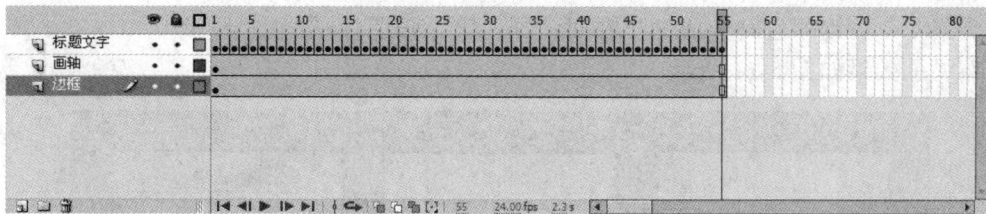

图 5-19　最终的【时间轴】状态

13　保存影片，按下 Ctrl+Enter 键测试影片，完成逐帧动画的制作。

在所有动画类型中，逐帧动画的设计原理最简单，它通过多幅关联图片的顺序播放并搬用
人的视觉暂留特性形成流畅自然的动画效果。制作逐帧动画的关键是依次在各个关键帧上创
建出具有联系并且渐变的图像。

在制作逐帧动画时，关键帧的数量可自行设定，各关键帧的内容也可任意改变，只要两个
相邻关键帧上的内容的连续性合理即可。

另外，在制作逐帧动画过程中，要灵活掌握一些设计技巧，如关键帧之间可以插入普通帧、
空白关键帧等，只要画面过渡流畅，有小的跳跃是允许的。

★ 提 示 使用本节知识可以完成课后练习 1 和 2 的制作。

5.2.2　制作动作补间动画

1. 动作补间动画的原理

动作补间动画是 Flash 中非常重要的表现手段之一。其原理是：在一个关键帧上放置一个元件，然后在另一个关键帧改变这个元件的大小、颜色、位置、透明度等，Flash 将自动根据二者之间的帧的值创建动画。

动作补间动画建立后，时间帧面板的背景色变为淡紫色，在起始帧和结束帧之间有一个长长的箭头。

动作补间动画的时间轴如图 5-20 所示。

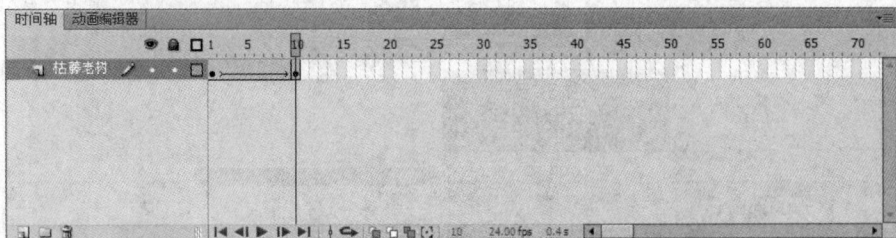

图 5-20　动作补间动画的时间轴

2. 典型案例：背景图片的切换

本例主要使用动作补间动画的制作原理，从第一张图片隐约出现，然后消失，再切换至另一张图片。

动画的制作过程采用改变不同关键帧上图片透明度的方法来实现，首先两张图片分别在两个不同的图层，第一张图片的动画共计 4 个关键帧，第 1 个和第 4 个关键帧的 Alpha 值为 0，第 2 个和第 3 个关键帧的 Alpha 值为 100%，将第 1 个到第 2 个关键帧制作成动作补间动画，第 3 个到第 4 个关键帧也制作成动作补间动画。第二张图片同理。

课件展示效果如图 5-21 所示。

图 5-21　动画设计最终效果图

🔊 操作步骤

1 新建一个 Flash 文档，设置文档的尺寸为 550×400，背景颜色为白色。

2 双击【图层 1】的文字部分，将默认的"图层 1"重命名为"枯藤老树"，单击【文件】→【导入】→【导入到舞台】命令，选择第一张背景图，单击确定，如图 5-22 所示。

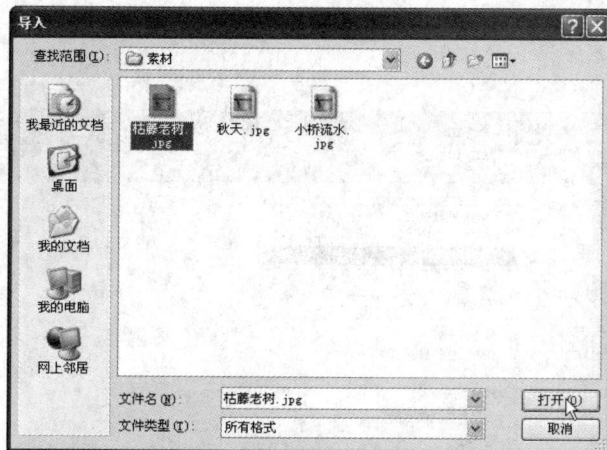

图 5-22　选择要导入的图片文件

3 选中刚导入到舞台的图片，打开【对齐】面板，勾选"与舞台对齐"，依次单击"匹配高和宽"、"左对齐"和"顶对齐"按钮，使图片与舞台等大且与舞台完全对齐，如图 5-23 所示。

4 选中图片，按 F8 键，打开【转换为元件】对话框，输入元件名称为"枯藤老树"，元件类型为图形元件，单击【确定】，如图 5-24 所示。

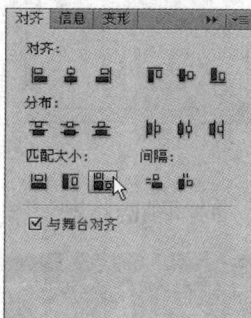

图 5-23　选择要导入的图片文件

图 5-24　将图片转换为图形元件

5 依次在时间轴的第 10、30 和 40 上按 F6 键，插入关键帧，如图 5-25 所示。

6 修改第 1 帧和第 40 帧上元件实例的属性，将其 Alpha 的值改为 0%，如图 5-26 所示。

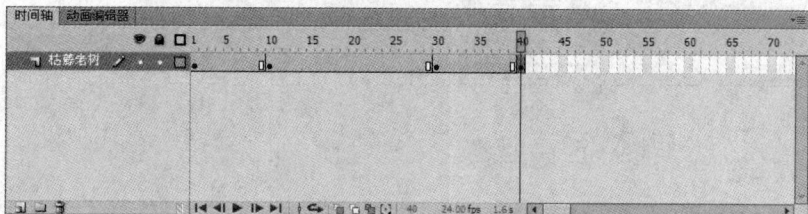

图 5-25　在时间轴上插入关键帧

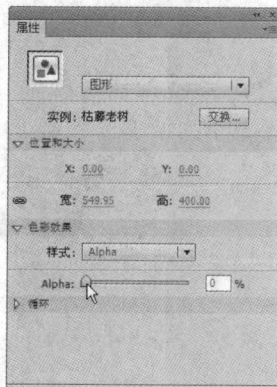

图 5-26　修改元件实例的属性

7 右键单击第 1 帧到第 10 帧之间的任意一帧,在弹出的快捷菜单中选择【创建传统补间】命令,如图 5-27 所示。

图 5-27 执行【创建传统补间】命令

8 在第 30 帧至第 40 帧上同样执行【创建传统补间】命令后,时间轴的状态如图 5-28 所示。

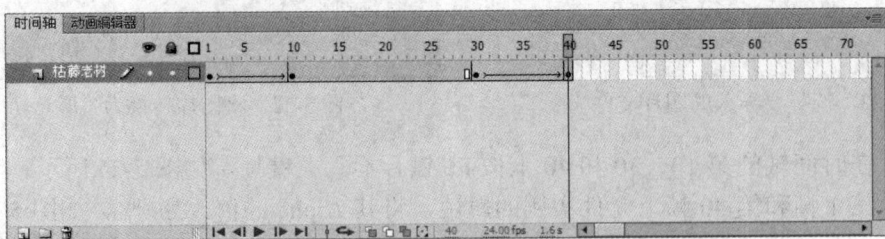

图 5-28 执行【创建传统补间】命令后的时间轴状态

9 新建图层并重命名为"小桥流水",在第 35 帧上按 F6 键,插入一个空白关键帧,如图 5-29 所示。

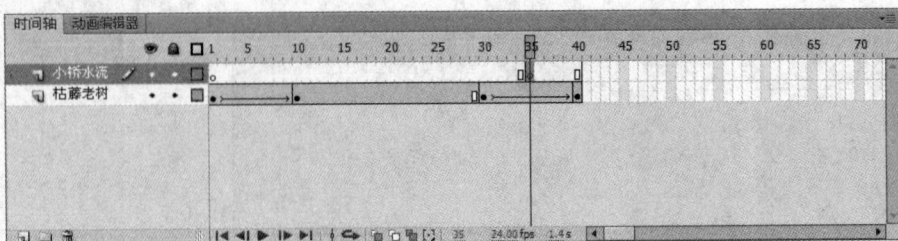

图 5-29 插入空白关键帧

10 导入第二幅图片到舞台，后续操作与第一幅图片一致，动画制作结束后的时间轴如图 5-30 所示。

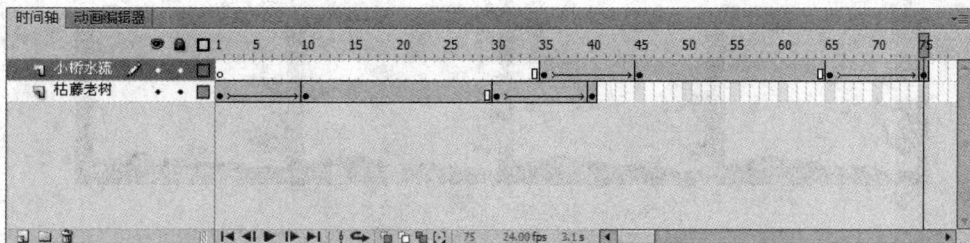

图 5-30　动画制作完成后的时间轴状态

11 保存影片，按下 Ctrl+Enter 键测试影片，完成动作补间动画的制作。

构成动作补间动画的元素是元件实例，包括影片剪辑、图形元件、按钮，不能是形状，只有把形状转换成元件后才可以制作动作补间动画。

动作补间动画的动画效果直接由动画的开始帧和结束帧的状态来决定，所以，只要能够巧妙运用开始帧和结束帧，就可以制作出神奇的动画效果。

★提示　使用本节知识可以制作课后练习 3 和 4。

5.2.3　制作引导线动画

在 Flash CS6 中，引导线动画是指在引导层中绘制路径，可以使动作补间动画中的对象沿着指定的路径运动。

1. 引导线动画的原理

引导线动画是一种图层动画。该动画至少需要两个图层，上层为引导线图层，为动画提供运动的路径；下层是一个对象的动作补间动画。在制作引导线动画时，引导线必须是一条连续的线条，元件实例的中心点要保持与引导线重合。

引导线动画建立后，图层面板上的图标会发生变化，引导层的图标为 ，被引导层向右缩进一段距离。

引导线动画的时间轴如图 5-31 所示。

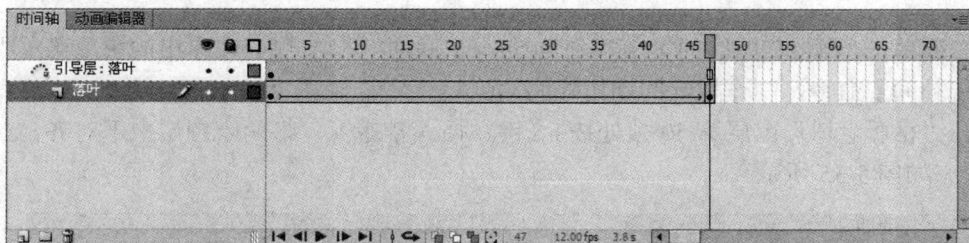

图 5-31　引导线动画的时间轴

2. 典型案例：秋风扫落叶

本例主要使用引导线动画的制作原理，共有两片落叶从上落下，分别制作引导线动画。

制作其中一片落叶的动画时，需要由两个图层来实现，引导层上是用铅笔工具绘制的一条曲线，用于指定树叶下落的轨迹，下面的图层是树叶的动作补间动画。

该案例共有两片树叶落地，加上背景图层，共计 5 个图层。

课件展示效果如图 5-32 所示。

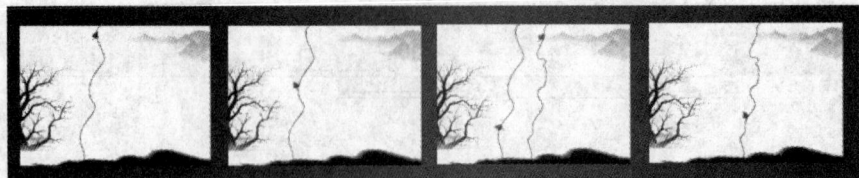

图 5-32　引导线动画中落叶的位置

🖱 操作步骤

1 新建一个 Flash 文档，设置文档的尺寸为 550×400，背景颜色为白色。

2 双击【图层 1】的文字部分，将默认的"图层 1"重命名为"枯藤老树"，单击【文件】→【导入】→【导入到舞台】命令，选择"枯藤老树"图片文件，单击确定。

3 新建图层并重命名为"落叶"，使用绘图工具绘制树叶，如图 5-33 所示。

图 5-33　绘制树叶

4 选中绘制好的树叶，按 F8 键，将其转换为图形元件，放置到舞台的上方。

5 在"落叶"图层的第 50 帧处按 F6 键，插入关键帧，将其调整到舞台的下方，使用【任意变形工具】改变其角度，如图 5-34 所示。

图 5-34　调整树叶的位置与角度

6 右键单击"落叶"图层的第 1 帧到第 50 帧之间的任意一帧，在弹出的快捷菜单中选择【创建传统补间】命令，制作树叶的动作补间动画。

7 在"枯藤老树"图层第 50 帧处按 F5 键，插入普通帧，将两个图层上下对齐，此时的时间轴状态如图 5-35 所示。

图 5-35　时间轴状态

8 右键单击"落叶"图层，选择【添加传统运动引导层】命令，如图 5-36 所示。

图 5-36　执行【添加传统运动引导层】命令

9 在"落叶"图层的上方就会出现一个新的图层，图层的名称默认为"引导层：落叶"，同时，"落叶"图层会向右缩进一小段距离，如图 5-37 所示。

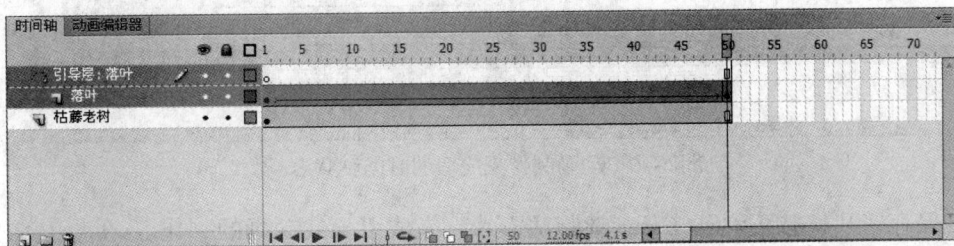

图 5-37　时间轴的状态

10 在新的引导层上，使用铅笔工具绘制一条连续的曲线，作为树叶的运动路径。

11 调整"落叶"图层中动作补间动画的开始帧和结束帧，使树叶的中心与引导线重合，如图 5-38 所示。

图 5-38　树叶的中心与引导线重合

打开工具箱中的 （贴紧到对象）工具后，鼠标将元件实例拖拽至引导线上时，中心的圆圈会变大。

12 在"引导线：落叶"图层的上面新建一个普通图层，命名为"落叶 2"，选中第 30 帧，按下 F6 键，插入关键帧。

13 打开【库】面板，将"树叶"元件拖拽至新图层的舞台上，如图 5-39 所示。

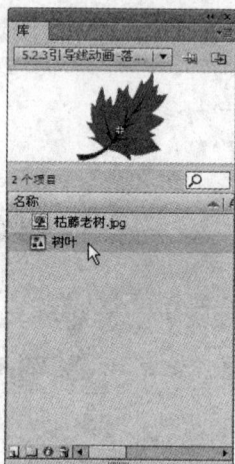

图 5-39　在【库】面板中找到"树叶"元件

14 按上述步骤制作第 2 片树叶的引导线动画，动画制作结束后的时间轴如图 5-40 所示。

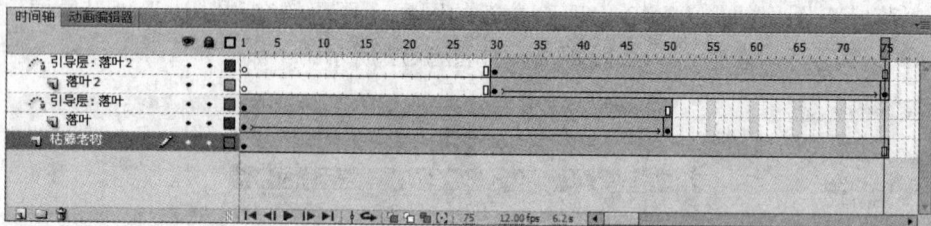

图 5-40　动画制作完成后的时间轴状态

15 保存影片，按下 Ctrl+Enter 键测试影片，完成引导线动画的制作。

引导线动画与逐帧动画、动作补间动画不同的是，它需要一个专门的图层制作对象运动的路径。

被引导的对象必须是元件，被引导的图层上必须是一段动作补间动画。保证元件实例的中心点与引导线重合是引导线动画成功与否的关键。

利用本节知识可以制作课后练习 5 和 6。

5.2.4　制作形状补间动画

形状补间动画可以实现两个图形之间的颜色、形状、大小、位置的相互变化。

1. 形状补间动画的原理

形状补间动画的开始帧和结束帧上对象的颜色、形状、大小或位置不同，Flash CS6 会根据两者之间的形状来创建动画。

需要注意的是，变化的对象必须为"点状化"的矢量图，如果使用元件、按钮或文字来制作形状补间动画，必须先将这些对象打散后使用。

形状补间动画建立后，时间帧面板的背景色变为淡绿色，在起始帧和结束帧之间有一个长长的箭头。

形状补间动画的时间轴如图 5-41 所示。

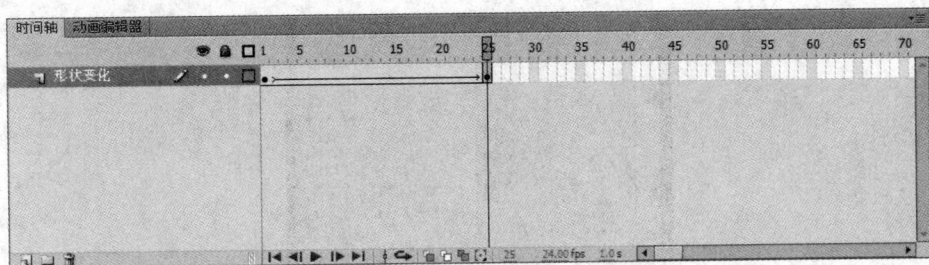

图 5-41　形状补间动画的时间轴

2. 典型案例：翻书效果

本例主要使用形状补间动画的制作原理，制作图书翻页的效果。

图书作为背景，单独绘制一页制作形状补间动画，在制作形状补间动画时，开始帧和结束帧上分别放置打散后且状态不同的纸张，如果要对形状的改变进行精密控制，需要加入"形状提示点"。

该案例上显示两个文字，加上背景图层和翻动的纸张，共计 4 个图层。

课件展示效果如图 5-42 所示。

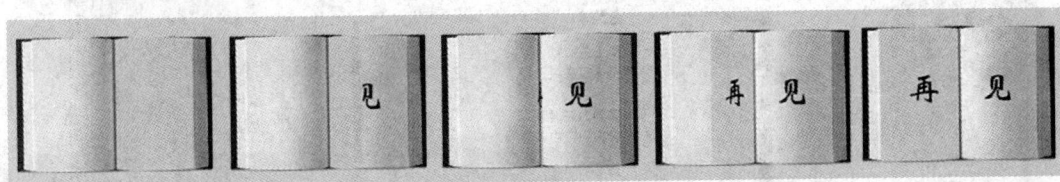

图 5-42　引导线动画中落叶的位置

操作步骤

1 新建一个 Flash 文档，设置文档的尺寸为 550×400，背景颜色为白色。

2 双击【图层 1】的文字部分，将默认的"图层 1"重命名为"图书"，单击【文件】→【导入】→【导入到舞台】命令，选择"图书.jpg"文件，单击确定。

3 新建图层并重命名为"翻页"，使用绘图工具绘制翻动的纸张，如图 5-43 所示。

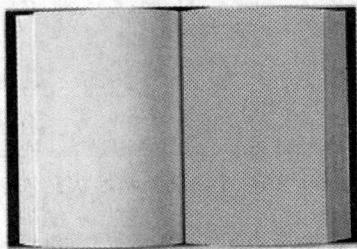

图 5-43　绘制翻页

★ **提示** 如果绘制的是对象，那么需要按 Ctrl+B 键将对象打散成"点状化"状态。

4 选择"图书"图层的第 30 帧，按下 F5 键。

5 选择"翻页"图层的第 30 帧，按下 F6 键，插入关键帧，使用【任意变形工具】将纸张调整到图书的左侧，如图 5-44 所示。

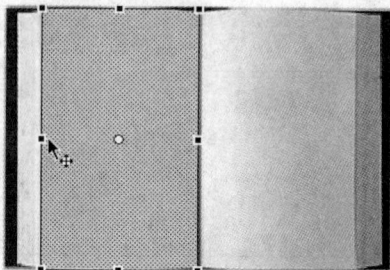

图 5-44 调整纸张的位置

6 右键单击"翻页"图层的第 1 帧到第 30 帧之间的任意一帧，在弹出的快捷菜单出选择【创建补间形状】命令，制作纸张的形状补间动画，如图 5-45 所示。

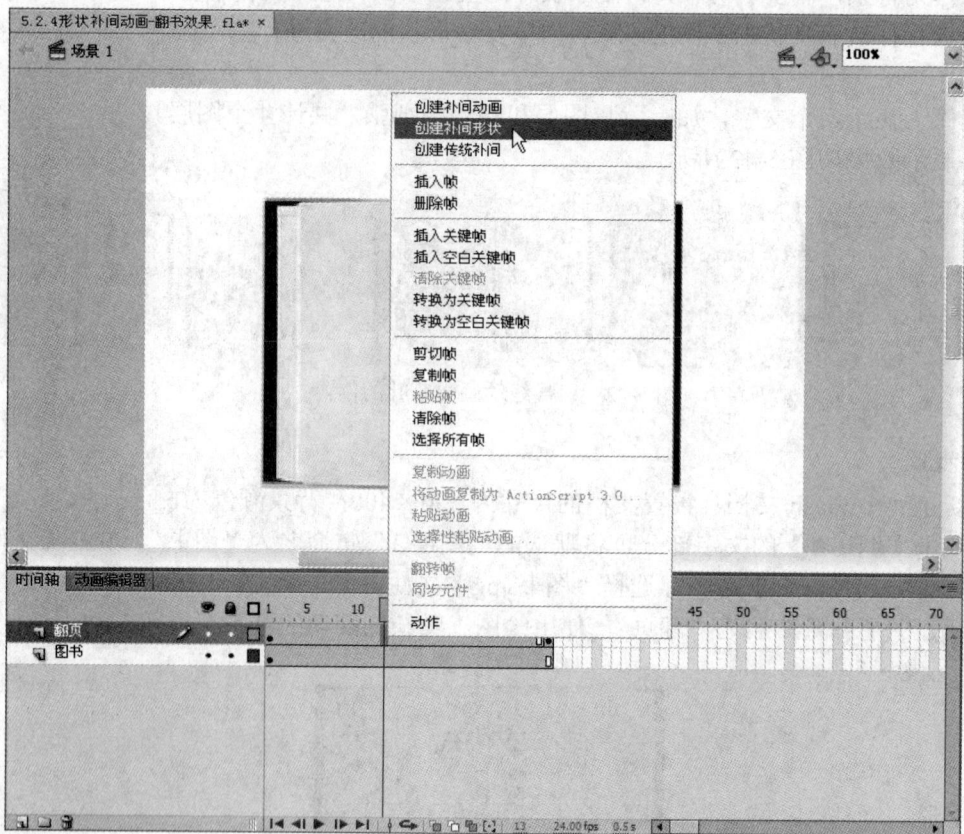

图 5-45 执行【创建补间形状】命令

7 此时测试影片，会发现纸张并没有翻页，而是做的平移运动，选择"翻页"图层的第 1 帧，执行【修改】→【形状】→【添加形状提示】命令，如图 5-46 所示。

图 5-46　执行【添加形状提示】命令

8 在舞台上出现带字母的红色圆圈，调整形状提示点位置，如图 5-47 所示。

9 选择该段动画的结束帧，调整对应的形状提示点位置，此时，形状提示点由红色变为绿色，如图 5-48 所示。

图 5-47　调整动画开始帧形状提示点的位置

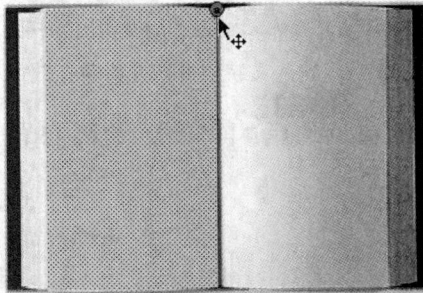

图 5-48　调整动画结束帧形状提示点的位置

10 使用相同的方法再添加 3 个形状提示点，分别放置在纸张的四个角（注意对应关系），如图 5-49 所示。

11 新建图层并命名为"见"，使用【文字工具】输入文字"见"，如图 5-50 所示。

图 5-49　添加 4 个形状提示点

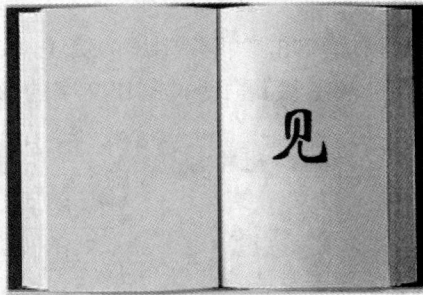

图 5-50　输入文字"见"

12 调整"见"图层的位置，使其位于"图书"和"翻页"两层之间，如图 5-51 所示。

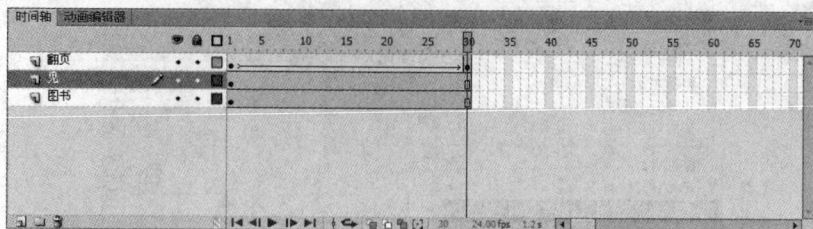

图 5-51　时间轴状态

13 在"翻页"图层上方新建图层并重命名为"再",选择第 15 帧,按下 F6 键,使用【文字工具】输入"再",按下 Ctrl+B 键将其打散,如图 5-52 所示。

14 选择"再"图层中的第 30 帧,按下 F6 键,调整文字的位置至左侧,如图 5-53 所示。

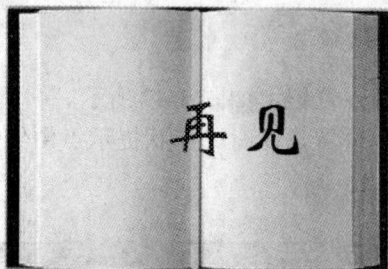

图 5-52　输入文字"再"并将其打散

图 5-53　调整结束帧上文字"再"的位置

15 重新选择"再"图层的第 15 帧,使用【任意变形工具】调整文字的宽度,如图 5-54 所示。

图 5-54　调整开始帧上文字"再"的宽度

16 右键单击"再"图层的第 15 帧到第 30 帧之间的任意一帧,在弹出的快捷菜单中选择【创建补间形状】命令,制作文字的形状补间动画,此时的时间轴如图 5-55 所示。

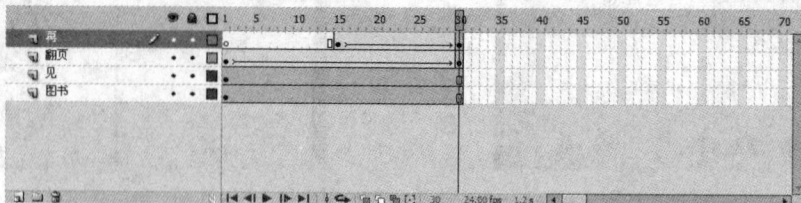

图 5-55　时间轴状态

17 保存影片,按下 Ctrl+Enter 键测试影片,完成形状补间动画的制作。

开关补间动画是通过对形状的改变来实现的动画，当形状较复杂时，形状补间动画就会出现不规则的形变，这时就需要使用开关提示来辅助形状的变化，以达到更好的动画效果。

创建形状补间动画的关键是动画的开始帧与结束帧上的对象必须是"点状化"的矢量对象，如果不是，必须执行打散命令。

★提示　利用本节知识可以制作课后练习 7 和 8。

5.2.5　制作遮罩动画

遮罩动画是 Flash 中很重要的动画类型，很多效果丰富的动画都是通过遮罩动画来完成的。遮罩动画至少需要两个图层，分为遮罩图层和被遮罩图层，遮罩层的图标为 ▧，被遮罩层的图标为 ▨，位于遮罩层的下方，与遮罩层一起可以实现遮罩动画。

1. 遮罩动画的原理

Flash 中，在遮罩层中创建的对象具有透明效果，也就是说，如果遮罩层中某一位置有对象，那么被遮罩层中相同位置的内容就会显露出来，被遮罩层的其他位置则被遮住。

遮罩层与被遮罩层中的对象既可以是静止的，也可以是动态的，对象可以是任何类型，动画也可以是多种形式。

遮罩动画的时间轴如图 5-56 所示。

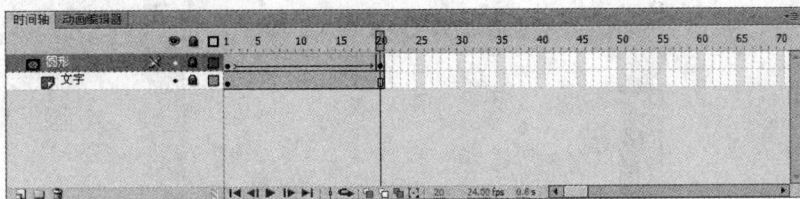

图 5-56　遮罩动画的时间轴

2. 典型案例：画轴打开效果

本例主要使用遮罩动画的制作原理，制作一个画轴徐徐打开的动画效果。

制作遮罩动画时，需要有两个图层来实现，遮罩层上是一个慢慢变大的矩形，用于确定下方图层的显示区域，被遮罩层位于下方，里面是要显示的内容，即打开的画轴内容。

该案例共有两个轴，左侧轴静止，右侧轴制作成动作补间动画，还有中间的画面做成遮罩效果，所以共计 4 个图层。

课件展示效果如图 5-57 所示。

图 5-57　画轴打开的动画效果图

◎ 操作步骤

1 新建一个 Flash 文档，设置文档的尺寸为 550×400，背景颜色为白色。

2 双击【图层1】的文字部分,将默认的"图层1"重命名为"左画轴",使用绘图工具绘制画轴,按 F8 键,将其转换为图形元件,如图 5-58 所示。

3 新建图层并重命名为"画卷",使用绘图工具绘制画卷部分,如图 5-59 所示。

图 5-58   绘制画轴

图 5-59   绘制画卷部分

4 新建图层并重命名为"右画轴",打开库面板,将画轴元件拖拽至舞台。

5 调整图层顺序,将"画卷"图层放置在最底层,同时选中"画卷"和"左画轴"的第 50 帧,按下 F5 键,插入普通帧。

6 选择"右画轴"图层的第 50 帧,按下 F6 键,插入关键帧,将画轴调整到舞台的右方,使之与轴卷的右侧边缘重合,三者的位置关系如图 5-60 所示。

图 5-60   左、右画轴与画卷的位置

7 右键单击"右画轴"图层的第 1 帧到第 50 帧之间的任意一帧,在弹出的快捷菜单中选择【创建传统补间】命令,制作右画轴的动作补间动画。

8 在"画卷"图层的上方新建一图层,重命名为"矩形",绘制与画卷等高的一个"点状化"矩形,选择该图层的第 50 帧,按下 F6 键,使用【任意变形工具】将矩形拉宽至与画卷等宽。

9 右键单击"矩形"图层的第 1 帧到第 50 帧之间的任意一帧,在弹出的快捷菜单中选择【创建补间形状】命令,制作矩形的形状补间动画,此时的时间轴如图 5-61 所示。

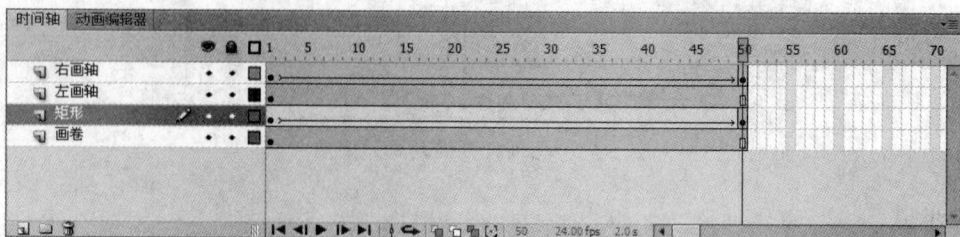

图 5-61   时间轴状态

10 右键单击"矩形"图层,在弹出的快捷菜单中选择【遮罩层】命令,如图 5-62 所示。

图 5-62 选择【遮罩层】命令

11 此时"矩形"图层的图标变成▢,"画卷"图层的图标变为▢,在位置上会缩进一段距离,遮罩层和被遮罩层自动锁定,时间轴如图 5-63 所示。

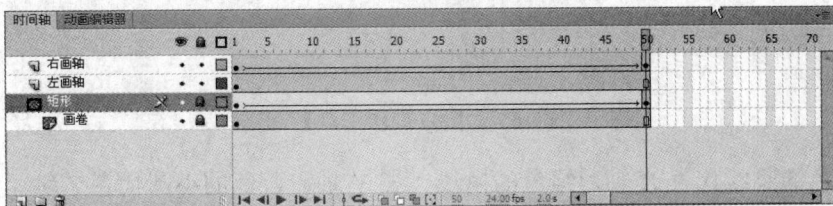

图 5-63 最终的时间轴状态

12 保存影片,按下 Ctrl+Enter 键测试影片,完成画轴徐徐打开动画的制作。

遮罩层中的对象在播放时是看不到的,遮罩层中的内容可以是按钮、影片剪辑、图形、位图、文字等,但不能使用线条,如果一定要用线条,可以将线条转化为"填充"。

被遮罩层中的对象只能透过遮罩层中的对象被看到。在被遮罩层,可以使用按钮、影片剪辑、图形、位图、文字和线条。

★提示 利用本节知识可以制作课后练习 9 和 10。

5.2.6 制作 3D 补间动画

1. 3D 补间动画的原理

在 Flash CS6 中,【3D 平移工具】和【3D 旋转工具】可以使影片剪辑的实例沿着 Z 轴移动和旋转，从而实现 3D 透视效果。

需要特别注意的是，制作 3D 补间动画必须将对象转换为影片剪辑，否则无法实现 3D 效果。

3D 补间动画的时间轴呈现淡蓝色，时间轴上的状态帧为菱形的实点，如图 5-64 所示。

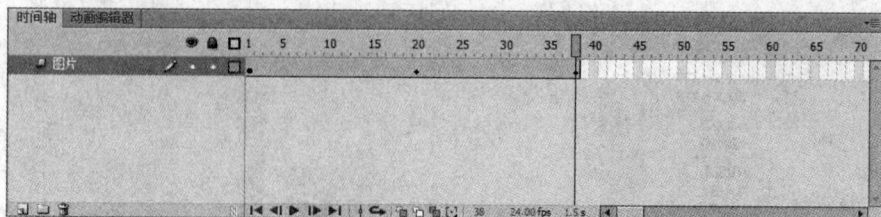

图 5-64　3D 补间动画的时间轴

2. 典型案例：印章 3D 旋转动画

本例主要使用 3D 补间动画的制作原理，制作一个印章的 3D 动画效果。

制作 3D 补间动画时，需要先制作补间动画，然后再使用【3D 平移工具】和【3D 旋转工具】调整帧的状态，从而实现动画效果。

使用【3D 旋转工具】选中影片剪辑实例时，在影片剪辑实例上会出现一个交叉的十字和两个同心圆，如图 5-65 所示。

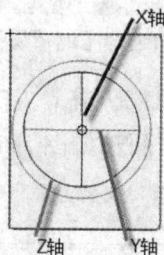

图 5-65　【3D 旋转工具】

其中，红色的竖线代表 X 轴，绿色的横线代表 Y 轴，蓝色的小圆代表 Z 轴，使用鼠标的拖拽操作可以调整影片剪辑的状态。

使用【3D 平移工具】选中影片剪辑实例时，在影片剪辑实例上会出现两个单向的箭头，如图 5-66 所示。

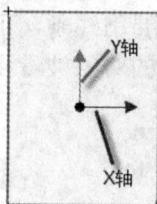

图 5-66　【3D 平移工具】

使用鼠标拖拽两个箭头，可以改变影片剪辑实例的 X 方向和 Y 方向的坐标值。

课件展示效果如图 5-67 所示。

图 5-67　印章的 3D 旋转动画效果图

操作步骤

1 新建一个 Flash 文档，设置文档的尺寸为 550×400，背景颜色为白色。

2 双击【图层 1】的文字部分，将默认的"图层 1"重命名为"印章"，单击【文件】→【导入】→【导入到舞台】命令，选择"印章.gif"文件，单击确定。

3 选择导入的图片，按 F8 键，元件类型选择"影片剪辑"，单击"确定"，如图 5-68 所示。

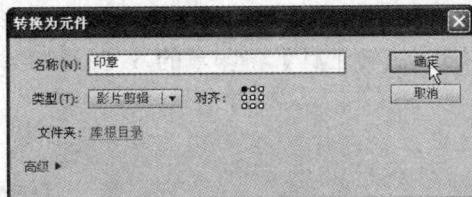

图 5-68　转换为影片剪辑

4 第 30 帧，按 F5 键，插入普通帧。

5 右键单击第 1 帧至第 40 帧之间的任意一帧，在弹出的快捷菜单中选择【创建补间动画】命令，如图 5-69 所示。

图 5-69　执行【创建补间动画】命令

6 此时时间轴呈现淡蓝色，选中第 10 帧，使用【3D 旋转工具】调整印章的 Y 轴，如图 5-70 所示。

7 选中第 20 帧，使用【3D 旋转工具】继续调整印章的 Y 轴，如图 5-71 所示。

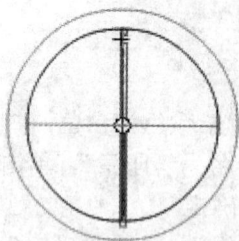

图 5-70　调整印章的 Y 轴

图 5-71　继续调整印章的 Y 轴

8 选中第 30 帧，使用【3D 旋转工具】将印章的 Y 轴调整至图 5-72 所示。

9 选中第 40 帧，使用【3D 旋转工具】将印章的 Y 轴调整至第 1 帧的状态，如图 5-73 所示。

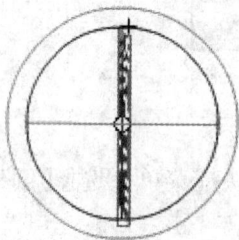

图 5-72　继续调整印章的 Y 轴

图 5-73　调整印章的 Y 轴至第 1 帧的状态

10 保存影片，按下 Ctrl+Enter 键测试影片，完成印章的 3D 补间动画的制作。

★ 提示　利用本节知识可以制作课后练习 11 和 12。

5.3　制作按钮

5.3.1　简单按钮的制作

按钮是 Flash 中的三大元件之一，是制作交互动画不可缺少的重要元素。

使用按钮元件可以在影片中响应鼠标单击、滑过或其他动作，然后将响应的事件结果传递给互动程序进行处理。

1. 按钮的组成

在 Flash 中，制作按钮元件时，需要弄清楚四个帧的含义：

第一帧是弹起状态，代表指针没有经过按钮时该按钮的状态。

第二帧是指针经过状态，代表指针滑过按钮时该按钮的外观。

第三帧是按下状态，代表单击按钮时该按钮的外观。

第四帧是点击状态，定义响应鼠标单击的区域。

按钮的时间轴如图 5-74 所示。

图 5-74　按钮的四个帧

2. 典型案例：制作简单按钮

本例主要通过编辑按钮的四个帧，制作一个简单的按钮，制作方法类似逐帧动画。

制作按钮时，明确四个帧的含义，多数按钮只针对前三帧，即"弹起"、"指针经过"和"按下"。当制作单纯的文字按钮或透明按钮时需要借助"点击"帧来确定按钮的响应区域。

课件展示效果如图 5-75 所示。

图 5-75　按钮的最终效果图

🖱 操作步骤

1 新建一个 Flash 文档，设置文档的尺寸为 550×400，背景颜色为白色。

2 双击【图层 1】的文字部分，将默认的"图层 1"重命名为"按钮"，单击【插入】→【新建元件】命令，弹出"新建元件"对话框，在对话框中输入元件的名称为"PLAY"，选择类型为"按钮"，单击【确定】，如图 5-76 所示。

3 进入按钮的编辑状态，将默认的图层 1 重命名为"方框"，选择矩形工具，打开【属性】面板，设置笔触和填充颜色，并将矩形的圆角参数设置为 5.00，如图 5-77 所示。

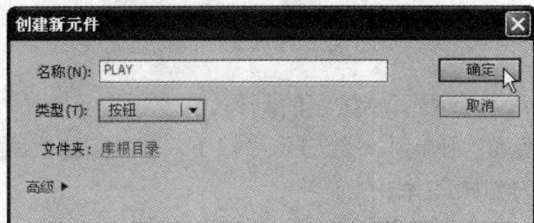

图 5-76　创建新元件

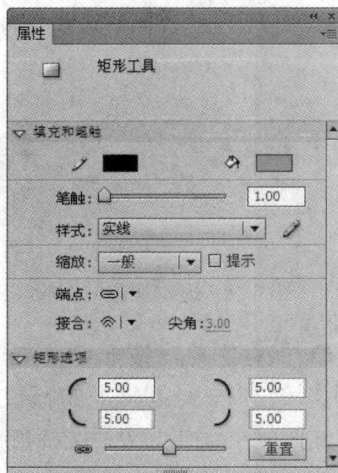

图 5-77　修改矩形工具参数

4 在按钮的"方框"图层的第 1 帧上绘制圆角矩形，如图 5-78 所示。

5 依次选择第 2 帧、第 3 帧，按下 F6 键，分别修改两个帧上圆角矩形的笔触和填充颜色。

6 新建图层并重命名为"文字"，在新图层的第 1 帧上使用【文字工具】输入"PLAY"，如图 5-79 所示。

图 5-78　绘制圆角矩形

图 5-79　在新图层输入文字

7 依次选中"文字"图层上的第 2 帧、第 3 帧，按 F6 键，插入关键帧，修改文字的颜色，操作完毕的时间轴如图 5-80 所示。

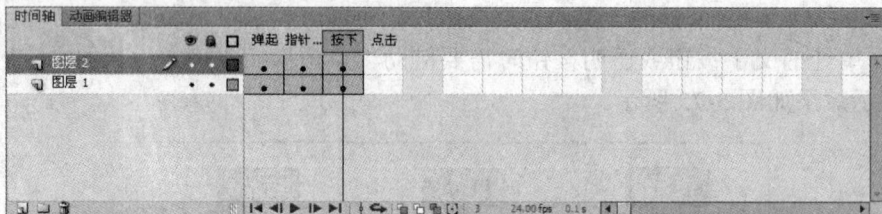

图 5-80　按钮的时间轴状态

8 单击文件名称下方的"场景 1"，退出按钮"PLAY"的编辑状态，如图 5-81 所示。

9 打开【库】面板，找到刚才制作好的按钮，将其拖拽至舞台上，如图 5-82 所示。

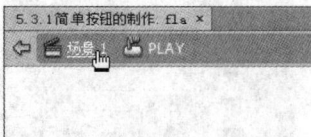

图 5-81　退出按钮的编辑状态

图 5-82　【库】中的按钮元件

10 保存影片，按下 Ctrl+Enter 键测试影片，完成简单按钮的制作。

制作按钮时，时间轴上的帧数将会自动转换为"弹起"、"经过"、"按下"和"点击"四帧。通过对这四帧的编辑，从而达到响应鼠标动作的动画效果。

按钮元件在使用时，必须配合动作代码才能响应事件的结果，代码的相关知识将在后续章节中进行详细介绍。

★提示　利用本节知识可以制作课后练习 13 和 14。

5.3.2　制作动画按钮

动画按钮的组成与简单按钮一样，也包括四个帧。其作用也是用于响应鼠标事件，实现动画的交互。

1. 动画按钮的原理

影片剪辑存在一个特性，就是在主时间轴上只需要 1 帧即可，因为动画在播放时会播放影片剪辑的时间轴。动画按钮就是利用了影片剪辑的这个特性，通过在按钮的某一帧上放置影片剪辑的方法，从而实现动画按钮效果。

2. 典型案例：制作动画按钮

本例是通过按钮中嵌套影片剪辑的方法来实现的，总共包括两个帧：第一帧上放置的是普通的矢量图，而第二帧上制作了一个影片剪辑。

课件展示效果如图 5-83 所示。

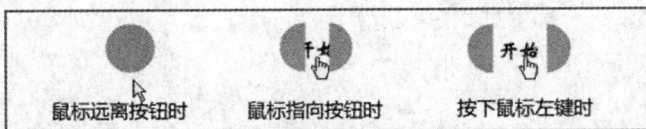

图 5-83　按钮的最终效果图

🖱 操作步骤

1 新建一个 Flash 文档，设置文档的尺寸为 550×400，背景颜色为白色。

2 双击【图层 1】的文字部分，将默认的"图层 1"重命名为"按钮"，单击【插入】→【新建元件】命令，弹出【新建元件】对话框，在对话框中输入元件的名称："动画按钮"，选择类型为"按钮"，单击【确定】，如图 5-84 所示。

3 进入按钮的编辑状态，选择椭圆工具，打开【属性】面板，设置填充颜色，不显示笔触，如图 5-85 所示。

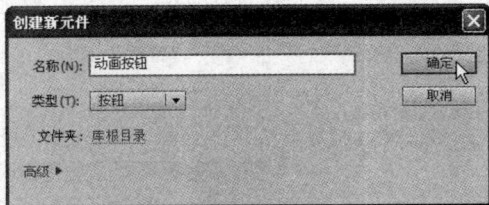

图 5-84　创建按钮元件

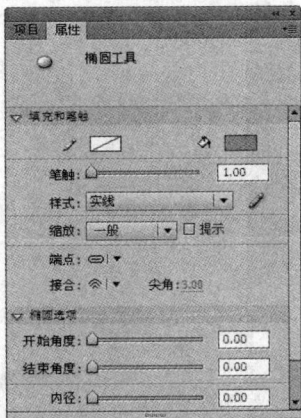

图 5-85　修改椭圆工具参数

4 在按钮的第 1 帧上，按下 Shift 键，使用鼠标的拖放操作绘制正圆，如图 5-86 所示。

5 选择按钮的第 2 帧，按下 F6 键，选择舞台上的正圆，按 F8 键，在弹出的【转换为元件】对话框中，输入元件名称为"一分为二"，类型选择"影片剪辑"，如图 5-87 所示。

图 5-86　绘制正圆

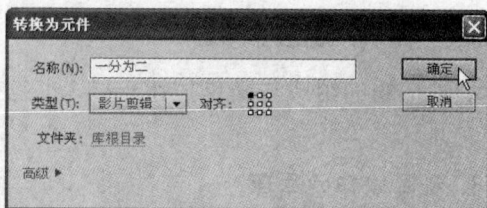

图 5-87　将第 2 帧上的正圆转换为影片剪辑

6 双击第 2 帧上的正圆，进入"一分为二"影片剪辑的编辑状态，将默认的"图层 1"重命名为"右半圆"，使用【选择工具】选择正圆的左半部分，执行 Ctrl+X 命令。

7 创建新图层并命名为"左半圆"，执行 Ctrl+Shift+V 键（粘贴至原位置），同时选择两个图层的第 10 帧，按 F6 键，插入关键帧，此时影片剪辑的时间轴如图 5-88 所示。

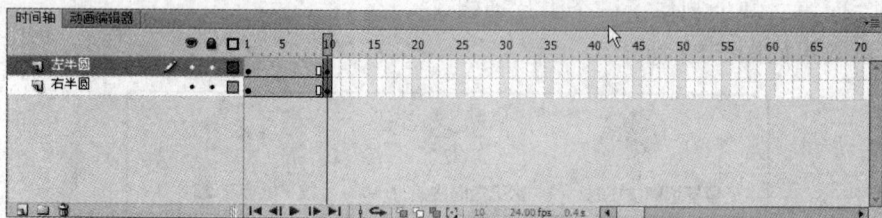

图 5-88　影片剪辑的时间轴状态

8 创建分别调整两个图层第 10 帧中半圆的位置，左半圆向左移动，右半圆向右移动，调整后的半圆位置如图 5-89 所示。

9 同时选择两个图层的第 1 帧至第 10 帧中的任意一帧，在右键后弹出的菜单中选择【创建补间形状】命令，如图 5-90 所示。

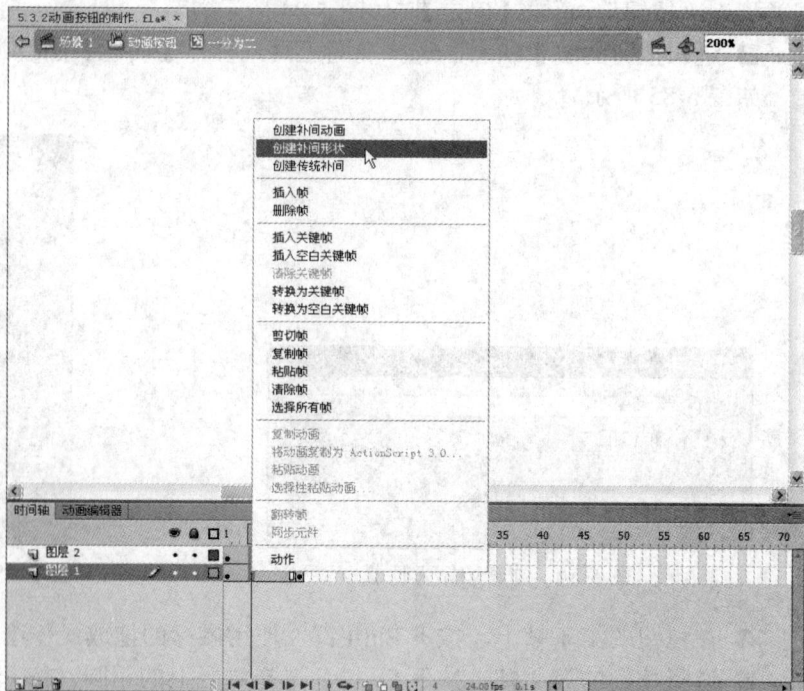

图 5-89　两个半圆的位置

图 5-90　执行【创建补间形状】命令

10 创建新图层并命名为"文字",并调整至最底层,输入文字"开始",影片剪辑的时间轴状态如图 5-91 所示。

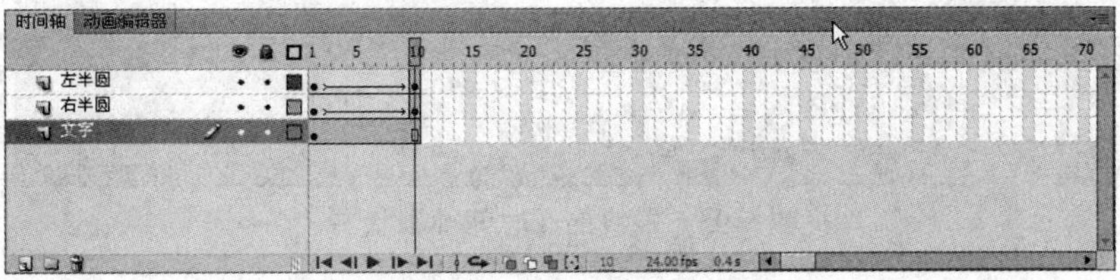

图 5-91　影片剪辑的最终时间轴

11 单击文件名称下方的"场景 1",退出按钮和影片剪辑的编辑状态,如图 5-92 所示。

12 打开【库】面板,找到刚才制作好的动画按钮,将其拖拽至舞台上,如图 5-93 所示。

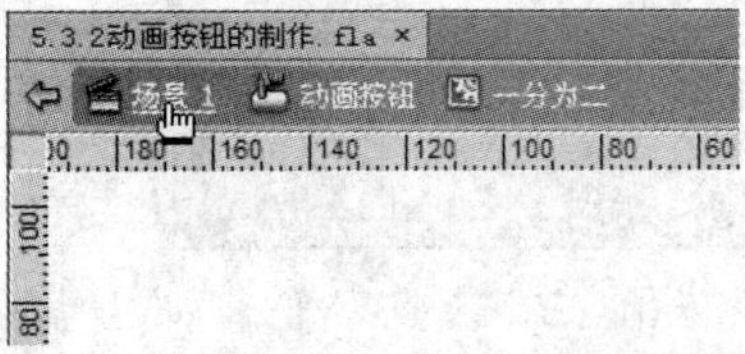

图 5-92　退出按钮和影片剪辑的编辑状态

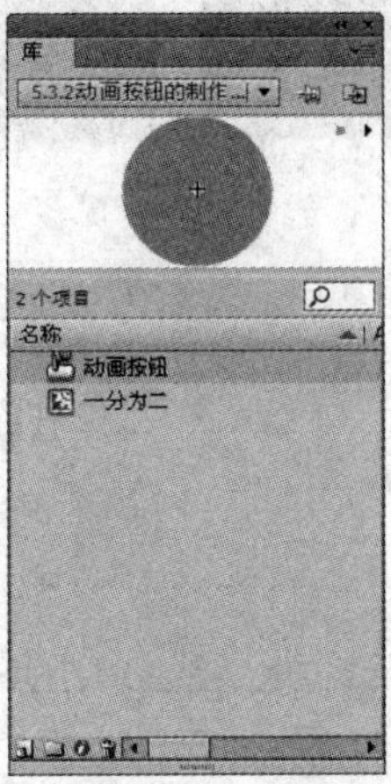

图 5-93　【库】中的动画按钮元件

13 保存影片,按下 Ctrl+Enter 键测试影片,完成动画按钮的制作。

影片剪辑的制作方法与主场景内制作动画方法一致,而动画按钮与简单按钮的原理相同,通过向按钮上的某一帧上放置影片剪辑的方式就能实现动画按钮效果。

同样,动画按钮元件在使用时,必须配合动作代码才能响应事件的结果,代码的相关知识将在后续章节中进行详细介绍。

★**提示**　利用本节知识可以制作课后练习 15 和 16。

5.4　课后练习

1. 制作一个打字机效果的课件标题。最终效果图如图 5-94 所示,最终的【时间轴】状态如图 5-95 所示。

图 5-94　动画设计最终效果图

图 5-95　最终的【时间轴】状态

2. 设计制作霓虹灯效果的边框，文字标题闪烁。最终效果图如图 5-96 所示，最终的【时间轴】状态如图 5-97 所示。

图 5-96　动画设计最终效果图

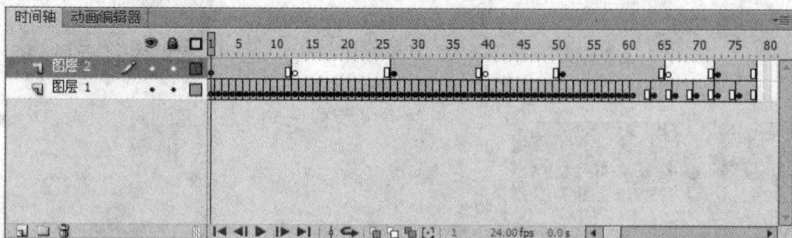

图 5-97　最终的【时间轴】状态

3. 制作一个文字旋转由小到大的动画效果。最终效果图如图 5-98 所示，最终的【时间轴】状态如图 5-99 所示。

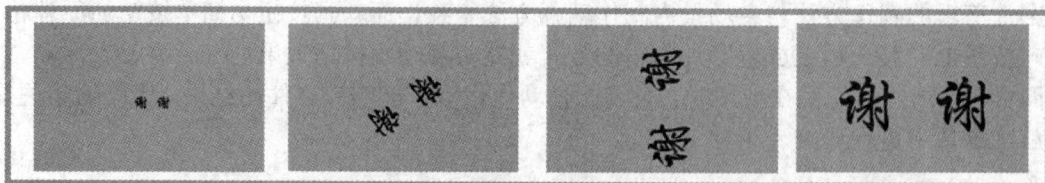

图 5-98　动画设计最终效果图

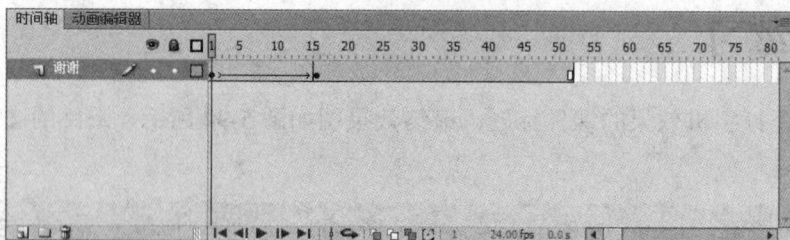

图 5-99　最终的【时间轴】状态

4. 制作蝴蝶飞舞的动画。最终效果图如图 5-100 所示，最终的【时间轴】状态如图 5-101 所示。

图 5-100　动画设计最终效果图

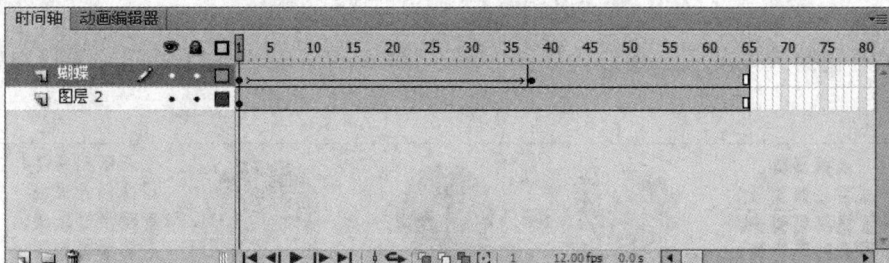

图 5-101　最终的【时间轴】状态

5. 制作夕阳西下的引导线动画。最终效果图如图 5-102 所示，最终的【时间轴】状态如图 5-103 所示。

图 5-102　动画设计最终效果图

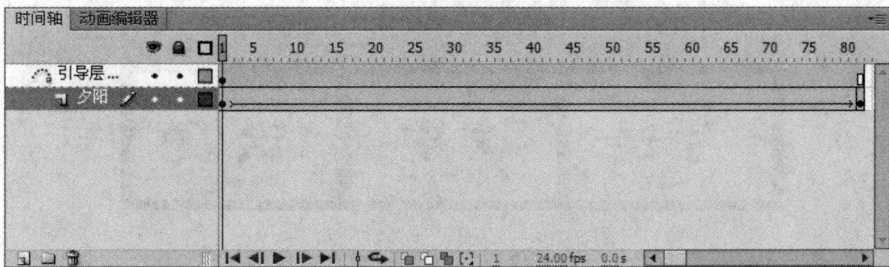

图 5-103　最终的【时间轴】状态

6. 制作毛笔写字的动画。最终效果图如图 5-104 所示，最终的【时间轴】状态如图 5-105 所示。

图 5-104　动画设计最终效果图

图 5-105　最终的【时间轴】状态

7. 制作万花筒效果动画。最终效果图如图 5-106 所示，最终的【时间轴】状态如图 5-107 所示。

图 5-106　动画设计最终效果图

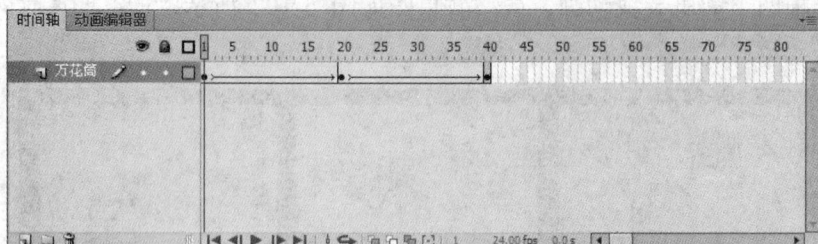

图 5-107　最终的【时间轴】状态

8. 制作文字变形动画。最终效果图如图 5-108 所示，最终的【时间轴】状态如图 5-109 所示。

图 5-108　动画设计最终效果图

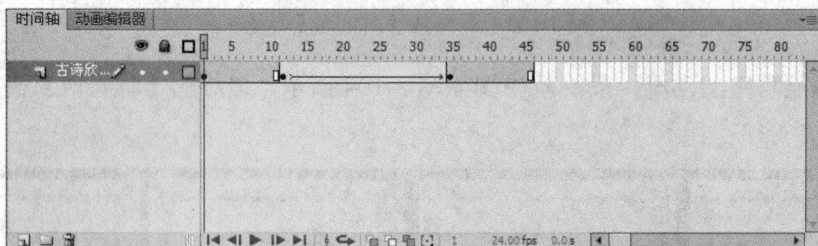

图 5-109　最终的【时间轴】状态

9. 制作滚动字幕效果。最终效果图如图 5-110 所示，最终的【时间轴】状态如图 5-111 所示。

图 5-110　动画设计最终效果图

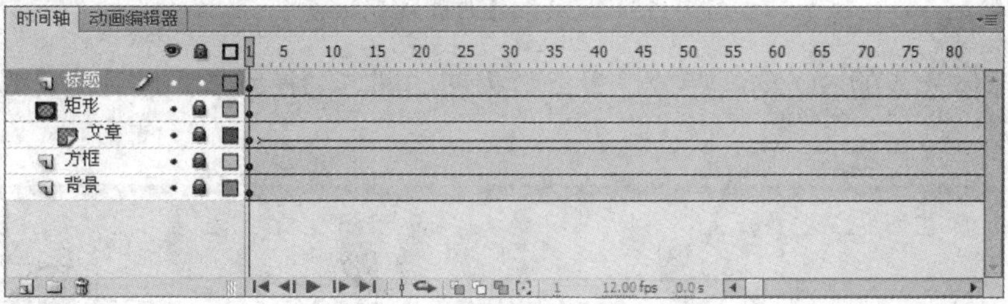

图 5-111　最终的【时间轴】状态

10. 制作探照灯效果的动画。最终效果图如图 5-112 所示，最终的【时间轴】状态如图 5-113 所示。

图 5-112　动画设计最终效果图

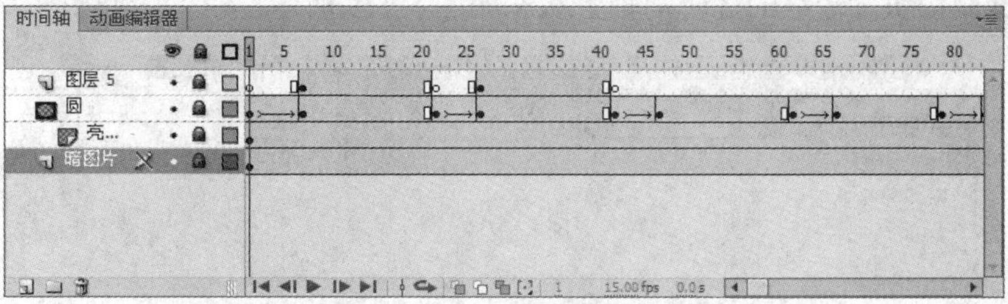

图 5-113　最终的【时间轴】状态

11. 制作文本飞入停顿后再飞出动画。最终效果图如图 5-114 所示，最终的【时间轴】状态如图 5-115 所示。

图 5-114　动画设计最终效果图

图 5-115　最终的【时间轴】状态

12. 制作球体弹入的 3D 动画特效。最终效果图如图 5-116 所示，最终的【时间轴】状态如图 5-117 所示。

图 5-116　动画设计最终效果图

图 5-117　最终的【时间轴】状态

13. 制作透明按钮。最终的【时间轴】状态如图 5-118 所示。

图 5-118　最终的【时间轴】状态

14. 制作钮扣按钮。最终效果图如图 5-119 所示，最终的【时间轴】状态如图 5-120 所示。

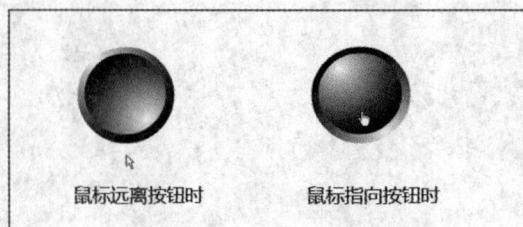

鼠标远离按钮时　　鼠标指向按钮时

图 5-119　动画设计最终效果图

图 5-120　最终的【时间轴】状态

15. 制作文字动画按钮。最终效果图如图 5-121 所示，最终的【时间轴】状态如图 5-122 所示。

图 5-121　动画设计最终效果图

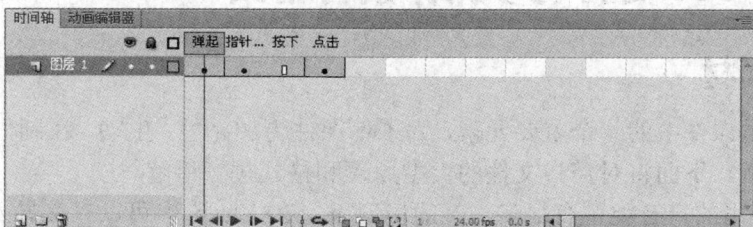

图 5-122　最终的【时间轴】状态

16. 制作卡通动画按钮。最终效果图如图 5-123 所示，最终的【时间轴】状态如图 5-124 所示。

图 5-123　动画设计最终效果图

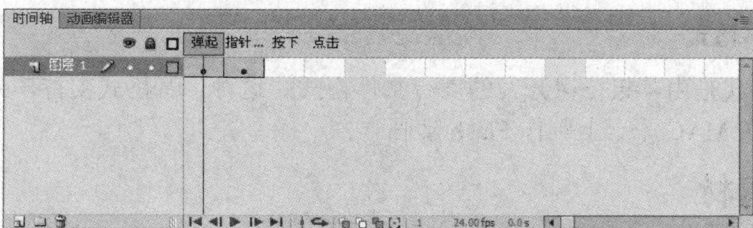

图 5-124　最终的【时间轴】状态

第 6 章　多媒体素材处理

学习要点

☑ 了解多媒体素材文件的格式及特点
☑ 掌握声音文件的应用与编辑
☑ 掌握视频文件的应用

为了使多媒体课件更加形象生动，可以为课件添加声音和视频，使课件能够更快、更深入、更有效地表达出所要呈现的教学信息。本章将具体介绍为多媒体课件添加声音、导入视频、声音的后期处理等知识。

6.1　Flash CS6 支持的多媒体素材格式

6.1.1　声音素材

声音是多媒体课件中的一个重要元素，为了使课件更加完整、生动，在制作课件的过程中常常需要添加声音。下面将对声音文件的类型原理和格式进行讲解。

Flash 可以使用的声音类型有很多，一般情况下，在 Flash 中可以直接导入 MP3 格式和 WAV 格式的音频文件。

1. MP3 格式文件

MP3 格式是一种压缩的、使用最为广泛的音频格式。虽然 MP3 格式压缩音乐时对文件有一定的损坏，但由于其编码技术成熟，音质比较接近于 CD 水平，且存储体积小、传输方便。同样长度的音乐文件，用 MP3 格式存储能比用 WAV 格式存储的体积小十分之一。

2. WAV 格式文件

WAV 格式是微软公司开发的一种声音文件格式，也叫波形声音文件，是最早的数字音频格式，被 Windows 平台及其应用程序广泛支持。WAV 格式的文件直接保存声音的数据，而没有对其进行压缩，因此音质较好，一些 Flash 动画的特殊音效常常会使用到 WAV 格式。但是因为其数据没有进行压缩，所以文件存储体积大，占用的空间也就相对较大。

3. AIF/AIFF 格式

AIF/AIFF 格式是由苹果公司开发的声音文件格式。这种声音格式支持苹果公司的 MAC 平台，以便用户在 MAC 平台上制作 Flash 动画。

6.1.2　视频素材

在 Flash 中除可以导入声音外，还可以导入视频素材。被导入到 Flash 中的视频必须是

FLV 或 H.264 格式编码的视频。如果视频导入的格式不是 Flash 可以播放的格式，则会出现提示信息，可通过 Adobe Media Encoder cs 对视频格式进行编码。

6.2　Flash CS6 导入与应用音频素材

在了解了声音文件相关的知识后，就可以为动画添加声音了。在导入完声音后，还可以对声音文件进行修改和删除。

6.2.1　声音的采集与编辑

声音一般用于课件中的背景音乐、配音、朗读等方面，可以通过互联网获取，也可应用 Windows 自带录音软件或 cooledit、goldwave 等专业音频编辑软件进行录制，下面以 goldwave 为例，为课件录制"力度符号讲解"。

★ **提 示**　音乐的力度与音乐中其他要素一样,是塑造音乐形象和表达音乐内容的重要手段。标记力度强弱的记号称为力度记号。

🖱 **操作步骤**

1 打开 GoldWave 软件，单击红色录音按钮，如图 6-1 所示。

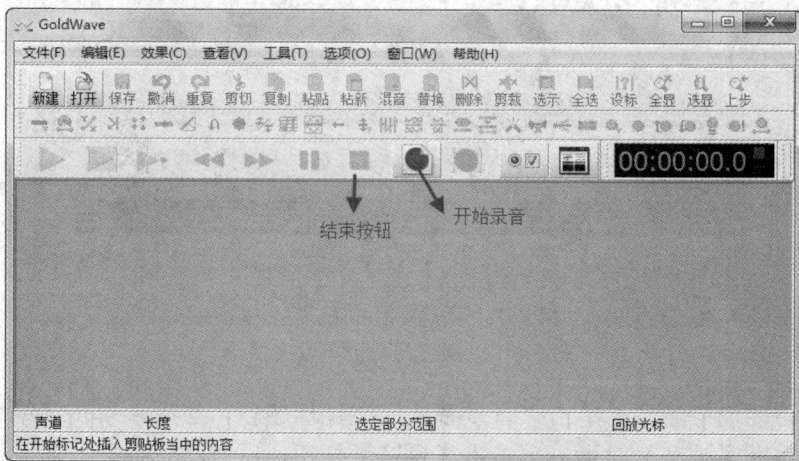

图 6-1　GoldWave 软件界面

2 单击【开始录制】按钮后，会弹出【持续时间】对话框，这里将录音持续时间设为 5 分钟，如图 6-2 所示。

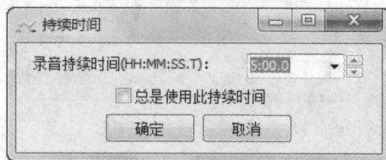

图 6-2　设置持续时间

3 录音结束后，单击【结束按钮】完成录制，并通过【保存】按钮保存声音文件，如图 6-3 所示。

图 6-3　结束录制

还可以应用 GoldWave 软件的混音效果为录制的符号讲解添加背景音乐。

操作步骤

1 打开 GoldWave 软件，分别打开"符号讲解"和"背景音乐"声音文件，如图 6-4 所示。

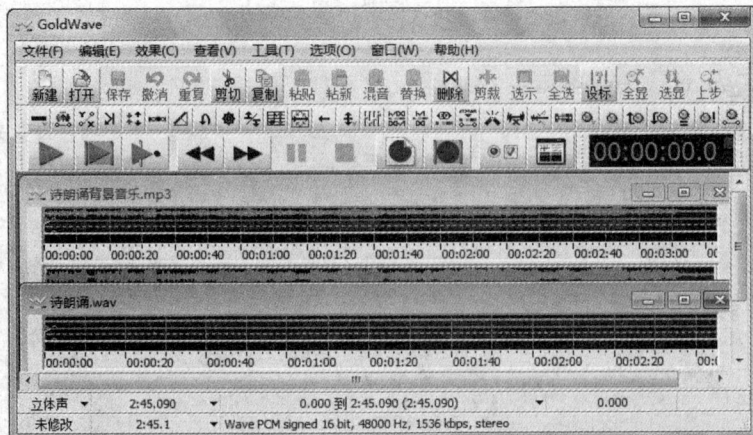

图 6-4　分别打开两个声音文件

2 复制"诗朗诵"波形，单击"背景音乐"文件标题栏，然后，单击【编辑】菜单中的【混音】命令，打开【混音】对话框，单击【预览】按钮，试听混音效果，满意后，单击【确定】按钮，完成混音，如图 6-5 所示。

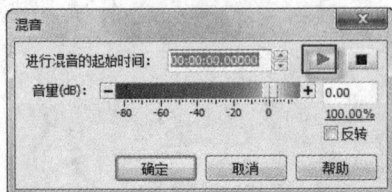

图 6-5　混音对话框

6.2.2　声音的导入

将声音导入到库中后，就可以在动画中添加声音。如果想让动画在时间轴的某一帧时开始播放音乐，就可以为该关键帧添加一些特殊的声音效果背景音乐。

下面以"声音的强弱"音乐课件为例，介绍声音的导入方法。

本例将在课件首页添加背景音乐，要先将声音文件导入到库中，再从库中将库文件拖动到时间轴。

如图 6-6 所示为"声音的强弱"音乐课件的封面，播放课件之后，自动播放背景音乐"回声"。

图 6-6　课件首页

操作步骤

1　将声音文件导入到库中。选择【文件】→【导入】→【导入到库】命令，打开【导入到库】对话框。选择要导入音频文件的位置，再选择需要导入的声音文件，最后单击【打开】按钮，如图 6-7 所示。

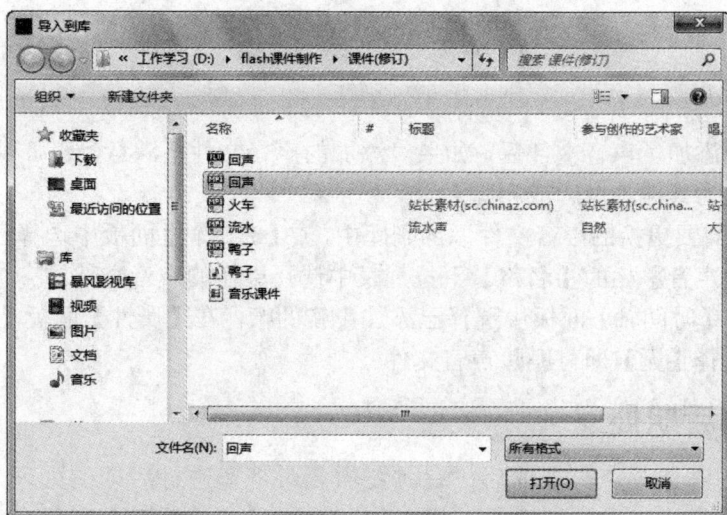

图 6-7　导入声音文件

在库中就可以看到声音图标，表示已成功导入声音文件，如图 6-8 所示。

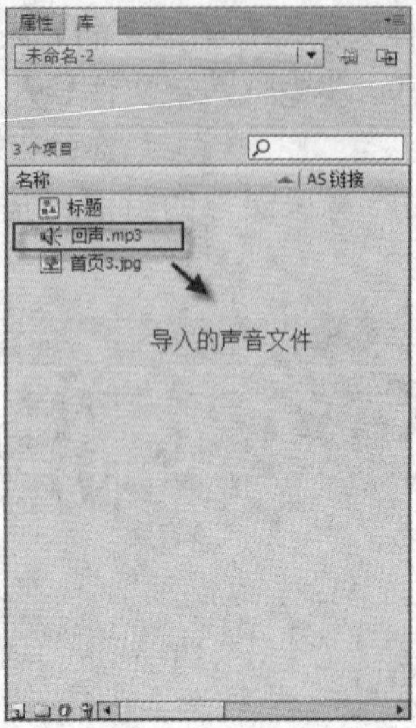

图 6-8　库面板

2 将声音添加到时间轴。在时间轴面板中，新建"图层 4"，重命名为"背景音乐"，选中"背景音乐"的第 1 帧，然后在属性面板的【声音】部分，在【名称】的下拉列表中选择"回声.mp3"，如图 6-9 所示。

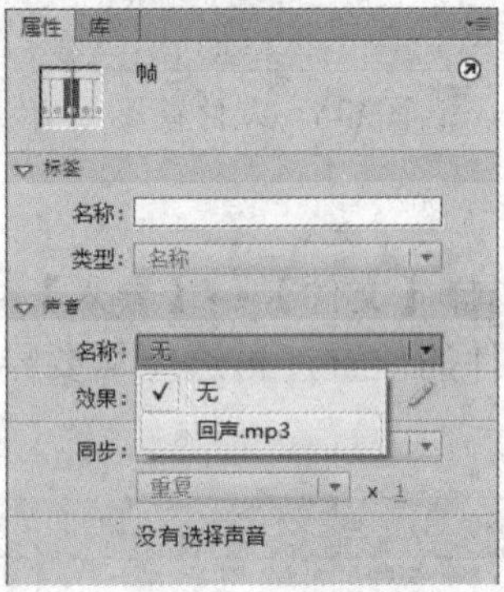

图 6-9　属性面板

在动画的帧中添加了声音文件后，如果对添加的声音文件不满意，还可以通过【属性】面板将声音文件更换为其他的声音或删除声音。

修改声音：将需要更换的声音文件添加到库中，在【时间轴】面板中选择已添加声音的帧，在【属性】面板【声音】栏的【名称】下拉列表中选择更换的声音文件。

删除声音：在【时间轴】面板中选择已添加声音的帧，在【属性】面板【声音】栏的【名称】下拉列表中选择【无】即可删除声音文件。

6.2.3　声音的后期处理

在动画的帧中添加了声音文件后，有时还需要对声音进行后期的处理才能达到理想的效果。如果要对声音进行比较细致的编辑，如剪辑声音、调整音量和压缩声音等，可以在【编辑封套】对话框中自定义动画的音频效果。下面以"声音的强弱"音乐课件为例，介绍声音的编辑。

本课件中介绍的是生活当中由弱到强的声音，播放的是溪水由远及近的声音。课件中需要添加流水声音的文件，但网上下载的文件太长，需要在 Flash 中应用"封套对话框"截取一部分，另外，还要将截取到的声音文件添加淡入效果。如图 6-10 所示。

图 6-10　"声音的强弱"课件界面

操作步骤

1 添加声音文件。将"流水声.mp3"声音文件导入到库中，新建图层，命名为"声音"，选择第 1 帧，然后在属性面板【声音】栏的【名称】一项，改为"流水声.mp3"。

2 截取部分流水声音。选中流水声所在帧，单击属性面板中【编辑声音封套】按钮，如图 6-11 所示。

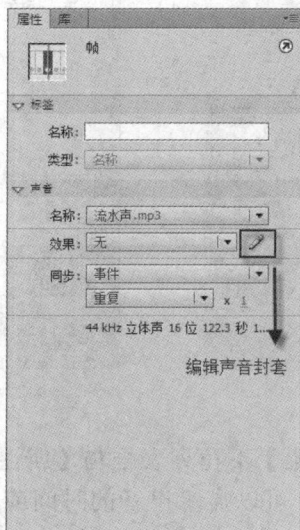

图 6-11　点击"编辑声音封套"按钮

本例中由于声音文件太长，为了方便选择起始位置，在【编辑封套】对话框中单击【缩小】按钮，将波形图缩小，标尺刻度步长为 1 秒。移动左侧滑块设置要截取声音的开始位置，移动右侧滑块设置截取声音的结束位置，此例中，我们截取前 30 秒，所以将右侧滑块移到标尺刻度 30 秒位置，如图 6-12 和图 6-13 所示。

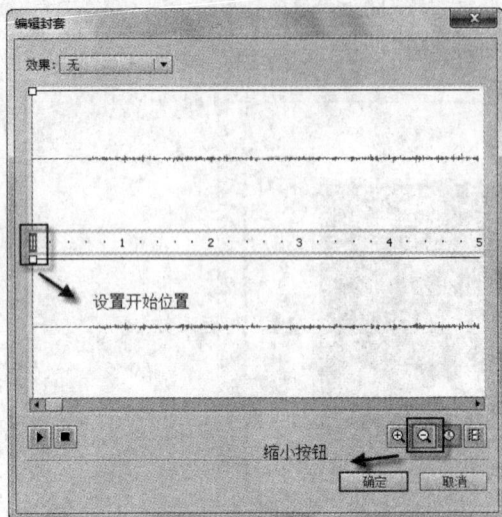

图 6-12 设置开始位置

图 6-13 设置结束位置

3 将截取到的声音添加"淡入"效果。在【编辑封套】对话框的【效果】下拉列表中选择"淡入"效果，如图 6-14 所示。调整"音量控制线"，将"淡入"区域设为前 15 秒，如图 6-15 所示。点击【确定】按钮后，完成设置。

图 6-14 设置淡入效果

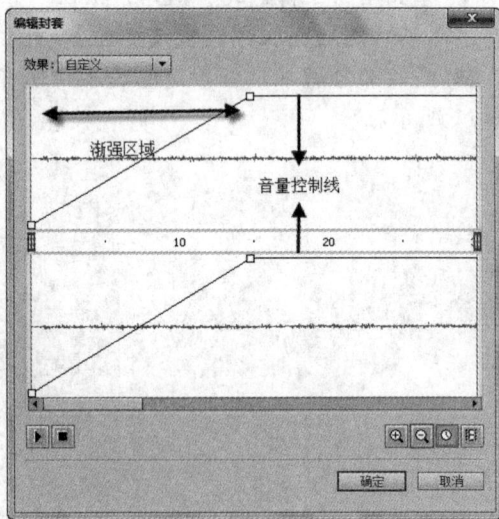

图 6-15 调整音量控制线

【编辑封套】对话框中的【效果】下拉列表框与【属性】面板中的【效果】下拉列表框相同。在【编辑封套】对话框中，可以显示声音的时间或动画的帧数，类似于工作区中的"时间轴"。

在显示设置区里的四个按钮分别是：放大按钮、缩小按钮、显示秒按钮和显示帧按钮。【放大→缩小】按钮可以放大或缩小声音的显示区域，便于调整声音的细节。【显示秒】按钮在时间显示区域是以秒为单位显示。【显示帧】按钮在时间显示区域是以帧为单位显示。

6.2.4　声音的压缩

在 Flash 动画中插入高品质的声音文件后，动画文件也越大。为了使制作的 Flash 更易于播放，可以对声音进行压缩。

在【库】面板中右键单击需要压缩的声音文件，在快捷菜单中选择【属性】命令。打开【声音属性】对话框，在【压缩】下拉列表框中可选择压缩的方法。【压缩】下拉列表框中包含几种压缩选项。

1. 默认选项

选择【默认】选项将会以默认的方式进行压缩，用户将不能对任何参数进行设置。

2. ADPCM 选项

【ADPCM】压缩选项用于 8 位或 16 位声音数据的压缩设置，例如，单击按钮这样的短事件声音，一般选择【ADPCM】压缩方式。在选择【ADPCM】选项后，将显示【预处理】、【采样率】和【ADPCM 位】3 个参数。

- 【采样率】：控制声音的保真度和文件大小，较低的采样率可以减少文件大小，但也会降低声音品质，Flash 不能提高导入声音的采样率。
- 【ADPCM 位】：用于决定在 ADPCM 编辑中使用的位数，压缩比越高，声音文件越小，音效也最差。

3. MP3 选项

MP3 是公认的音乐格式，用 MP3 压缩原始的声音文件可以使文件大小减小为原来的十分之一，而音质不会有明显的损坏，特别是在导出像乐曲这样较长的音频文件时，建议使用【MP3】选项。选择【MP3】压缩方式后，取消选中【使用导入的 MP3 品质】，将显示【预处理】、【比特率】和【品质】3 个参数。

4. RAW

此选项表示导出声音时不进行压缩，将显示【预处理】和【采样率】两个参数。选中【将立体声转换为单声道】可将混合立体声转换为单声道，即非立体声，单声道不受影响。

5. 语音

【语音】选项适用于设定声音的采样频率对语音进行压缩，常用于动画中人物或者其他对象的配音。在【采样率】下拉列表框中选择选项可以控制声音的保真和文件大小。

6.3　Flash CS6 导入与应用视频素材

在 Flash 中，除了可以应用声音外，也可以应用视频。在课件中适当添加视频，既可以更好地呈现教学内容，也可增加课件的视觉效果。

6.3.1　视频素材的获取与编辑

视频素材可以通过视频采集卡将录像带、摄像机上的视频材料通过数字处理和压缩录制到电脑硬盘中，也可借助 Snagit、Camtasia Studio 等视频录制工具将网络或软件播放的视频录制下来。

下面以 Snagit 为例将网络视频录制成视频素材，供课件使用。

操作步骤

1 打开视频所在网页，找到需要录制的视频的起始位置，将视频暂停播放。

2 打开 Snagit 软件，进行屏幕录像设置，选择【捕获】菜单中的【包括音频】，选择【录制一个屏幕视频】，然后单击红色【捕获】按钮，如图 6-16 所示。

图 6-16　Snagit 软件设置

3 拖动鼠标，选择捕获的区域，注意此处选择区域的时候可通过缩小录制范围的形式去掉视频中的 LOGO，如图 6-17 所示。

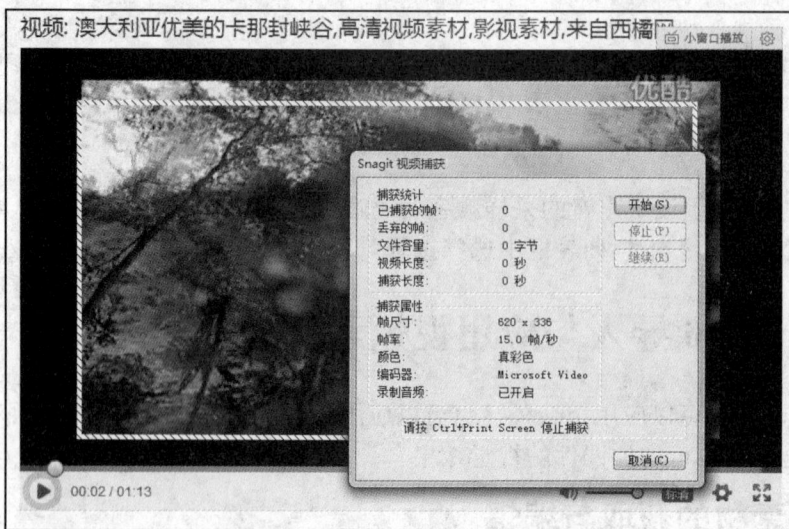

图 6-17　选择视频捕获范围

4 设置好捕获区域后，先单击网页上的视频播放按钮，再单击【Snagit 视频捕获】对话框中的【开始】按钮，开始录制视频。

5 待视频播放完毕后，按 Ctrl+Printscreen 键可完成录制。

如果要获取来自网页的视频，还可借助维棠 FLV 视频下载软件将视频直接下载到本地电脑，再通过"狸窝全能视频转换器"软件进行简单处理。

🐭 操作步骤

1 打开视频所在网页。

2 打开维棠 FLV 视频下载软件软件，单击【新建】按钮，如图 6-18 所示。

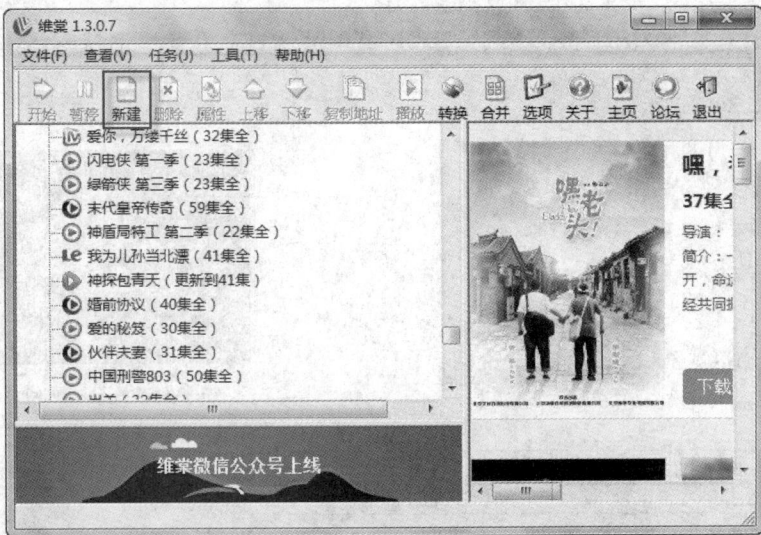

图 6-18　FLV 视频下载软件界面

3 将视频所在网址复制、粘贴到视频网址栏，并设置视频存放的目标路径，单击【确定】按钮，开始下载。

图 6-19　设置"视频网址"和"目标路径"

115

一般从网站上下载下来的视频，会带有 LOGO 等网站的信息，要去除这些信息，可借助狸窝全能视频转换器，通过裁剪的方式或借助文字或图片进行遮挡的方法来实现。

下面介绍视频裁剪的方法。

操作步骤

1 打开狸窝全能视频转换器，通过【添加视频】按钮添加下载的视频，通过【预置方案】设置视频输入格式，此处设为"*.flv"格式，并设置【输入目录】。

图 6-20　狸窝全能视频转换器

2 视频添加完成后，单击【视频编辑】按钮，弹出【视频编辑对话框】，原始视图显示的是原始视频，右侧输出视图显示完成后效果，缩小原始视图的虚线框，去掉视频中的 LOGO，单击【确定】按钮，完成视频裁剪。

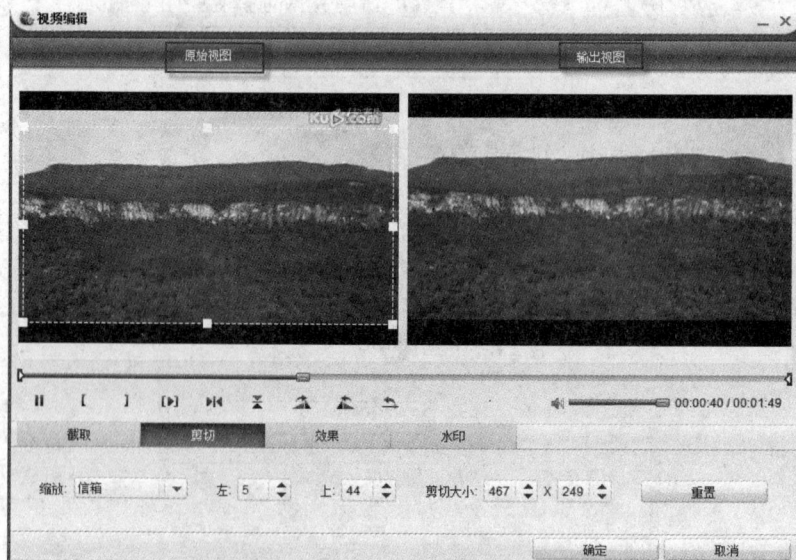

图 6-21　裁剪视频去除 LOGO

3 在狸窝全能视频转换器的主窗口，单击【转换按钮】进行完成视频转换，如图 6-22 所示。

图 6-22　转换视频

还可以通过图片遮挡的方法去除 LOGO。

在前面介绍的【视频编辑】窗口中，选择【水印】，添加图片，并在输出视频窗口，调整图片的大小和位置，使其能够遮挡住 LOGO，如图 6-23 所示。

图 6-23　用水印遮盖 LOGO

完成遮挡后，点击【确定】按钮，回到主窗口，通过【转换按钮】完成视频编辑。

6.3.2　导入视频文件

在 Flash 中，可通过将视频文件导入到 Flash 中的方法为课件添加视频。导入视频有两种方式：一种是通过使用播放组件加载外部视频；另一种是通过嵌入视频文件的方式导入视频。

1. 通过使用播放组件加载外部视频

下面通过具体范例介绍通过使用播放组件加载外部视频的方法。本课件中需要添加《回声》歌曲的视频，课件播放后，开始播放歌曲《回声》的视频供学生欣赏。如图 6-24 所示。

图 6-24　课件的"音乐欣赏"界面

🖱 操作步骤

1 在"图层 1"添加背景图片，新建"图层 2"。

2 选择【文件】→【导入】→【导入视频】命令，打开【导入视频】对话框，单击【浏览】按钮，选择要添加的视频文件，如图 6-25 所示。

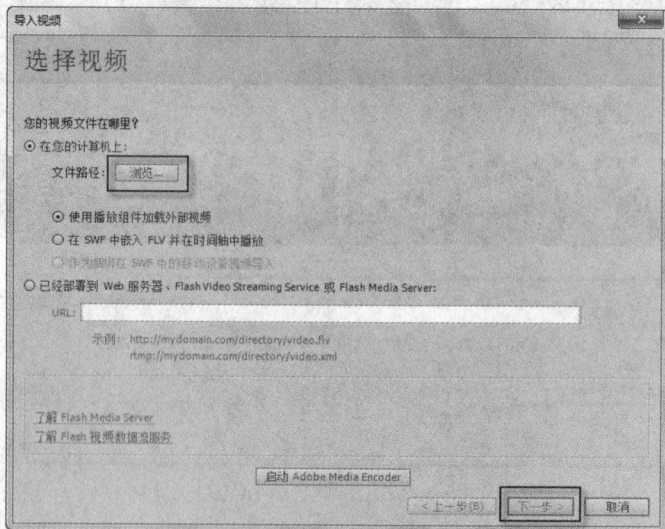

图 6-25　选择视频文件

3 在对话框的【外观】下拉列表中可选择适合的外观样式，本例选择"SkinOverAll.swf"样式，然后单击【下一步】按钮，如图 6-26 所示。

图 6-26　设置视频外观

4 在接下来的对话框中单击【确定】按钮，完成视频导入。

5 通过嵌入视频的方式导入视频文件。

2. 通过嵌入视频文件的方式导入视频

下面通过具体范例介绍通过嵌入视频的方式导入视频文件的方法。本案例在《音乐欣赏》课件中嵌入视频文件，将视频放置在时间轴上。

操作步骤

1 在"图层 1"添加背景图片，新建"图层 2"。

2 选择【文件】→【导入】→【导入视频】命令，打开【导入视频】对话框，单击【浏览】按钮，选择要添加的视频文件，选择【在 SWF 中嵌入 FLV 并在时间轴中播放】，然后单击【下一步】按钮，如图 6-27 所示。

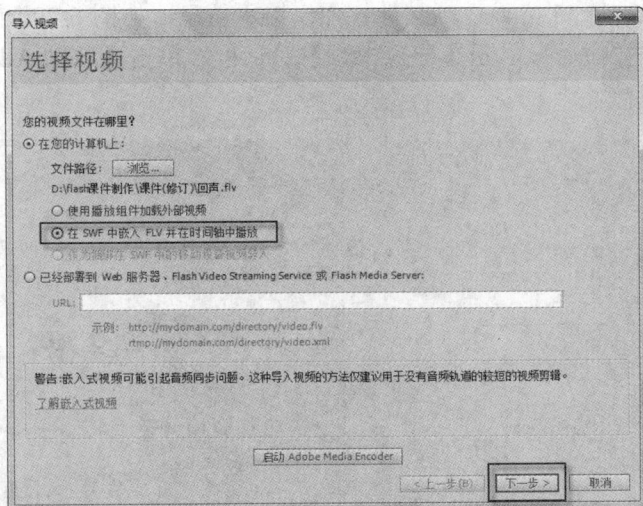

图 6-27　在 SWF 中嵌入 FLV

3 在【导入视频】对话框的【嵌入】界面根据实际需要选择选项，然后单击【下一步】按钮，如图 6-28 所示。

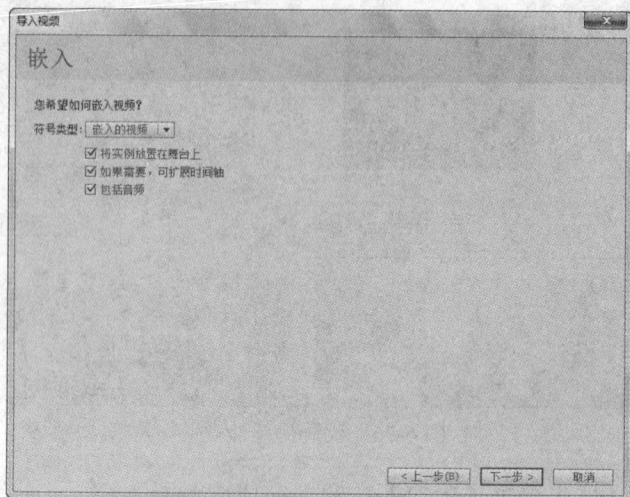

图 6-28 设置【嵌入】界面

4 在【完成视频导入】界面单击【完成】按钮，完成视频导入。

6.3.3 转换视频格式

在 Flash 中，除了可以导入 FLV 或 F4V 格式的视频外，其他格式的视频文件也可导入，但需通过 Adobe Media Encoder CS6 对视频格式进行编码。下面以在《音乐欣赏》课件导入"回声.avi"视频文件为例介绍视频格式的转换。

操作步骤

1 在"图层 1"添加背景图片，新建"图层 2"。

2 选择【文件】→【导入】→【导入视频】命令，打开【导入视频】对话框，单击【浏览】按钮，选择要添加的 avi 格式视频文件，弹出提示信息，如图 6-29 所示。

3 单击【确定】按钮后，显示【导入视频】对话框，单击【启动 Adobe Media Encoder】按钮，如图 6-30 所示。

图 6-29 "视频文件格式不支持"信息

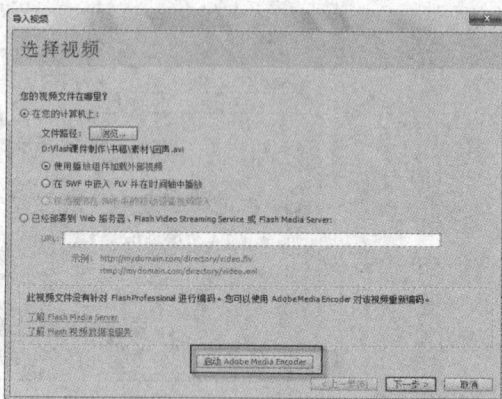

图 6-30 启动 Adobe Media Encoder 软件

4 在弹出的 Adobe Media Encoder 软件界面，单击【启动队列】按钮，开始转换 FLV 格式文件，如图 6-31 所示。

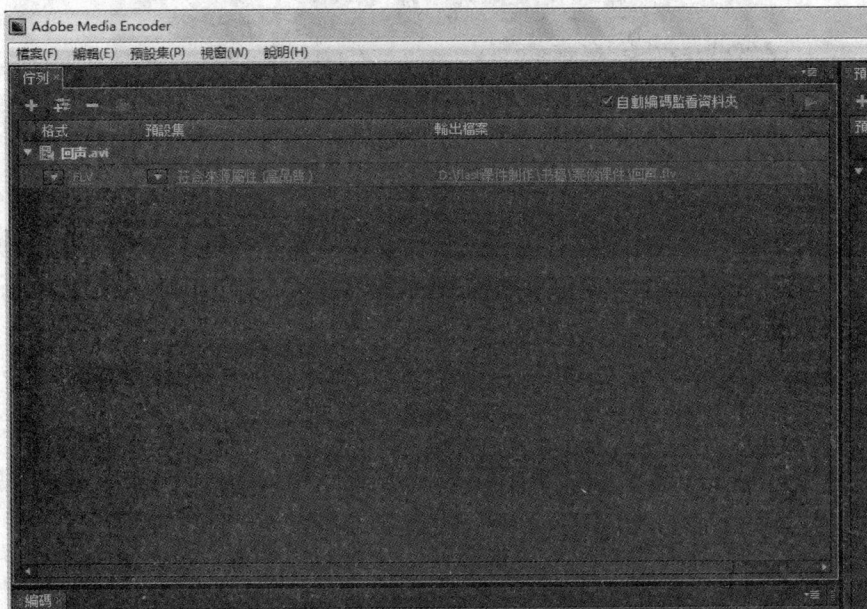

图 6-31　Adobe Media Encoder 软件界面

5 转换结束后，关闭 Adobe Media Encoder 软件，提示信息如图 6-32 所示。

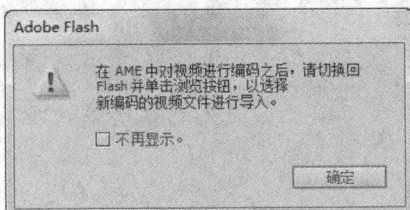

图 6-32　提示信息

6 单击【确定】按钮后，回到导入视频对话框，重新选择新生成立的 FLV 格式视频文件，完成导入视频。

6.4　课后练习

1. 应用 GoldWave 软件录制古诗《望庐山瀑布》，将标题和内容分别录制成两个文件，保存为"标题.wav"和"诗歌.wav"。

2. 从网络上下载适合的背景音乐，保存为"背景音乐.mp3"；搜索并下载瀑布的声音，保存为"瀑布.mp3"。

3. 应用 GoldWave 软件的混音效果，将"背景音乐.mp3"和"诗歌.mp3"制作配乐诗朗诵，保存为"配乐诗朗诵.mp3"。

4. 制作《望庐山瀑布》的首页，添加"瀑布.mp3"和"标题.wav"声音文件，并应用【编辑封套】功能，将瀑布声音设为淡入效果，如图 6-33 所示。

图 6-33　课件首页

5. 制作《望庐山瀑布》课件诗歌诵读页面，并添加"配乐诗朗诵.mp3"，如图 6-34 所示。

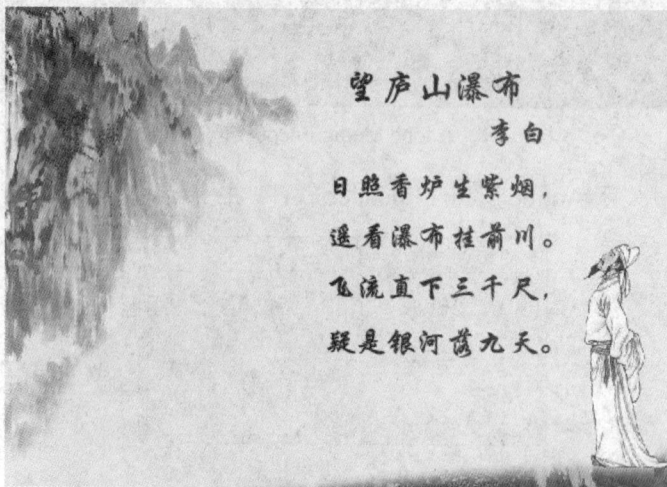

图 6-34　诗歌诵读页面

6. 应用互联网搜索引擎搜索《望庐山瀑布》相关视频，用任意一种方式获取视频，注意要求去除 LOGO 等网址信息。

7. 制作《望庐山瀑布》歌曲欣赏页面，使用任意一种方式将《望庐山瀑布》视频文件导入到课件中。

第 7 章　脚本实现交互、导航与动画效果

学习要点

☑ 了解 Flash 脚本发展历史
☑ 了解 AS3 脚本基本概念与工作原理
☑ 掌握利用脚本实现导航的基本方法
☑ 掌握利用脚本添加显示对象到舞台的方法
☑ 掌握利用脚本实现基本的拖拽功能
☑ 掌握利用脚本实现鼠标手绘功能
☑ 掌握利用脚本实现基本动画效果的原理与方法
☑ 掌握加载外部文件的基本方法
☑ 理解文件类的构成以及工作原理

在 Flash 中仅凭时间轴和图层来演绎动画，即使效果再精彩，也只能让观赏者盯着屏幕，沿着时间线的进度被动地欣赏。如果要想使动画具有交互性，根据观赏者的选择来控制播放的顺序或者呈现不同的内容就必须依靠 Flash 的动作脚本了，即 ActionScript（简称 AS）。恰当运用动作脚本，不仅能实现时间轴无法实现的一些特殊效果，而且还可以让一些复杂烦琐的制作过程得到有效的简化。要想制作出精彩的 Flash 作品，学习和掌握动作脚本语句是非常重要的。然而，一提起编程语言，难免让人联想到一行行枯燥乏味的代码，一段段高深莫测的理论，往往使初学者在 "AS" 那神秘殿堂的大门前望而却步。

事实上，Flash 动作脚本并非想象的那么难，本章将从一些基础理论、基本概念开始，以简单的课件为学习实例，带领大家 "轻松入门、拾级进阶"。

7.1　动作脚本简介

Flash CS6 环境中允许使用的脚本版本有 ActionScript 2.0、ActionScript 3.0 两种。ActionScript 3.0 并不是简单意义上的对 ActionScript 2.0 版本的升级，它们在语法表达、书写习惯、关键字的表述等各方面已经有了很大的不同，这一点要求以前习惯使用 ActionScript 2.0 脚本的朋友一定要注意。为了让大家对动作脚本有一个更深刻的认识，我们先介绍一下动作脚本的发展历史。

7.1.1　ActionScript 脚本发展的历史

随着 Flash 版本的不断升级换代，其所使用的动作脚本也在随之发生着变化。最初的 ActionScript 1.0（简称 AS1）具有简单、灵活、易理解的显著特点，制作人员可以用原始的方式一个个地创建影片、设置对象的事件处理函数，等等。但是由于语法冗长，且主要的应用是围绕着帧的导航和鼠标的交互，这种状况一直沿用到 Flash 5。

自 Flash MX（6）问世后，一种新的脚本表达方式出现了，也就是 ActionScript 2.0（简称 AS2），它实际上是 ActionScript 1.0 的升级版，首次将 OOP（Object Oriented Programming，面向对象的程序设计）的概念引入 Flash，但它并不是完全面向对象的语言，只是在编译过程中支持 OOP 语法。ActionScript 2.0 相对 ActionScript 1.0 带来了两大改进，即变量的类型检测和新的 class 类语法。ActionScript 2.0 的变量类型会在编译时执行强制类型检测。它意味着当在发布或是编译影片时任何指定了类型的变量都会从众多的代码中剥离出来，检查是否与现有的代码存在矛盾冲突。如果在编译过程中没有发现冲突，那么 SWF 将会被创建，没有任何不可理解变量类型的代码将会运行。尽管这个功能对于 Flash player 的回放来说没有什么好处，但对于 Flash 创作人员来说它是一个非常好的工具，可以帮助调试更大更复杂的程序。在 ActionScript 2.0 中的新的 class 类语法定义类的方式类似于 Java 语言中的定义。尽管 Flash 仍不能超越它自身的原型来提供真正的 class 类，但新的语法提供了一种非常熟悉的风格来帮助用户从其他语言上迁移过来，提供了更多的方法来组织分离出来 ActionScript 文件和包。

后来随着 Macromedia 公司被 Adobe 公司收购，从 Flash CS3（9）开始，一款更为高效的语言表达方式被推了出来，也就是 ActionScript 3.0（简称 AS3）。ActionScript 3.0 是一个完全基于 OOP 的标准化面向对象语言，最重要的就是 ActionScript 3.0 不是 ActionScript 2.0 的简单升级，而完全是两种思想的语言。可以说，ActionScript 3.0 全面采用了面向对象的思想，而 ActionScript 2.0 则仍然停留在面向过程阶段，有一种和 VB 似曾相识的感觉。在 ActionScript 3.0 中，我们会看到 java 和 c#的影子，的确，这三种语言大部分思想以及语法表达习惯上都是一致的，仅有一些小的区别。

7.1.2 ActionScript 3.0 与 ActionScript 2.0 的比较

1. 不同的虚拟机

使用 ActionScript 2.0 的影片在回放时是使用 AVM1（虚拟机 1），它实际上在最终编译时仍然变成了 ActionScript 1.0，执行效率没有发生根本性变化。而 ActionScript 3.0 运行在 AVM2（虚拟机 2）上，是一种新的专门针对 ActionScript 3.0 代码优化的虚拟机。基于上面的原因，ActionScript 3.0 影片往往是不能直接与 ActionScript 1.0、ActionScript 2.0 影片直接通信的，也就是说 ActionScript 3.0 影片中可以加载和播放 ActionScript 2.0 影片，但是无法直接操控其影片内部的各种变量以及执行相应函数。AVM2 在执行速度上比起 AVM1 也快了 10 倍，并且提供了异常处理机制。ActionScript 2.0 编写的影片，运行时一旦出错，AVM1 选择的是静默失败，让人根本不知道什么地方出错了，会浪费大量的时间去查错。而 AVM2 与目前主流的编译器一样，会有异常处理，运行出错会输出错误提示，工作效率从而大大提高。

2. 不同的事件处理机制

很多人初次使用 ActionScript 3.0 常会不知所措，会发现自己连一个按钮点击的方法都写不出来。这是因为 ActionScript 3.0 的事件机制采用的是侦听的方式，与 ActionScript 2.0 的 onClipEvent 方式大不相同了，ActionScript 3.0 里所有的事件都是需要触发器、侦听器、执行器三种结构的，这样做的好处就是使得这个语言更加的坚强，更加的标准化。不像 ActionScript 2.0 奇形怪状的代码漫天飞，可以这样写，也可以那样写，有的写在按钮对象上，有的写在帧里面，常常使得代码变得繁复难懂，可读性变差，执行效率也大大降低。而 ActionScript 3.0 脚本只允许写在帧上或类文件中，可以实现脚本集中书写，并与设计的对象完全脱离，使得美工人员与程序设计人员得以高效分工与合作，这对于完成一个较为复杂的工程来说，变得很容易了。要特别说明的是，ActionScript 3.0 的所有事件都直接继承 event 对象，而 event 是直接继承自 BOSS 类 object，所以在 ActionScript 3.0 中，所有的事件都继承自相同的父亲，结构相同，提高了重用性。

3. 封装概念的引入

这是 ActionScript 3.0 与 ActionScript 2.0 最大的不同，ActionScript 3.0 引入了封装的概念，使得程序安全性大大提高，各个对象之间的关系也通过封装、访问控制而得以确定，避免了不可靠的访问给程序带来的意外产生。

4. XML 数据的处理

当下 XML 文件格式作为网络上通用且十分流行的数据格式，常常是为某些应用程序提供数据支持甚至可以用作小型的数据库，或者为程序提供参数配置信息等。ActionScript 2.0 时代对 XML 的存取仍然需要解析，而 ActionScript 3.0 则创新地将 XML 也视作一个对象，存取 XML 就像存取普通对象的属性一样方便，用点语法就可以，无疑大大提高了效率。

5. 容器的概念

ActionScript 3.0 采用了容器的思想，告别了 ActionScript 2.0 一个 MovieClip（以下简写为 MC）打天下的局面。ActionScript 3.0 把所有用到的显示对象都分开，MC 的属性方法都被瓜分开来，根据不同的用途划分出了更多类型的显示对象。例如 Sprite、Graphic 等对象已经不再有 MC 的"容器"性质了，MC 对象可以作为容器来包含其他的 Video、MovieClip、Sprite、Graphic 等可显示对象，而 Sprite、Graphic 等对象是不能作为容器来包含其他的可显示对象的，而只是用来存放简单的图形元素，不再具有 MC 的其他属性，所以如果是存放同样的图形数据的话，要比 MC 占用空间小很多。在设计作品的时候，完全可以根据显示内容的需要来决定使用哪种，不必再拘泥于 MC。

7.1.3 基本语法与基本概念

ActionScript 3.0 中涉及的概念十分丰富，作为初学者，先了解一些最基本的概念以及语法表达方式是非常有必要的。

1. 语法

（1）点语法

使用点（.）运算符来访问对象的属性和方法。例如：MC.x 就可以代表 MC 对象在舞台上的 x 坐标。另外可以采用点运算符表示包路径，使用点运算符描述显示对象的路径。

（2）标点符号使用

有多种标点符号都很常用，分别为：分号、逗号、冒号、小括号、中括号、大括号。这些标点符号有各自不同的作用，可以帮助定义数据类型、终止语句或者构建 ActionScript 代码块。例如：分号主要用来表示语句结束；逗号主要用于分割参数；冒号主要用于为变量指定数据类型；小括号可以用来改变表达式的运算顺序；中括号主要用于数组的定义和访问；大括号则主要用于编程语言程序控制，函数和类中。

（3）注释

注释是使用一些简单易懂的语言对代码进行简单解释的方法。注释语句在编译过程中并不会进行求值运算。可以用注释来描述代码的作用，或者返回到文档中的数据。注释也可以帮助记忆编程的原理，并有助于其他人的阅读。

单行注释以两个单斜杠（//）开始，之后的该行内容均为注释。比如下面的代码：

```
trace("1234")//输出:1234
```

（4）关键字和保留字

保留字，从字面上就很容易知道这是保留给 ActionScript 3.0 语言使用的英文单词。因而不能使用这些单词作为变量、实例、类名称等。如果在代码中使用了这些单词，编译器会报错。

例如：this，parent 等关键字经常用来指明语句运行的位置、作用对象，或者指定相对路径。

（5）严格大小写

ActionScript 3.0 与 Java 类似，程序编写过程中对字母大小写要求是非常严格的，例如自定义 1 个变量 Star，在需要引用的时候如果写成 STAR，则程序会认为 STAR 不存在或尚未定义。对于以前学习过 VB 编程，或者写过 ASP 程序的人来说，尤其要注意。

2. 功能函数

简单地说就是能够完成一定功能的代码片段，也可以说是一个功能模块，是动作脚本的执行部分。函数从外观上看，是一个语句块，包含着至少一条或数条语句，从逻辑上看，它是可以执行某个目标任务的代码块，可以接受外部传入的对象或值，还可以返回操作的结果。

函数的基本表达方式如下：

```
function 函数名([参数名:参数类型]):数据类型
{
        //代码块
}
```

其中：函数名用来说明函数的功能，函数根据需要向函数中传递外部的变量即参数，如果不需要传递参数，则不需要加入参数，这样的函数叫无参函数。如果函数需要传递参数，这样的函数叫有参函数。

函数中的代码块可以返回一些数据，数据可以是简单数据类型，也可以是复杂数据类型。当不需要返回数据时，数据类型应标识为 void，意思为没有返回值，有些不规范的写法中也常常把 void 省略掉。

用"( )"调用函数，调用函数的常用形式为：

```
函数名(参数)
```

"( )"是调用函数的语法，同时也可以向"( )"内添加传递参数。例如选中时间轴中的某帧，按下 F9 键，打开动作面板，输入下面的一段脚本。

```
MyTest();
function MyTest ():void
{
        trace("欢迎您进入AS3殿堂!");
}
```

按 Ctrl+Enter 组合键进行影片测试，则在输出面板中可看到"欢迎您进入 AS3 殿堂！"的字样，这便是调用 MyTest()函数的结果。trace 语句是一条调试时用到的语句，它输出的内容只能在输出面板中看得到，对于脚本中执行过程中需要抛出错误信息或者一些过程变量值供脚本编写人员进行参考。最后还需要说明一点，MyTest()这条语句不一定是和下面对应的函数模块放在一起的，它们完全可以分隔开来，之所以习惯这样书写主要是考虑程序的可读性而已。

3. 事件

什么是事件（event）呢？当某件事情发生的时候就做些什么事，这个某件事情就是事件。例如，当用鼠标单击某个按钮时，就发生了鼠标单击事件；当用鼠标拖拽某个对象时，就发生了鼠标拖拽事件；而敲击键盘上的某些按键的时候，就发生了键盘敲击事件；等等。

在 Flash 中这些事件都有特定的字符串来表示。

```
MouseEvent.CLICK              ............鼠标单击事件
MouseEvent.MOUSE_DOWN         ............鼠标按下事件
MouseEvent.MOUSE_UP............鼠标弹起事件
MouseEvent.MOUSE_MOVE         ............鼠标移动事件
Event.ENTER_FRAME            ............进入帧事件
......
```

其中 ENTER_FRAME 是一个非常重要的一个事件，很多脚本都会利用这一事件对某些过程做实时的监测，以便实现复杂的交互或者动画效果。

4. 侦听

这里所谈的侦听，简单地说就是建立一个事件与对应功能函数的一个途径，当指定的事件发生后，能够告诉 Flash 所要执行的功能函数所在位置和名称，在两者之间添加一个指针。

例如：

舞台上有一个测试用的按钮，将其实例（元件被拖拽到舞台上）命名为"Gonggao"，接下来在帧里面写一个针对鼠标单击事件的侦听，而"MyTest"这个函数则是当鼠标单击该按钮后所要执行的功能模块，如下：

```
Gonggao.addEventListener(MouseEvent.CLICK, MyTest);
function  MyTest (evt: MouseEvent):void
{
    trace("欢迎您进入AS3殿堂！");
}
```

按 Ctrl+Enter 组合键进行测试，当单击舞台上的测试按钮的时候，在输出面板中可看到"欢迎您进入 AS3 殿堂！"的字样。

这里需要再次强调一遍，在 Flash CS6 中其 ActionScript 3.0 脚本存放的位置，只能是帧和脚本文件内。对于初学者来说建议先将脚本写在帧里面，此时常常可以通过脚本助手帮助完成某些脚本的书写。而且最好都写在根场景的某一帧里面，以便重新编辑时能快速找到。ActionScript 3.0 中涉及的概念有很多，涉及的对象类型也很复杂，但是对于初学者，以上的概念是必须了解的最基本的入门概念，需要认真地理解。

7.2　基本导航功能的实现

7.2.1　导航功能涉及的常见命令

Flash 中的导航主要是指控制演示画面在时间轴上不同位置以及场景之间进行跳转，控制时间轴的播放或停止。涉及导航的常见命令有：

- play();// 使当前的时间轴继续向后播放。
- stop();// 使当前的时间轴的播放停止下来。
- gotoAndPlay();// 影片跳转到某帧或场景中并且继续播放。

- gotoAndStop();// 影片跳转到某帧或场景中并且停止播放。
- navigateToURL();// 跳转到影片外部的网页或是其他地址。

gotoAndPlay()和 gotoAndStop()的参数项可以是单个数值，该参数值代表第多少帧；也可以用帧标签代替，使影片跳转到帧标签位置。参数也可以是 2 个，那么第 2 个参数为导航语句指定的场景。例如：

gotoAndPlay(1,"分场景");//跳转到场景名称为"分场景"场景中的第 1 帧位置并开始播放。

在有些时候，我们要导航到的地址是外部的文件或网页，好比在 PowerPoint 软件中实现超级链接一样，在 Flash 中可以用如下语句来完成：

navigateToURL(new URLRequest("http://www.baidu.com"));//导航到百度网

下面以课件"长方体和正方体的特征"为例做详细的演示与说明。

7.2.2　长方体和正方体的特征

1. 课件展示

课件运行后，首先展示的是课件的封面，如图 7-1 所示。

在封面中有多个标题按钮，用鼠标指针在"正方体的基本特征"按钮上点击，课件将导航到正方体的基本特征演示画面，如图 7-2 所示。

图 7-1　课件封面

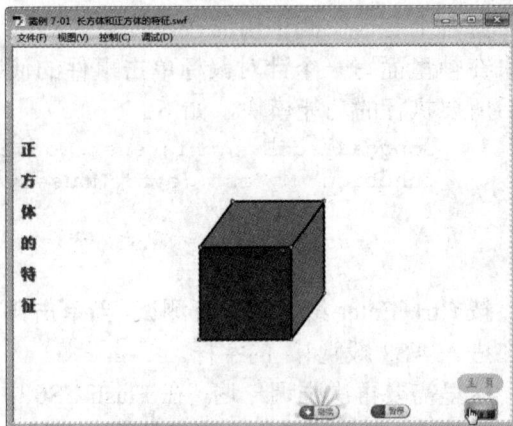

图 7-2　正方体的基本特征

在正方体基本特征画面的底部设计有 3 个按钮："播放"、"暂停"、"主页"，用来控制当前画面导航动作。如果点下"主页"按钮，影片将跳转回如图 7-1 所示的封面位置；如果是点击"播放"按钮的话，将进入课件的演示过程；在后面的动画演示过程中如需要将画面暂停的话则点击"暂停"按钮即可。

2. 课件解析

本教程为了讲解方便，在实例中封面上只对两个按钮，即："正方体的基本特征"和"关于作者"添加了动作脚本，其他按钮的动作脚本编排留给大家在课后继续完善。

对于"正方体的基本特征"按钮导航的去处是跳转到相应的演示画面，所以用命令 gotoAndPlay() 来实现；而"关于作者"用百度网代替，用到的命令是：navigateToURL()。

在"正方体的基本特征"演示画面上的 3 个导航按钮，即"继续"、"暂停"、"主页"，用到的导航命令分别是：play(); stop(); gotoAndStop()。

为使导航命令更加的灵活，在时间轴的关键位置设计了 2 个帧标签"fengmian"和"kaishiyanshi"，如图 7-3 所示。

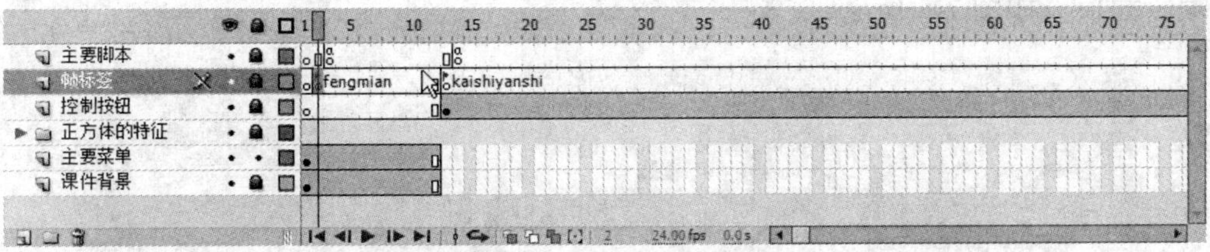

图 7-3　在时间轴上添加帧标签

细心的读者或许已经注意到本实例的主要脚本内容放在了"主要脚本"图层的第 3 帧和第 14 帧，也就是帧标签 "fengmian" 和 "kaishiyanshi" 后面紧邻帧。这对于很多初次使用 ActionScript 3.0 脚本编写的用户来说，或许有一点困惑。其实这没有什么，因为在 ActionScript 3.0 中已经不再允许在显示对象上面直接添加脚本了，要想针对舞台上的某些可视对象添加动作脚本，则必须先要看到这些脚本施加的对象，否则会有可能因为找不到脚本施加对象而造成运行错误。这样设计的原因主要是保证在播放过程中让演示内容或者一些控制按钮先于脚本出现，以便使相应的脚本能够顺利执行。

鉴于本章的介绍重点是脚本，对课件中用到的所有图形、元件、帧标签的添加过程均不作具体介绍。假设"主要脚本"图层中的每帧中均未添加任何的脚本，接下来将一步步以脚本的书写过程做详细介绍。

操作步骤

1 给封面实例命名

将主时间轴的播放头定位到第 3 帧位置，点击舞台上课件封面中的"正方体的基本特征"按钮，在右侧的属性面板中为该按钮实例命名为"caidan4"，如图 7-4 所示。同样，再将"关于作者"的实例命名为"zuozhe"。

图 7-4　给舞台上的操作实例命名

2 为舞台实例添加导航脚本

用鼠标在"主要脚本"图层的第 3 帧上单击，按 F6 键插入 1 个关键帧，然后按 F9 键打开动作编辑面板。如图 7-5 所示。

图 7-5　打开动作编辑面板

现在动作面板中是一个空白的，要给上面命名的"caidan4"、"zuozhe"两个实例添加动作脚本。下面介绍一个较为简便的书写方式，那就是利用动作面板中的脚本书写提示，其中用到的一个关键字很重要就是"this."。在动作面板中输入"this."后，马上会弹出一个书写提示，如图 7-6 所示。

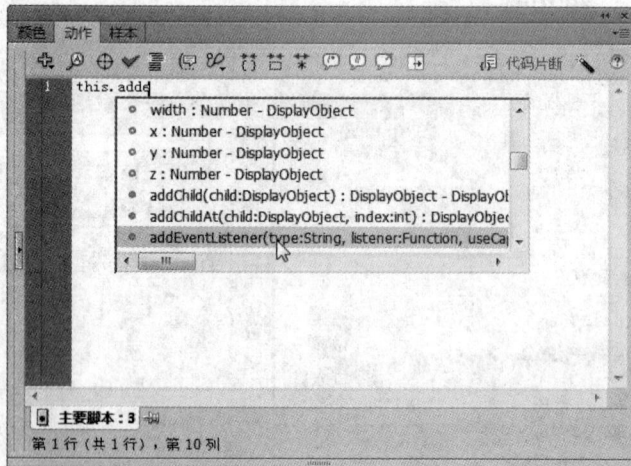

图 7-6　脚本书写提示

再继续输入到"this.adde"后，很容易找到添加侦听的动作语句 addEventListener，单击该语句之后，可以继续按照提示书写其他的动作脚本，最后将"this"用准备好的实例名替换掉即可，最后的动作脚本内容如下。

```
1    import flash.events.MouseEvent;
2    import flash.net.URLRequest;
3    stop();
4    caidan4.addEventListener(MouseEvent.CLICK,fengmianshijian);
5    function fengmianshijian(evt:MouseEvent):void
6    {
7    gotoAndPlay("kaishiyanshi");
8    }
9    zuozhe.addEventListener(MouseEvent.CLICK,guanyuzuozhe);
10   function guanyuzuozhe(evt:MouseEvent):void
11   {
12   navigateToURL(new URLRequest("http://www.baidu.com"));
13   }
```

注意：脚本的第1、2行的内容是动作面板自动完成的，当脚本中需要用到一些侦听事件，或者一些需要引入的类库，动作面板将自动补充。因为脚本都是在帧上写的，而且是影片内部，删掉也不会影响程序的正常运作，所以可能感觉不到这些导入（import）的类包存在的意义。只有当需要将这些脚本移植到外部类文件中时，才知道这是必需的，否则脚本将无法执行，所以能保留则尽量保留下来。

这里为每个功能函数的类型都设计为 void，这表示该函数是没有返回数据的。同时每个功能函数都有一个类型为 MouseEvent 的参数 evt，表明了该函数仅对鼠标事件进行侦听。该参数变量在本实例中暂时没有用到，但按照书写规则，该参数还是要写上的，到下一节我们就会用到该参数，而且用处是很大的。

3 给正方体的基本特征演示页面操作实例命名

将主时间轴的播放头定位到第14帧，分别给"继续"、"暂停"、"主页"按钮的实例命名为："jixu"、"zanting"、"fanhui"。

4 为正方体的基本特征演示页面的导航控制添加脚本

在"主要脚本"图层上第14帧位置单击，选中该空白帧，按F6键插入关键帧，按F9键打开动作面板，仿照上面步骤2的过程添加如下脚本：

```
1    import flash.events.MouseEvent;
2    stop();
3    jixu.addEventListener(MouseEvent.CLICK,jixushijian);
4    function jixushijian(evt:MouseEvent):void
5    {
6    play();
7    }
8    zanting.addEventListener(MouseEvent.CLICK,zantingshijian);
9    function zantingshijian(evt:MouseEvent):void
10   {
11   stop();
12   }
13   fanhui.addEventListener(MouseEvent.CLICK,fanhuishijian);
14   function fanhuishijian(evt:MouseEvent):void
15   {
16   gotoAndStop("fengmian");
17   }
```

至此本实例的脚本全部添加完毕，按 Ctrl + Enter 键测试效果即可。

利用脚本实现导航有三个关键环节需要注意，首先是负责导航的按钮实例需要按照一定的规律或规则命名，而所有导航脚本的添加都是按照实例名来进行的；其次是负责导航的按钮实例在时间轴上要先于（或者同时与）动作脚本出现，保证脚本中出现的实例名能在脚本出现的当前帧中让"执行程序"找到对应的实例；最后是掌握常见导航语句所能实现的确切功能。

7.3　添加显示对象到舞台

7.3.1　脚本实现影片剪辑的实例化

在 Flash 中所谓的影片剪辑的实例化，简单地说就是将元件库中做好的影片剪辑拖拽到舞台上的过程。

而用脚本来实现的话则需要两步来完成，首先是给需要实例化的影片剪辑添加一个链接名称，或者说是类名称，然后用 new 语句将该影片剪辑实例化，第二步是利用 addChild 语句将该实例显示到舞台或其他显示容器中去。这里提到的可显示容器范围很广，但我们主要面对的显示容器则是，根场景以及在舞台上已经实例化的影片剪辑元件的实例。

在舞台上显示的各影片剪辑实例可以互为显示容器，使某个显示在舞台上的影片剪辑实例显示到其他的影片剪辑实例的内部，从而改变现有影片剪辑实例的显示状态。

在使用 addChild（实例名称）语句时，如果没有加带点的前缀则表示是将该显示对象添加到当前脚本所在位置的容器中，如果该脚本出现在了场景根位置的时间轴上，那么当前容器默认为 root；如果是在某影片剪辑实例的时间轴上则当前容器即为该影片剪辑实例。

可显示容器路径的表达，有时会用到 parent 关键字，当该关键字出现后，表示将要添加的可显示对象是在当前容器的父（上一级）容器中。

例如：parent.addChild（实例名称）。

parent 关键字有如在 Windows 环境中父文件夹的概念，this 代表的是当前的文件夹，文件夹可以向下有很多的嵌套，正如影片剪辑实例中也可以作为容器添加很多的对象实例。

当需要将该显示对象从显示容器中移除的时候，需要用的语句是：removeChild（实例名称），它的执行效果恰好和 addChild（实例名称）相反。

在接下来的实例中还会用到的另外一个关键字是 target，该关键字表示目标对象。其所代表的通常是事件发生的对象。例如，当鼠标单击某按钮的时候，该 target 代表的就是该按钮。该关键字相关的属性即所代表目标所拥有的属性，例如目标对象的实例名称可以这样表示：target.name。而目标对象的上一级容器可以这样表示：target.parent。

只有父级容器才能移除本级显示对象，本级显示对象只能移除子一级的显示对象，这与 Windows 环境中对文件和文件夹的操作是一样的。

总结一下本节中将用到的主要语句和关键字如下：

- new 语句用来创建变量或各种对象实例。
- addChild(实例名称);// 将实例添加到可显示对象容器列表中，从而在舞台上显示。
- removeChild(实例名称);// 将实例从显示对象容器列表中移除。
- root 关键字代表场景的根路径。
- parent 关键字代表当前对象的父路径。
- this 关键字代表当前路径，通常可以省略。

● target 关键字代表事件发生的目标对象可配合 parent 表达相对路径。

7.3.2　聪明的小蜜蜂

通过上一节的学习，初步了解了脚本实现元件实例化的基本方法，下面以"聪明的小蜜蜂"课件为例，了解以上这些语句以及关键字在实际中所起到的作用。

1. 课件展示

课件运行后的画面如图 7-7 所示。

图 7-7　聪明的小蜜蜂运行画面

单击画面中的某种水果以后，携带英语单词的小蜜蜂就会飞到该水果上面，当单击苹果图形的时候，会弹出一个提示对话框，说明选择正确了，如图 7-8 所示。

图 7-8　单击苹果图形后的画面

单击对话框中的【确定】按钮后，对话框将从舞台上消失，回到了对话框未出现之前的画面。

2. 课件解析

打开"聪明的小蜜蜂"课件源文件，会看到舞台上有 6 种水果以及小蜜蜂共 7 个已经命名的影片剪辑实例，其名字依次为：mifeng、xiangjiao、xigua、boluo、putao、pingguo、juzi。

再打开影片的元件库，会看到一个名为"答对啦！"的元件，该元件的 as 链接或者说是类名称为"zhengque"。在该元件上单击鼠标右键，从弹出的菜单中，执行【属性】命令，打开一个【元件属性】对话框，单击【高级】按钮，打开【高级】选项，添加类名称如图 7-9 所示。

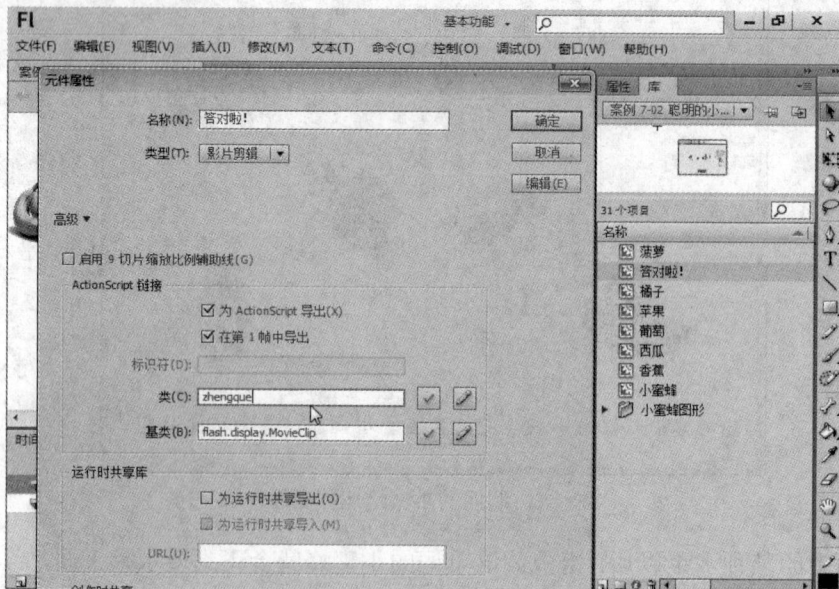

图 7-9 元件属性设置对话框

单击【确定】按钮后关闭元件属性对话框。双击"答对啦！"元件，进入该影片剪辑的编辑状态，可以发现，"确定"按钮元件实例是放到了其内部，并且给"确定"按钮元件实例命名为了"guanbi"，所以说"答对啦！"影片剪辑相当于"guanbi"按钮的父容器。

在需要将"答对啦！"这个元件添加到舞台之前首先是将其实例化，也就是用 new 语句来实现，实例化完成的对象再经过执行 addChild 语句后，将其添加到某可显示容器中，该元件实例才有可能被显示出来（本实例中，对话框实例是出现在当前场景的根容器中的）。

操作步骤

在各种素材准备就绪以后，单击主场景"编写脚本"图层的开始帧，按 F9 键打开动作编辑面板，输入下面的脚本。

```
1    xiangjiao.addEventListener(MouseEvent.CLICK,dianji);
2    juzi.addEventListener(MouseEvent.CLICK,dianji);
3    xigua.addEventListener(MouseEvent.CLICK,dianji);
4    putao.addEventListener(MouseEvent.CLICK,dianji);
5    pingguo.addEventListener(MouseEvent.CLICK,dianji);
6    boluo.addEventListener(MouseEvent.CLICK,dianji);
```

```
7    function dianji(Mevt:MouseEvent):void
8    {
9    mifeng.x = 0;
10   mifeng.y = 0;
11   Mevt.target.addChild(mifeng);
12   if (Mevt.target.name == "pingguo")
13   {//如果鼠标点击对象的名字是pingguo那么表示选择正确
14   var dui:zhengque = new zhengque   ;//将对话框从元件库中加载出来
15   dui.guanbi.addEventListener(MouseEvent.CLICK,xiaoshi);
16   function xiaoshi(Sevt:MouseEvent):void
17   {
18   Sevt.target.parent.parent.removeChild(Sevt.target.parent);
19   }
20   addChild(dui);//将对话框显示到舞台上
21   }
22   }
```

我们注意到脚本的 1—6 行是为舞台上 6 种水果依次添加鼠标单击事件的侦听，这些侦听动作共同指向 dianji 这 1 个共同的功能函数，那么在函数执行的时候怎样来判断鼠标究竟是点击了舞台上的哪一个对象了呢？在 dianji 功能函数中完全可以通过函数的参数 Mevt 目标对象的实例名来判断，即：Mevt.target.name，如该名字是 pingguo 的时候，表示刚才鼠标单击的对象即 pingguo 实例，说明操作正确。

第 15 行是对将要显示在舞台上的对话框实例中的 guanbi 按钮添加了一个侦听，并将功能函数指向 xiaoshi。在功能函数 xiaoshi 中仅有一条 removeChild 语句，即第 18 行。可以这样理解，Sevt.target 代表了 guanbi 按钮实例本身，Sevt.target.parent 则代表了将要显示的对话框，要想将该对话框从舞台上移除只有通过其父一级对象即 Sevt.target.parent.parent，在本实例中为当前场景的 root（根容器）。

第 11 句是让 mifeng 显示在鼠标点击到的目标容器中，第 20 行是将需要显示的对话框添加到了场景根容器中显示出来。

★ 提示 在 Flash CS6 中如果需要用脚本将某些对象实例化，并添加到舞台或其他可显示的容器中，关键的两个命令就是：new 和 addChild 。这对命令组合不仅可以将元件库中已经做链接的元件进行实例化，而且还可以将某些扩展名为 as 的可显示文件类进行实例化。

7.4　拖拽功能的实现

7.4.1　拖拽功能涉及的基本语句

拖拽功能是 Flash 中最常见的功能，也最能体现 Flash 良好的交互性能。实现拖拽功能的基本语句有：

● startDrag();// 使目标对象进入被拖拽状态。

● stopDrag();// 使目标对象停止被拖拽状态。

● hitTestPoint();// 冲突检测语句，用于检测鼠标指针或者舞台实例与目标对象是否发生位置上的重叠，如重叠了则意味发生了冲突。

那么，什么情况下使被拖拽对象进入拖拽状态呢？通常情况下是当在该对象上鼠标指针按下的时候，当该对象开始进入拖拽状态后，该对象在舞台上的位置将随着鼠标指针位置的变化而移动；当鼠标指针弹起后，该对象的被拖拽状态被停止。

下面用两个简单的课件案例，以最简单的表达方式来演示拖拽功能的实现过程。

7.4.2 验证平行四边形的面积

本课件开始运行后的画面如图 7-10 所示。其中上面的标注 1、2、3 为后期给该截图添加的标注，标明这 3 处为可拖拽对象。

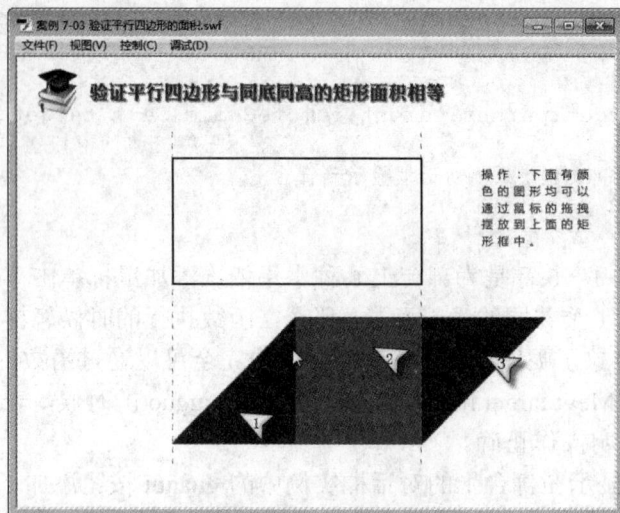

图 7-10 课件运行后的初步画面

将鼠标指针移动到画面中的蓝色区域（平行四边形），即标注为 1 或 2 或 3 的图形区域，按住鼠标左键同时移动鼠标，这时将会看到，所在位置的图形被拖拽了起来，将该对象拖拽到上方空白的矩形区域后，松开鼠标左键，该对象将停止了被拖拽的状态。如图 7-11 所示。

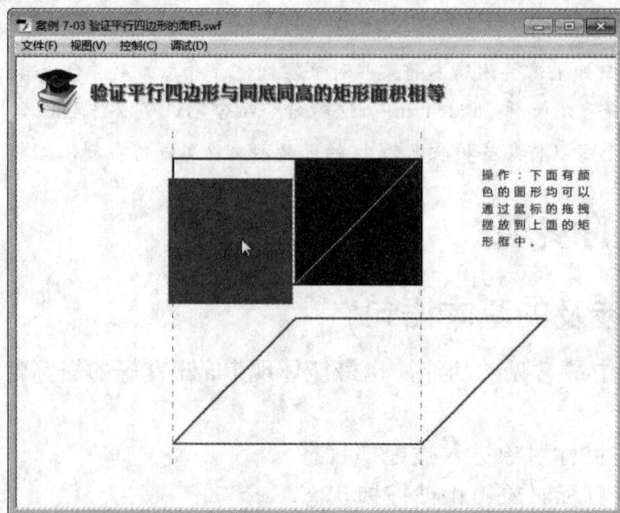

图 7-11 可移动对象被拖拽后的效果

操作步骤

在本实例中，可拖拽的对象只设计了 3 个，即如图 7-11 所示的 1、2、3，对舞台上出现的这 3 个可移动实例分别命名为：tuxing1，tuxing2，tuxing3。

在主时间轴上的"主要脚本"图层的第 1 帧单击选中，按键盘上的 F9 键进入到动作脚本编辑状态。依次输入下面的脚本内容：

```
1    import flash.events.MouseEvent;
2    tuxing1.addEventListener(MouseEvent.MOUSE_DOWN,yidong);
3    tuxing1.addEventListener(MouseEvent.MOUSE_UP,tingzhiyidong);
4    tuxing2.addEventListener(MouseEvent.MOUSE_DOWN,yidong);
5    tuxing2.addEventListener(MouseEvent.MOUSE_UP,tingzhiyidong);
6    tuxing3.addEventListener(MouseEvent.MOUSE_DOWN,yidong);
7    tuxing3.addEventListener(MouseEvent.MOUSE_UP,tingzhiyidong);
8    function yidong(Myevt:MouseEvent):void
9    {
10       Myevt.target.startDrag();
11   }
12   function tingzhiyidong(Myevt:MouseEvent):void
13   {
14       Myevt.target.stopDrag();
15   }
```

在本脚本段落中只有两个功能函数，即 yidong 和 tingzhiyidong，同时给 tuxing1、tuxing2、tuxing3 的鼠标按下和抬起事件的侦听进行添加。功能函数中执行的语句也很简单，即使目标对象拖动或停止拖动。

7.4.3 幼儿填色游戏

"幼儿填色游戏"课件案例仍然是一个与鼠标拖拽功能相关的实例，但是本实例的侧重点在于如何拾取舞台上可见元件实例的颜色值以及如何将取到的颜色值应用到鼠标点击到的目标对象上。

本实例中用到的主要语句、关键词有：

- ColorTransform;// 可使用该类调整显示对象的颜色值。可以将颜色调整或颜色转换应用于所有 4 种通道：红色、绿色、蓝色和 Alpha 透明度。
- for();// 使用 for 循环可以循环访问某个变量以获得特定范围的值。必须在 for 语句中提供 3 个表达式：一个设置了初始值的变量，一个用于确定循环何时结束的条件语句，以及一个在每次循环中都更改变量值的表达式。例如，下面的代码循环 5 次。变量 i 的值从 0 开始到 4 结束，输出结果是从 0 到 4 的 5 个数字，每个数字各占 1 行。

示例：

```
for (var i:int = 0; i < 5; i++)
{
    trace(i);
}
```

- getChildByName();// 在 ActionScript 3.0 中，可以用 getChildByName 来获取一个元件，默认的返回类型是 DisplayObject，如果该元件实例为某些特殊类型或者脚本类，可以用 as 关键字将其类型进行相应的转化。
- as;//as 可以理解为转换为，如 as Class 转换成 Class 类；as MovieClip 则转化为影片剪辑。需要注意：不是所有的对象都能够进行转化，只有对象类型接近的才可以。
- Mouse.hide();// 将鼠标指针从舞台上隐藏。

- hitTestPoint(mouseX,mouseY,true));// 用来探测某影片剪辑实例是否与鼠标指针位置发生了冲突。

1. 课件展示

课件运行后的画面如图 7-12 所示。

图 7-12　幼儿填色游戏

试着用已经被拖拽的毛笔对象在画面下方的颜色块中单击，可以发现，毛笔尖的颜色变成了所点击颜色块的颜色，然后在上面空白的图形区域内单击，如图 7-13 所示。

图 7-13　填色后的效果

2. 课件解析

在本实例中出现了与鼠标拖拽相关的另一个概念，即如何检测鼠标拖拽的物体与目标物体相互接触，即冲突的检测。本实例中的冲突检测主要是检测鼠标指针与目标对象是否发生了冲突，用到的语句是：hitTestPoint(mouseX,mouseY,true)。

拾取与设置舞台上可见元件实例的颜色主要是利用 ColorTransform 对象来实现的，ColorTransform 是一个与颜色变换相关的对象，除了记录颜色值以外，还有亮度、对比度等多种参数，在本实例中仅用到了 ColorTransform 对象的颜色设置与赋值。

因为本实例中用到的元件实例非常的多，例如可填充颜色对象有 33 个，颜色块对象有 44 个，为了操控这些对象，必须有规律地给这些元件实例命名。例如画面下方的 44 个颜色块依次命名为：yanse1、yanse2、……、yanse44。而可填充对象的 33 个元件实例依次命名是：tianse1、tianse2、……、tianse33。这些实例名称都是连续的，这便有助于我们利用循环语句进行检索并依次找到这些元件实例。

在处理的对象较多且数目一定的情况下，利用 for 循环语句是一个非常明智的选择。例如 100 以内的循环可以写为：

```
for (var i=1; i<=100; i++){
......
}
```

这些循环方式的书写方式与 JAVA 是一样的，但与以前 ActionScript 2.0 中的写法是略有区别的，因为 ActionScript 2.0 中简化了声明变量 i 的过程，而 ActionScript 3.0 中的变量是一定要事先声明的，虽然显得繁琐了一点，但使得语句的书写更加的规范和严谨。

本实例中还有一个语句的功劳非常大，那就是 as 语句，它可以快速完成数据类型的转化，例如：getChildByName("tianse22") as MovieClip，是将舞台上名为"tianse22"的实例强制转换为一个影片剪辑类型，实际上本实例中该实例的确是影片剪辑实例，这样使用的主要原因是让脚本迅速有规律的一一找到舞台上的这些对象。getChildByName 这个语句从字面上就很容易理解了，就是按照实例名字取得对象。

🖱 操作步骤

1 给画笔元件中笔尖元件实例命名

在舞台上已经为画笔元件实例命名为了"huabi"，双击 huabi 元件实例，进入到元件的编辑状态，单击笔尖部分，为该实例命名为"bijian"，如图 7-14 所示。

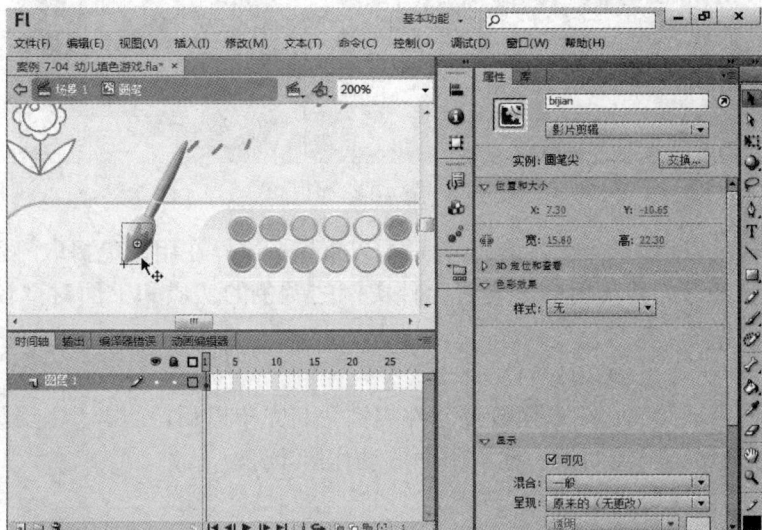

图 7-14 元件实例命名

因为在演示的时候，该笔尖的颜色要随着点击颜色块的不同而发生颜色变化的。在设计笔尖这部分图形的时候一定要保证笔尖图形部分一定要与元件"画笔"的坐标原点重合，这样设计的目的，主要是保证鼠标每一次点击，实质上都是点击在了"huabi"上，鼠标点击的侦听全部是为画笔准备的，对于舞台上其他的元件实例不需要给其设置鼠标点击的侦听，这样给我们后面的脚本编写带来了很大的便利。

2 给舞台上 33 个可填充颜色对象实例命名

舞台上面的天空、草地、河马身体、小鸟身体等 33 个可填充对象（影片剪辑类型的元件实例），依次命名为 tianse1、tianse2、……、tianse33。

这些可填充对象均为影片剪辑实例，其内容为一个已经填充为白色的图形区域。

3 给舞台上 44 个颜色对象实例命名

在舞台下方有 44 个颜色块（影片剪辑类型的元件实例），这些颜色块主要是用来保存相应的颜色信息，给这些颜色块依次命名为 yanse1、yanse2、……、yanse44。

4 设置 44 个颜色块的颜色属性

舞台上看到的 44 个颜色块，其图形实质是被填充为白色的圆形区域，每个颜色块之所以有颜色主要是在属性面板中为其设置的。

选中 yanse1 实例，在属性面板中打开【色彩效果】选项，样式选择【色调】，这时可以为该元件实例重新着色了，如图 7-15 所示。

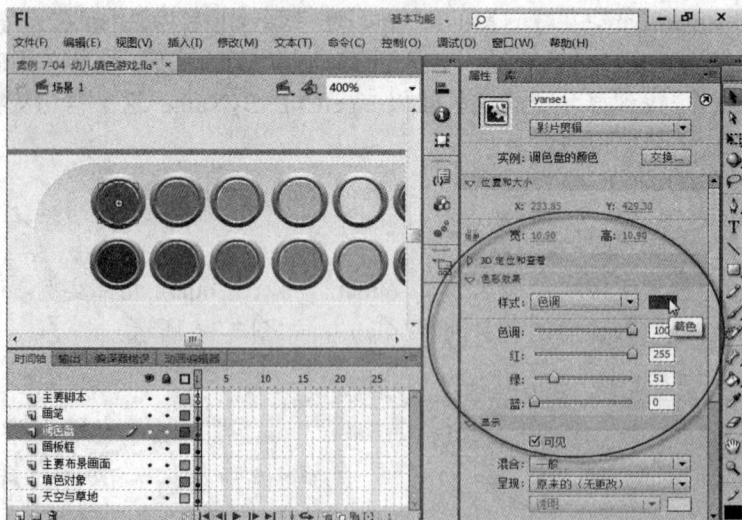

图 7-15　给元件实例着色

给这些实例着色以后，也将作为颜色数据得以保留，这样在用画笔提取颜色的时候，就可以得到这些颜色信息了。其实用脚本设置元件实例的颜色的实质和上面对舞台上元件实例的着色原理是完全一样的。

5 编写脚本

在前面所有的图形绘制、图形摆放及元件实例命名完毕以后，单击"主要脚本"图层的开始帧，按 F9 键打开动作编辑面板，输入下面的动作脚本。

```
1    import flash.events.MouseEvent;
2    import flash.geom.ColorTransform;
3    import flash.display.MovieClip;
```

```
4     var xuanquyanse:ColorTransform = new ColorTransform ;
5     xuanquyanse.color = 0xffffff;
6     var My_Clip:MovieClip;
7     Mouse.hide();
8     huabi.startDrag(true);
9     huabi.addEventListener(MouseEvent.CLICK,zhaose);
10    function zhaose(Myevt:MouseEvent):void
11    {
12        for (var i=1; i<=44; i++)
13        {//逐个检查一下画笔是否碰触到了44个颜色块
14            My_Clip = getChildByName("yanse"+i) as MovieClip;
15            if (My_Clip.hitTestPoint(mouseX,mouseY,true))
16            {
17             xuanquyanse.color = My_Clip.transform.colorTransform.color;
18             huabi.bijian.transform.colorTransform = xuanquyanse;
19            }
20        }
21    for (var s=1; s<=33; s++)
22        {//逐个检查一下画笔是否碰触到了33个填色对象
23            My_Clip = getChildByName("tianse"+s) as MovieClip;
24            if (My_Clip.hitTestPoint(mouseX,mouseY,true))
25            {
26                My_Clip.transform.colorTransform = xuanquyanse;
27                s = 34;
28            }
29        }
30    }
```

最后简要解释一下，第 14 行的 **My_Clip** 代表的是有可能取到的 44 个颜色块元件实例，而第 23 行的 **My_Clip** 代表的是有可能碰触到的 33 个填充颜色对象，我们姑且将 **My_Clip** 作为了一个影片剪辑类型的变量而已。

还需要指出的一点是第 27 行的赋值脚本，主要目的是每次为 1 个着色对象着色以后，使循环跳出来，不再向后检测，这样鼠标每次点击就只能给 1 个影片剪辑实例着色了。我们知道在填色的图形区域难免有图形交叠或遮盖的现象，如果没有这样的检测就有可能会使这些重叠区域的影片剪辑实例都被填充为同一种颜色，这也是本实例在后期做容错分析的时候添加上去的。

★ 提 示　对象拖拽功能是 Flash 中很常用的一个交互方式，关键性的指令只有两条：startDrag()和 stopDrag()。
应注意在 ActionScript 3.0 中拖拽脚本的表达方式与 ActionScript 2.0 脚本中是完全不一样的。例如：
ActionScript 2.0 中的写法是：startDrag(MC,true);
ActionScript 3.0 中的写法是：MC.startDrag(true);

7.5　基本绘图的实现

7.5.1　脚本绘图功能的实现方法

ActionScript 3.0 通过使用 Graphics （图形）类，为我们提供了绘制直线、曲线以及基本图形的功能。Graphics 类中的某些基本命令允许定义线条类型，以及在一系列的点上移动线条，还有为图形填充颜色等。这里所说放入 Graphics （图形）类在 Flash 中几乎是无处不在的。例如，根场景以及舞台上任何可视化容器中都包含有该对象，也就是说，脚本绘图功能都是在这些可视化容器的 Graphics 对象上来实现的。

例如，下面的语句就完成了在舞台上指定的两点之间画一条线的功能。

this.graphics.lineStyle(2,0xff0000,1);// 定义线条的类型（粗细、颜色、透明度）。

this.graphics.moveTo(100,100);// 设置线段的起点位置。

this.graphics.lineTo(400,400);// 设置线段的终点位置。

测试的结果是在舞台上的（100,100）到（400,400）两个坐标点之间画出了一条线条粗细为 2 像素、颜色为红色的直线。

如果涉及用鼠标操控随意绘制一些图形（鼠标手绘功能），那么可以通过一个进入帧事件（ENTER_FRAME）并辅以相应的绘图脚本来完成，如下面的脚本就是用来实现随着鼠标移动实现自由画线的功能。

```
this.graphics.lineStyle(0,0xef4136,1);
this.graphics.moveTo(320,240);//暂时设定一个画线的起点位置
this.addEventListener(Event.ENTER_FRAME,huaxian);
function huaxian(event:Event):void
{
    this.graphics.lineTo(this.mouseX,this.mouseY);
    //在每次进入帧事件发生后，画线的终点将随着鼠标位置的变化而变化
}
```

进入帧（ENTER_FRAME）是一个非常实用且使用频次最多的事件之一，也就是说，Flash 动画每进入下一帧画面，或者每经过一帧的时间，都会触发到该事件，而且该事件不受 stop() 命令的影响（stop 命令仅仅是使所在位置时间轴上的播放头不再前进），利用进入帧事件通常可以完成各种动画、特效，以及演示实时变化的内容。

上面的这段脚本，实现了简单的自由画线功能（基本的手绘功能），测试的结果如图 7-16 所示。

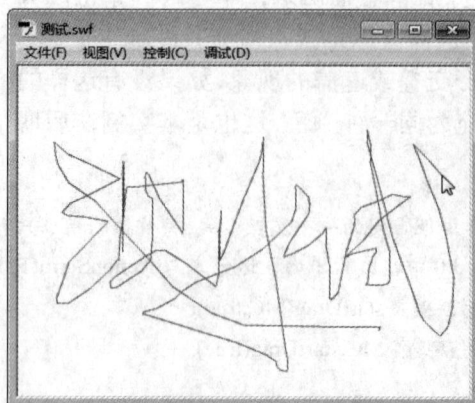

图 7-16　绘图结果

如果想要在鼠标指定的位置准确绘制一条直线，那么就必须用某变量记录发生鼠标点击事件时确定要开始绘图；当鼠标再次单击的时候，能够根据该变量值的变化，确定是绘图的终点位置，然后将这条线绘制出来。如下面的脚本所示。

var QiDian:int = 0;// 当鼠标尚未点击舞台或者画线工作结束的时候该变量为 0。

```
this.graphics.lineStyle(0,0xef4136,1);
this.addEventListener(MouseEvent.CLICK,dianji);
function dianji(evt:MouseEvent):void
{
    if (QiDian==0)
    {
        QiDian = 9;
        this.graphics.moveTo(mouseX,mouseY);
    }
    else
    {//执行到这里说明当前QiDian值为9，说明画线工作可以结束了
        QiDian = 0;
        this.graphics.lineTo(mouseX,mouseY);
    }
}
```

如果需要将脚本绘制的图形清除掉，那么可用脚本 clear() 来完成。当 clear() 执行以后，绘图脚本设置的线条类型、填充颜色等信息都将消失，当再次用到脚本绘图的时候需要重新设置这些信息。还有一点需要说明的是，这些画线操作并不是只在舞台上可以实现，在任意舞台上的可见实例中，都可以实现绘图功能，有些时候为了使新绘制出来的图形相互之间没有任何影响而独立存在，可以将这些线绘制在不同的实例中，当然还可以新创建空白的可视对象实例，将需要绘制的结果在该实例上展开。

下面通过一个具体的实例"制作连线题"课件来进一步了解脚本绘图功能的实现。

7.5.2 制作连线题

1. 课件展示

本课件运行后，单击任意一个灰色的椭圆区域，然后移动鼠标指针，则会在舞台上绘制出一条直线，如果连线未到达其他的灰色椭圆区域，则画线工作将一直继续下去，如果连线到达了正确的连接位置，本次的画线工作就会停止下来，然后可以开始其他的画线操作，如图 7-17 所示。

图 7-17 连线到达了正确位置

如果连线未到达正确位置，单击鼠标以后会弹出一个提示框，提示本次连线没有做对，需要重新连线，如图 7-18 所示。

图 7-18 连线不正确时出现对话框

2. 课件解析

要想完成本课件的上述功能，需要解决两个问题。一是实时绘制直线的功能，且每条线段之间都不能相互的影响；二是能够判断画线是否到达了正确的位置，以便给出相应的操作提示。

解决第一个问题的思路可以这样进行，首先准备好一个空的影片剪辑实例，用该影片剪辑实例作为容器，将需要绘制的直线绘制在上面。每次新画线之前都用脚本创建一个新的空影片剪辑实例，并且添加到前面准备好的空白影片剪辑实例中，用来在其上面展开画线的操作，保证了在对某些线段使用 clear() 指令的时候，不会影响到其他的线段。

判断直线连接是否正确的方式，可以通过判断画线前后两个对象的实例名称是否对应来判断。例如给上一排实例取名为：jia1、jia2、jia3、jia4，第二排的实例取名为 gou1、gou2、gou3、gou4。算法是这样的：如果连接的两个对象的实例名前 3 个字母是一样的，认为画线工作没有结束，还应该继续；只有当两个对象的实例名前 3 个字母不一致的时候，才表明允许在这两个对象之间绘制直线；在画线后判断一下两个对象的实例名最后的数字是否相等，来确定连线是否正确，如果连线正确了，则连线保留，否则连线被擦除掉，并且弹出一个提示对话框。

在前面的几个案例中我们已经接触到了逻辑运算符相等在 ActionScript 3.0 中是用 "=="来表示的，而不等于则是用 "!=" 来表示，单独的 "=" 是赋值语句，这与 VB、ASP 之类的语言表达方式是不一样的，需要留心一下。

操作步骤

1 画面设计

在图层"题目内容"中，设计了本实例需要的各种图形，完成题目的展示。

2 为脚本实现准备相应素材

选中"空白画板"图层，将图库中已经建好的"空画板"元件拖拽到舞台上，通过属性面板命名为"huaban"，并将其坐标原点调整为（0，0）。如图 7-19 所示。

图 7-19　设置元件实例名称以及位置

　　将库中"点击区域"元件（灰色的椭圆），拖拽到舞台上，分别摆放到相应的文字上面，按照前面的算法构思，将这 8 个元件实例依次命名为：jia1、jia2、jia3、jia4、 gou3、gou1、gou4、gou2。注意：为了本教程解说方便，这里是故意将椭圆图形上色的，在实际的应用中完全可以将这些椭圆区域设置为透明，或者缩小为一个圆点大小。

3 书写脚本

选中"脚本设计"图层的开始帧，按下 **F9** 键打开动作编辑面板，输入下面的脚本内容。

```
1  import flash.events.MouseEvent;
2  import flash.events.Event;
3  import flash.display.Graphics;
4  import flash.display.MovieClip;
5  var QiDianX:Number = 0;
6  var QiDianY:Number = 0;
7  var QiDianMing:String = "";
8  var ZhongDianMing:String = "";
9  var QiDian:int = 0;
10 var zhixian:Graphics;
11 //定义一个公用的图形对象，以便在下面的函数中均可使用，起到一个代号的作用
12 huaban.addEventListener(Event.ENTER_FRAME,huaxian);
13 function huaxian(evt:Event):void
14 {//该功能函数用来完成连线的绘制操作
15 if (QiDian==9)
16 {//该变量值为9则准备画线，当为0是表示画线结束
17     zhixian.clear();
18     zhixian.lineStyle(5,0x000000,1);
19     zhixian.moveTo(QiDianX,QiDianY);
20     zhixian.lineTo(mouseX,mouseY);
21 }
22 }
23 jia1.addEventListener(MouseEvent.CLICK,dianji);
24 jia2.addEventListener(MouseEvent.CLICK,dianji);
```

145

```
25  jia3.addEventListener(MouseEvent.CLICK,dianji);
26  jia4.addEventListener(MouseEvent.CLICK,dianji);
27  gou1.addEventListener(MouseEvent.CLICK,dianji);
28  gou2.addEventListener(MouseEvent.CLICK,dianji);
29  gou3.addEventListener(MouseEvent.CLICK,dianji);
30  gou4.addEventListener(MouseEvent.CLICK,dianji);
31  function dianji(Myevt:MouseEvent):void
32  {//该功能函数主要用来判断连线操作是否结束以及连线是否正确
33  if ( QiDian==0 )
34  {
35      QiDian = 9;
36      QiDianX = mouseX;
37      QiDianY = mouseY;
38      QiDianMing = Myevt.target.name;//取得起点对象的名称
39      var mc:MovieClip = new MovieClip ;
40      zhixian = mc.graphics;
41      //将新创建的影片剪辑实例的图形对象句柄引用到zhixian对象
42      huaban.addChild(mc);
43  }
44  else
45  {
46      ZhongDianMing = Myevt.target.name;//取得终点对象的名称
47      if (ZhongDianMing.substr(0,3) != QiDianMing.substr(0,3))
48      {//比较起点与终点实例名称的前3个字母,不同则允许画线结束
49          QiDian = 0;
50          if (ZhongDianMing.substr(3,1) != QiDianMing.substr(3,1))
51          {//比较起点与终点实例名称的第4个字符不同,意味着选择错误
52              var WT:wenti = new wenti ;
53              MovieClip(root).addChild(WT);//在舞台上显示对话框
54              zhixian.clear();//清除刚才绘制的连线
55          }
56      }
57  }
58  }
```

★提示   Flash CS6中用脚本绘制图形的功能是十分强大的,只要是在舞台上可以通过绘图工具面板绘制出来的图形,用绘图脚本就完全可以实现。

7.6 动画效果的实现

ActionScript 3.0脚本可以通过设置舞台上各种可见实例对象的颜色、透明度、位置、缩放等各种参数,来控制实例发生各种变化,如果这些变化过程是按照一定的时间节奏来完成的话,那么就成为了动画。这个时间节奏的控制可以由定时器来完成,也可以通过进入帧（ENTER_FRAME）事件来实现,为了脚本设计上的简便,通常的动画效果都利用进入帧（ENTER_FRAME）事件来完成。

基本上Flash中各种动画形式都可以由脚本来完成,而且脚本可以实现普通时间轴动画难以完成的复杂动画过程,弥补了普通时间轴动画很多的不足。下面通过"模拟布朗运动动画"课件范例对脚本动画进行初步的认识。

7.6.1　模拟布朗运动

布朗运动的实质是一个物体在一定空间内在位置上做随机移动的过程。元件实例位置的变化可以通过其 .x 与 .y 值的改变来实现。例如：this.x += 10，实现了当前对象水平向右移动 10 个像素。要想实现随机移动的效果，则上面的 10 应该用一个随机数代替。

ActionScript 3.0 脚本中 Math.random()语句是一个随机函数。利用该函数可以取得 0 到 1 之间的随机小数，如果想得到一个大于 1 的随机值，则需要再乘以一定的数值来实现。例如：

```
60 * Math.random();
```

运算结果，就是得到了 60 以内的一个随机数值。如果想要取得一个整数结果，可以通过一个取整函数来实现。例如：

```
uint(60 * Math.random());
```

运算结果就是 60 以内的随机整数。

我们知道随机运动的方向是上下左右皆有可能，也就是说，这个随机数值有可能为负值，目前 ActionScript 3.0 脚本中尚未提供一个随机正负号的语句或函数，要想使得到一个随机的正负数值可以通过下面的计算来实现。

```
30-uint(60 * Math.random());
```

运算的结果就是 –30 到 +30 之间的随机整数。

1. 课件展示

课件的运行效果如图 7-20 所示。

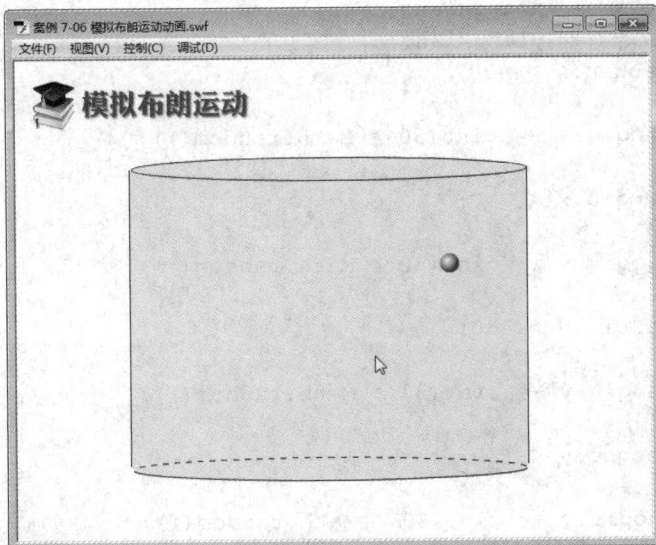

图 7-20　模拟布朗运动案例运行效果

可以看到蓝色的小球（质点）在指定的范围内做随机的运动。

2. 课件解析

蓝色小球在舞台上做随机运动的动画原理通过上面的分析，算法已经解决了。但是要想使小球在指定的范围内来运动，如限制小球在图 7-20 所示的圆柱形的杯子中随机变化，必须设计一些控制脚本。首先想到的是可以通过冲突检测（hitTestObject）方式实现，也就是实时检测小球与杯子对象是否发生冲突，如果发生了冲突则表示，蓝色小球一直在杯子内做随机的运动，否则小球已经运动到了杯子的外面。如果有些用户觉得这个冲突检测使用起来不太习惯的话，还可以直接用简单的 if 条件判断横纵坐标值来实现，这对于比较规则的图形来说也是一个不错的选择。

在本实例中将会用到坐标值增加或减去一定数值的操作，例如下面的两种写法是一样的。

```
xiaoqiu.y += 100;
xiaoqiu.y =xiaoqiu.y+100;
```

在 ActionScript 3.0 中的脚本书写方式更倾向于第一种的写法。

操作步骤

1 实例命名

选中舞台上的蓝色小球实例，在属性面板中命名为"xiaoqiu"。选中舞台上小球底部的圆柱形杯子实例，将其命名为"beizi"。

2 添加脚本

选中"主要脚本"图层的开始帧，按 F9 键打开动作编辑面板，输入下面的脚本内容。

```
1  var xfangxiang:int = 0;
2 var yfangxiang:int = 0;
3 this.addEventListener(Event.ENTER_FRAME,bulang);
4 function bulang(evt:Event):void
5 {
6   xfangxiang=30-uint(60 * Math.random());//得到-30到+30之间的随机整数
7   yfangxiang=30-uint(60 * Math.random());
8   xiaoqiu.x += xfangxiang;
9   xiaoqiu.y += yfangxiang;
10  if (xiaoqiu.x > 490)
11  {
12      xiaoqiu.x -= uint(30 * Math.random());
13  }
14  if (xiaoqiu.x < 150)
15  {
16      xiaoqiu.x += uint(30 * Math.random());
17  }
18  if (xiaoqiu.y > 380)
19  {
20      xiaoqiu.y -= uint(30 * Math.random());
21  }
22  if (xiaoqiu.y < 130)
23  {
24      xiaoqiu.y += uint(30 * Math.random());
25  }
26/*    if (! xiaoqiu.hitTestObject(beizi))
27  {///利用冲突检测的结果调整小球的运动方向
28      xiaoqiu.x -= xfangxiang;
29      xiaoqiu.y -= yfangxiang;
30  }*/
31}
```

脚本中第 26 行到 30 行用块注释掉了，这是课件分析中想到的第一种实现算法，也就是检测到小球已经逃逸到杯子外面的时候，使小球向反方向运动，以便使小球回到杯子的内部。实际测试中，发现用 if 条件判断坐标区域的方式实现的结果，可以使质点运动被限制的范围更加准确一点。

7.6.2　模拟平抛运动

平抛运动是高中物理非常重要的一个知识点，是运动的合成与分解中非常典型的例子。下面我们通过"模拟平抛运动"课件，利用 ActionScript 3.0 脚本把它描述出来。

1. 课件展示

本课件运行后的画面如图 7-21 所示。

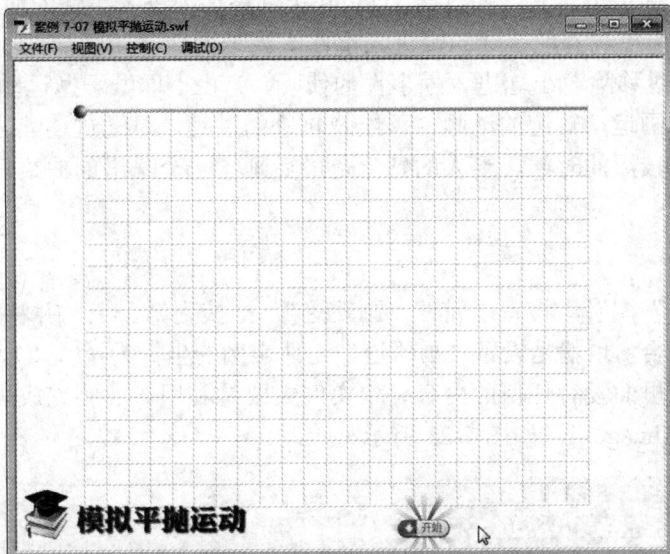

图 7-21　课件运行后初始画面

单击画面中的"开始"按钮，小球从起点位置开始向右做平抛运动，同时后面伴随一条灰色的轨迹被实时绘制出来，如图 7-22 所示。

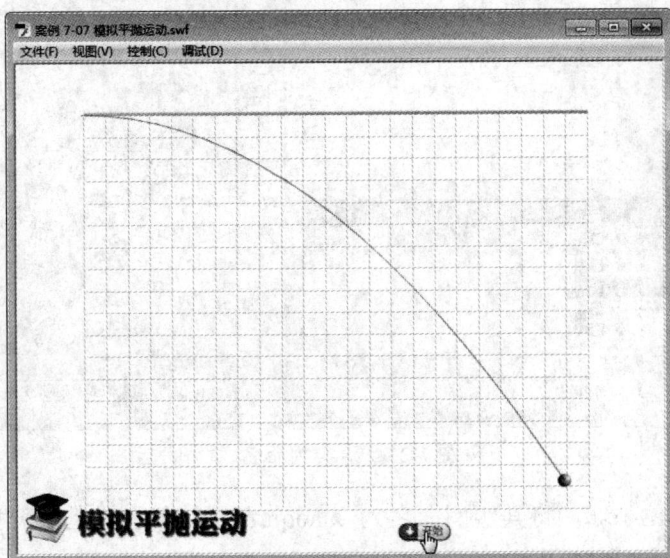

图 7-22　蓝色小球做平抛运动

2. 课件解析

小球做平抛运动的动画原理和前面的模拟布朗运动是一样的，仍是利用通过侦听帧进入事件来完成，并使小球运动到指定位置停止下来，如小球到达了地面位置或将要飞出舞台的显示范围，则是通过移除对该事件的侦听来实现。

本实例中用"开始"按钮来控制动画的进行，增强了人机交互的效果。实现原理是：当单击该按钮的时候，先对动画环境以及相关参数做初始化设置，一旦对小球的帧进入事件进行侦听以后，小球做平抛运动的动画便开始了。所以本实例中设计了两个功能函数，一个用来响应对"开始"按钮的鼠标单击事件，通过给 xiaoqiu 实例添加帧进入事件的侦听启动后面的动画过程；另一个函数式响应对蓝色小球的帧进入事件实现平抛运动动画，且当探测到小球位置超出演示范围以后，通过移除对小球进入帧事件的侦听，停止小球做平抛运动的动画过程。在小球运动过程中设计了画运动轨迹的动画，该绘画轨迹的过程，是通过连续画线脚本来实现的，当连续画线间的距离较短的时候，给人的感觉是最后画了一个平滑的曲线。

操作步骤

1 实例命名

选中"单设画板"图层，将库中元件"画轨迹"，拖拽到舞台上，并将该实例的坐标原点与舞台的坐标原点重合，也就是设置"画轨迹"元件实例的坐标为（0，0）。"画轨迹"元件是一个空的影片剪辑，里面没有任何的内容，本实例主要是利用该实例完成画轨迹曲线的功能。最后将该实例命名为 huaguiji，如图 7-23 所示。

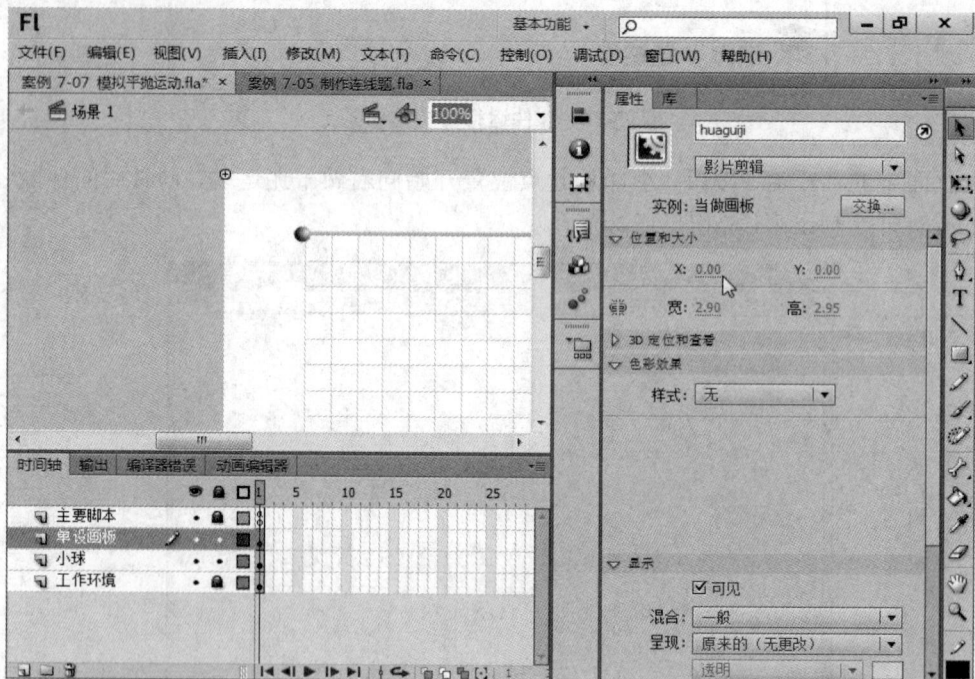

图 7-23 给实例命名

选中舞台上的蓝色小球，将其实例命名为 xiaoqiu；选中舞台上的"开始"按钮，将其实例命名为 OK。

2 添加动作脚本

单击"主要脚本"图层的开始帧，按 F9 键打开动作编辑面板，输入下面的动作脚本。

```
1   var sudu:Number = 25;//设定每帧画面小球在水平方向移动的距离
2   var shijian:Number = 0;
3   var x_chushizhi:Number = 0;
4   var y_chushizhi:Number = 0;
5   x_chushizhi = xiaoqiu.x;
6   y_chushizhi = xiaoqiu.y;//用变量记录下小球最初的位置
7   OK.addEventListener(MouseEvent.CLICK,kaishi);
8   function kaishi(Myevt:MouseEvent):void
9   {
10  xiaoqiu.x = x_chushizhi;
11  xiaoqiu.y = y_chushizhi;
12  shijian = 0;
13  huaguiji.graphics.clear();
14  huaguiji.graphics.lineStyle(0,0,0.4);
15  huaguiji.graphics.moveTo(xiaoqiu.x, xiaoqiu.y);
16  xiaoqiu.addEventListener(Event.ENTER_FRAME,pingpao);
17  }
18  //给小球设置好初始位置，添加对帧进入事件的侦听使运动开始；
19  function pingpao(Sevt:Event):void
20  {
21  shijian++;
22  xiaoqiu.y = y_chushizhi + shijian * shijian;
23  //小球在竖直方向做初速度为0的匀加速运动
24  xiaoqiu.x +=  sudu;
25  //使小球在水平方向做匀速直线运动
26  huaguiji.graphics.lineTo(xiaoqiu.x, xiaoqiu.y);
27  //从小球起抛位置开始将小球在每帧画面中的变化位置连起来；
28  if (xiaoqiu.x > 560 || xiaoqiu.y > 400)
29  {
30      xiaoqiu.removeEventListener(Event.ENTER_FRAME,pingpao);
31  }
32  }//当小球将要超出某个位置的时候，移除对帧进入事件的侦听，动画停止
```

脚本添加完毕，本课件就制作完成了。

7.6.3　模拟绳波的形成

模拟绳波的形成是研究机械波中横波特点的最典型实例，是高中物理教学中非常重要的知识点之一。其实模拟绳波的形成是一个非常有规律的动画过程，其特点就是绳子上各质点水平位置不动，仅在竖直方向上按照正弦函数的特点进行上下运动，所以这是模拟该动画的关键之一。绳子上各质点如果要按照一定的时序开始启动的话，动画的另一个关键点就是，增加一个控制各质点时序的参数。本实例中用到了一个新的语句：Array，即数组。数组是一个特殊的变量形式，可以按照一定的规律按顺序存取一系列的变量值，在 ActionScript 3.0 编程中是使用频率非常大的语句之一。下面以"模拟绳波的形成"课件范例展开下面的学习之旅。

1. 课件展示

本课件运行后的画面如图 7-24 所示。

图 7-24　课件启动后的画面

单击画面上的"开始"按钮，舞台上 31 个小球质点按顺序自左向右依次起振，动画效果如图 7-25 所示。

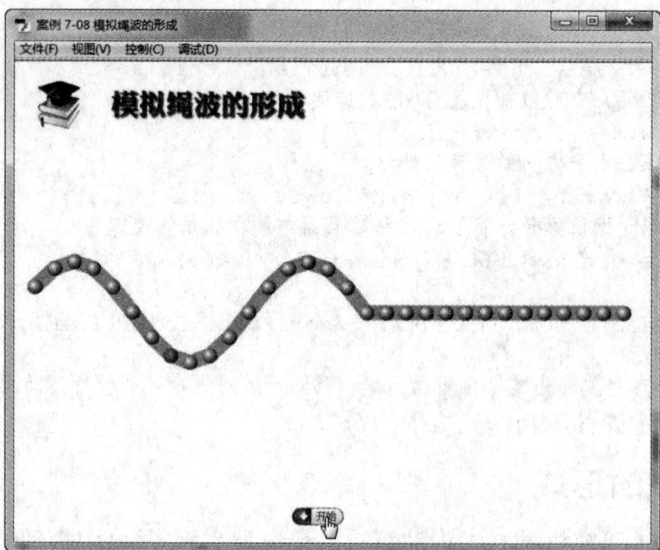

图 7-25　开始动画演示

2. 课件分析

绳波的动画过程仍然是依靠帧进入事件来实现的。点击"开始"按钮之前舞台上各质点保持在原位置不动，在点击"开始"按钮之后，通过给舞台实例添加一个侦听帧进入事件，来启动动画。

我们预先定义当与质点标号相同下标的数组（jiaodu）中的数值大于 0 的时候，相应地该质点才开始做竖直位置的运动，例如：zhidian10 实例对应的数组变量为 jiaodu[10]。在初始化的时候通过一个循环，给 jiaodu 数组中的各变量重新赋值，参考下面的脚本：

```
for (var i:int=0; i<=30; i++)
{
    jiaodu[i] = - i;
}
```

执行上面循环的结果就是 jiaodu[10]=–10，而每次帧进入事件发生后该变量值加 1，所以确定了质点 zhidian10 将在第 10 帧时间以后开始启动。

🖱 操作步骤

1 实例命名

舞台上的小球质点一共有 31 个，为这些实例自左向右依次命名为：zhidian0、zhixian1、zhidian2、……、zhidian30。为舞台上"开始"按钮实例命名为 OK。

2 添加脚本

单击"主要脚本"图层的开始帧，按 F9 键打开动作编辑面板，输入下面的动作脚本。

```
1   import flash.display.MovieClip;
2  import flash.events.Event;
3  var jiaodu:Array = new Array ;
4  var My_Clip:MovieClip = new MovieClip ;
5  this.graphics.clear();
6  this.graphics.lineStyle(15,0xff9933,1);
7  this.graphics.moveTo(zhidian0.x,zhidian0.y);
8  this.graphics.lineTo(zhidian30.x,zhidian30.y);
9  //在质点底部画一条横线模拟一条绳子;
10  OK.addEventListener(MouseEvent.CLICK,kaishi);
11  function kaishi(Myevt:MouseEvent):void
12  {
13  for (var i:int=0; i<=30; i++)
14  {//初始化质点开始位置以及相关参数值
15      jiaodu[i] = - i;
16      My_Clip = getChildByName("zhidian"+i) as MovieClip;
17      My_Clip.y = 250;
18  }
19  this.addEventListener(Event.ENTER_FRAME,hengboxingcheng);
20  }
21  function hengboxingcheng(evt:Event):void
22  {
23  this.graphics.clear();
24  this.graphics.lineStyle(15,0xff9933,1);
25  for (var i:int=0; i<=30; i++)
26  {
27      jiaodu[i]++;
28      My_Clip = getChildByName("zhidian"+i) as MovieClip;
29
30      if (jiaodu[i] > 0)
31      {
32          My_Clip.y = 250 - 50 * Math.sin(jiaodu[i] * Math.PI / 6);
33      }
34      if (i==0)
35      {//确定第一个质点位置作为画线的起点
36          this.graphics.moveTo(My_Clip.x,My_Clip.y);
```

153

```
37          }
38          else
39          {
40              this.graphics.lineTo(My_Clip.x,My_Clip.y);
41          }
42      }
43  }
```

7.6.4　模拟 PPT 幻灯片切换效果

PowerPoint 是很多人都非常熟悉的一款演示软件,其丰富多彩的页面切换效果,为很多课件的演示增加了迷幻的色彩。其实这些页面切换效果 Flash 完全能够实现,而且可做得效果比PPT 幻灯片更多更漂亮。

1. 课件展示

本课件运行后的画面如图 7-26 所示。

点击舞台上标号为 1 或 2 或 3 的按钮,课件开始动态页面的切换动画,效果如图 7-27所示。

图 7-26　课件运行的初始画面　　　　　　　图 7-27　切换效果展示

2. 课件解析

Flash 中的页面切换效果实质就是一种遮罩动画。这样的切换效果至少需要由两个影片剪辑来实现,一个作为被遮罩层,在效果完成后完全显露;另一个是遮罩层,里面的图形区域是一个渐进覆盖的动画过程,当该动画结束时,遮罩层里面的图形全部将被遮罩层完全覆盖,而因为遮罩特性,反而使被遮罩的影片剪辑内容完全地显示出来。遮罩动画不仅可以在时间轴上实现,也可以完全地由脚本实现,而由脚本实现的遮罩动画会更加的丰富绚丽。

为演示课件中的切换效果,本实例特意设计了多个图层,分别命名为"切换前画面"、"切换后画面"、"动作按钮"、"主要脚本"等,从图层的命名就应该可以看出每个图层所存放的实例内容。例如"切换前画面"图层中的图形或实例完全是配合遮罩动画效果而安排的,该图层并不是遮罩效果层也没有参与遮罩动画效果的实现。而"切换后画面"图层中的影片剪辑实例才是将要被添加遮罩效果的,该影片剪辑实例命名为"zhanshi"。如图 7-28 所示。

图 7-28　遮罩效果图层

遮罩动画在本实例中一共设计了 3 个，为了更加直观地演示，此 3 个实例都是由时间轴动画实现的，存放到了元件库中，如"效果圆渐变"、"效果左擦除"、"效果百叶窗"，并且命名了类的名称，如：yuanjianbian、zuocachu、baiyechuang。

双击"效果左擦除"影片剪辑元件，进入编辑状态，可以很明显地看到，该影片剪辑的内容其实就是一个具有填充渐变色的图形自左向右运动的传统补间动画过程。如图 7-29 所示。

图 7-29　传统补间动画

该影片剪辑的坐标原点是在画面的左上角，这样做便于当该影片剪辑被加载到舞台上的时候，能够在不指定其坐标位置的时候自动与舞台的坐标原点重合，从而减少了一部分脚本书写的开支。其余的两个遮罩动画效果也是如此设计的。

为了使 3 个作为遮罩动画的影片剪辑实例加载到舞台上时相互之间不存在任何影响，必须做到在任一时刻舞台上只能有一个这样的影片剪辑实例存在。所以在脚本中定义了一个 xiaoguo 的空影片剪辑，来作为 3 个遮罩动画效果剪辑实例的容器。这样当加载一个新的影片剪辑实例时，务必要将 xiaoguo 中所有的显示对象全部清除，该算法由下面的一个循环语句来实现：

```
while (xiaoguo.numChildren>=1)
    {
        xiaoguo.removeChildAt(0);
    }
```

While 是一个循环语句，当满足其括号内条件时，其所包含的语句将一直执行下去。removeChildAt(0)语句是将指定容器中最底层的可视实例从该容器中移除出去。所以上面整个语句体所起到的作用是将 xiaoguo 实例中的所有显示内容清空，这是很简捷实用的一种清空容器方式，以后会有很多地方用到这样的算法。

🖱 操作步骤

1 实例命名

在本课件中需要命名的影片剪辑实例主要有"切换后画面"图层中的 zhanshi，还有"动作按钮"图层中的 3 个动作按钮，依次被命名为：bt1、bt2、bt3。

2 添加脚本

单击"主要脚本"图层的开始帧，按 F9 键打开动作编辑面板，输入下面的动作脚本。

```
1   import flash.events.MouseEvent;
2  import flash.display.MovieClip;
3  var xiaoguo:MovieClip = new MovieClip ;
4  this.addChild(xiaoguo);
5  //xiaguo剪辑实例主要是作为加载库中元件实例的容器
6  xiaoguo.cacheAsBitmap = true;
7  zhanshi.cacheAsBitmap = true;
8  //打开各影片剪辑实例的缓存位图模式，实现被遮罩对象与遮罩图形效果融合
9  zhanshi.mask = xiaoguo;
10  bt1.addEventListener(MouseEvent.CLICK,qiehuanxiaoguo);
11  bt2.addEventListener(MouseEvent.CLICK,qiehuanxiaoguo);
12  bt3.addEventListener(MouseEvent.CLICK,qiehuanxiaoguo);
13  function qiehuanxiaoguo(evt:MouseEvent):void
14  {
15  var qiehuan=new MovieClip
16  if (evt.target.name == "bt1")
17  {
18      qiehuan = new yuanjianbian ;
19  }
20  if (evt.target.name == "bt2")
21  {
22      qiehuan = new zuocachu ;
23  }
24  if (evt.target.name == "bt3")
25  {
26      qiehuan = new baiyechuang ;
27  }
28  while (xiaoguo.numChildren>=1)
29  {
30      xiaoguo.removeChildAt(0);
31  }
32  //清空xiaoguo中的显示对象；
33  xiaoguo.addChild(qiehuan);
34  }
```

★ **提 示** 利用脚本实现动画的基本原理就是让运动的物体在等时间间隔内做位置、大小、颜色等各属性的变化，从而实现动画效果。这个等时间间隔可以由帧进入、帧退出等事件产生，也可以由定时器提供。

7.7 动态加载外部文件

在课件制作过程中，有些时候需要通过加载外部的图片、Flash、音乐、影片、数据等来对当前课件进行丰富和完善，通过加载外部文件使课件制作变得更加简单。例如，可以把一个内容分解成多个片段，然后通过加载的方式进行播放，使得每段演示内容制作难度和复杂程度都大大降低，同时还可以最大限度地对课件表达内容进行扩充。

7.7.1 加载 Flash 影片

ActionScript 3.0 脚本对于控制外部 Flash 影片的加载可能比 ActionScript 2.0 脚本稍烦琐一点。例如，需要用到 Loader 以及 URLRequest 对象来配合完成，而在 ActionScript 2.0 中一条 loadMovie 傻瓜式的命令就完成了，这往往也是很多初次接触 ActionScript 3.0 脚本的用户比较迷惑的原因之一。但是 ActionScript 2.0 中没有提供报错的监测机制，当外部文件不存在或者读取过程中出现错误时，不管是什么错误，ActionScript 2.0 都是不予理会而是进行静默处理，不会给用户提供一个问题反馈机制，告诉问题出在了何处，所以说 ActionScript 2.0 在这一点上就比 ActionScript 3.0 稍逊一筹了。

本实例中用到的主要语句有：
● Loader;// 加载器，常用来加载外部的 Flash 影片或图片。
● URLRequest(字符串);// 格式化字符串为规则的地址表达方式。
● SoundMixer.stopAll();// 将所有正在播放的声音停止。

1. 课件展示

本课件运行后出现如图 7-30 所示的画面。

图 7-30　课件运行的画面

单击画面中的"继续"按钮，课件开始加载外部的一个 Flash 影片并开始播放，如图 7-31 所示。

图 7-31　加载外部 Flash 影片的效果

再单击画面中的"卸载"按钮后，刚才加载的影片就从舞台上消失了。当然这个外部影片中没有声音内容，所以看不到了就认为是影片被完全地"卸载"了。其实如果这个影片是一个有声音内容的影片的话，那么声音内容可能还会一直延续到声音播放完为止，这是 ActionScript 3.0 显示机制造成的，可视容器内只会显示可以看到的图形画面，而声音等其他的非可视内容会交由其他的对象进行处理。所以为解决这个问题，在影片卸载环节还是增加了一个声音停止的命令：SoundMixer.stopAll()。

2. 课件解析

在选择外部的 Flash 影片的时候，特意选择了一个舞台尺寸大于当前影片尺寸的影片。所以如果不对加载后的尺寸处理的话，舞台上只能看到一小部分的画面。为此，针对影片加载结束事件增加了一个侦听，在相应的处理函数中特意把外部影片的尺寸调整为与当前舞台尺寸比较匹配的尺寸大小，这是最为恰当和推荐的处理办法。除此之外，还可以通过调节加载容器本身的缩放比例来对显示内容的舞台尺寸做调节，在后面的脚本内容中给出了这样的示例，只是暂时给注释掉了，这里也是旨在给用户提供更多一些的解决方案。

对于加载外部文件，已经不再是 ActionScript 2.0 时代直接写字符串了，必须经过 URLRequest 对象将其进行格式化才行，这也是目前绝大多数的脚本语言都采取的一种方案。

较为简捷的表达方式为：

```
new URLRequest("medias/flash.swf")
```

这样就得到了字符串中所表达地址的一种标准路径表达方式，即地址表达。加载外部数据的脚本都必须通过该标准的路径进行外部数据的加载。

对于影片的卸载过程，利用了清空显示容器中显示对象的方式来实现，同时增加了一个停止所有声音播放的语句。如下所示：

```
while (MyMovie.numChildren>=1)
{
    MyMovie.removeChildAt(0);
}
SoundMixer.stopAll();
```

语句中提到的 **MyMovie** 是脚本预先创建的一个空白影片剪辑，并且已经加载到了舞台上。它为将要加载的外部影片提供了一个可显示容器，同时也给清除加载对象带来了脚本设计上的便利。

操作步骤

1 实例命名

在舞台上只有 2 个需要命名的实例，即"继续"按钮和"卸载"按钮，分别命名为：jiazai、xiezai。

2 添加脚本

单击"主要脚本"图层的开始帧，按 F9 键打开动作编辑面板，输入下面的动作脚本。

```
1 import flash.display.Loader;
2 import flash.net.URLRequest;
3 import flash.display.MovieClip;
4 import flash.media.SoundMixer;
5 var MyMovie:MovieClip = new MovieClip ;
6 addChild(MyMovie);//创建一个空的影片用来做显示容器
7 jiazai.addEventListener(MouseEvent.CLICK,yingpianjiazai);
8 function yingpianjiazai(evt:MouseEvent):void
9 {
10  var myflash:Loader = new Loader ;
11  myflash.load(new URLRequest("medias/flash.swf"));
12
    myflash.contentLoaderInfo.addEventListener(Event.COMPLETE,tiaozheng
);
13  //myflash.load(new URLRequest("medias/tupian.jpg"));;
14  function tiaozheng(Myevt)
15  {
16      Myevt.currentTarget.content.width = 480;
17      Myevt.currentTarget.content.height = 320;
18  }
19  MyMovie.addChild(myflash);
20  //MyMovie.scaleX = 0.5;
21  //MyMovie.scaleY = 0.5;
22 }
23 xiezai.addEventListener(MouseEvent.CLICK,yingpianxiezai);
24 function yingpianxiezai(evt:MouseEvent):void
25 {
26  while (MyMovie.numChildren>=1)
27  {
28      MyMovie.removeChildAt(0);
29  }
30  SoundMixer.stopAll();
31 }
```

需要解释的一点是，脚本的第 13 行是用来测试加载外部图片的，现在留给用户自行测试，同时也旨在说明加载外部图片或 Flash 使用方法是一样的。

7.7.2　音乐欣赏

对于外部音乐的加载以及播放是分这样几个环节来实现的。首先是创建一个声音通道，如同影片剪辑实例同样需要一个可视容器一样，该通道即为声音播放对象的一个容器。声音对象就如同影片剪辑实例一样可以被创建，并用来加载外部的声音文件。在外部文件加载过程中会发生各种事件，例如：数据加载完毕、文件没找到等各种信息，通过对这些事件进行侦听并通过一些功能函数反馈出来，使得用户对数据的加载情况知道得更加清晰。另外，对于声道对象在播放声音过程中也会触发很多的事件，例如：声音播放完毕等，用户都可以对此进行侦听。

如果想要声音停止播放，可以使用最简单的方法就是使所有的声音停止下来的命令，如：SoundMixer.stopAll()。

本实例中用到的主要语句和有关事件有：

- SoundChannel;// 声道，可以说是播放声音对象的容器。利用该对象可以实现声音对象的播放、停止、音量调节等操作。
- Sound;// 用来加载外部的声音文件。
- IOErrorEvent.IO_ERROR;// 在脚本读取外部文件出错时会触发该事件，利用脚本对该事件进行监听，则可以对文件加载情况有一个准确的反馈。
- Event.COMPLETE;// 很多加载外部数据过程结束后都会触发该事件。
- Event.SOUND_COMPLETE;// 在声音对象播放声音结束时触发该事件。

1. 课件展示

本课件运行后，可以看到一幅模拟瀑布的遮罩动画，如图 7-32 所示。

图 7-32　课件运行画面

单击画面中的"继续"按钮，一首清新的背景音乐就开始播放出来了，单击"停止"按钮后，声音停止下来。

2. 课件解析

本实例的重点主要是如何体会外部声音文件的加载机制以及加载方法。对外部声音文件加载过程中出现了很多加载其他文件所涉及不到的概念以及事件，所以在脚本的前面大部分是脚本类的引用，例如：

```
import flash.events.IOErrorEvent;
import flash.events.EventDispatcher;
import flash.media.Sound;
import flash.media.SoundChannel;
import flash.media.SoundMixer;
```

这些引用在本实例中也许不是必需的，但需要用户有所了解，因为如需将脚本放到一个外部的脚本文件中去，成为一个外部类的话，则这些引用是完全不能少的，否则就无法运行。

📖 **操作步骤**

1 实例命名

在舞台上只有 2 个需要命名的实例，即"继续"按钮和"停止"按钮，分别命名为：bofang、tingzhi。

2 添加脚本

单击"主要脚本"图层的开始帧，按 F9 键打开动作编辑面板，输入下面的动作脚本。

```
1 import flash.events.Event;
2 import flash.events.IOErrorEvent;
3 import flash.events.EventDispatcher;
4 import flash.media.Sound;
5 import flash.media.SoundChannel;
6 import flash.media.SoundMixer;
7 import flash.net.URLRequest;
8 import flash.events.MouseEvent;
9 bofang.addEventListener(MouseEvent.CLICK,yinyue);
10 function yinyue(evt:MouseEvent):void
11 {
12   var musicchannel:SoundChannel;
13   var musicsound:Sound=new Sound();
14   //初始化定义一个SoundChannel和Sound对象
15   musicsound.load(new URLRequest("medias/音乐欣赏.mp3"));
16   musicsound.addEventListener(IOErrorEvent.IO_ERROR, onIOError);
17   //对出现IO错误进行侦听
18   musicsound.addEventListener(Event.COMPLETE, onLoadingComplete);
19   //对文件加载结束事件进行侦听
20   musicchannel = musicsound.play();
21   //在自定义的SoundChannel里面播放Sound对象
22   musicchannel.addEventListener(Event.SOUND_COMPLETE, onPlayEnd);
23   //对声道播放声音结束事件进行侦听
24   function onLoadingComplete(evt:Event):void
25   {
26       trace("音乐文件加载完毕！");
27   }
28   function onIOError(evt:Event):void
29   {
30       trace("对不起！没有找到您指定的音乐文件！");
```

161

```
31  }
32  function onPlayEnd(evt:Event):void
33  {
34      trace("音乐播放完毕！");
35  }
36}
37tingzhi.addEventListener(MouseEvent.CLICK,jingyin);
38function jingyin(evt:MouseEvent):void
39{
40  SoundMixer.stopAll();
41}
```

7.7.3　电影欣赏

在制作课件时，难免需要在课件中调用外部的一些 FLV 影片，如果对 FLV 影片加载脚本的编写不太熟悉，通常也会采用一些组件加载或者加载外部携带 FLV 影片的 Flash 影片来实现。

下面介绍的是一个完全通过脚本方式完成对外部 FLV 影片进行加载卸载控制的实例。通过这个实例可以进一步对 ActionScript 3.0 加载外部影片的机制、方式、方法有一个全新的了解，在以后制作课件的过程中可以实现更灵活的对外部 FLV 影片的操控。

1　课件展示

本课件运行后，可以看到一个影院的画面布景，如图 7-33 所示。

图 7-33　课件运行的初始画面

单击画面中的"继续"按钮，一首红楼梦插曲《枉凝眉》的 MV 便呈现在了我们的面前，如图 7-34 所示。

图 7-34　加载外部 FLV 影片

2 课件解析

FLV 影片是一种特殊的媒体对象，除了有动态变化的画面以外，通常还会有相应的伴音出现。通过脚本加载外部的 FLV 影片首先必须了解下面几个对象：NetConnection、NetStream、Video。

NetConnection 类在客户端和服务器之间创建双向链接，这个链接仅仅是起到打开一个通道链接外部影片的作用，这是加载外部 FLV 影片过程必须用到的途径。

NetStream 类通过 NetConnection 打开了一个单向流通道，然后使用 NetStream 类可以执行以下操作：

- 调用 NetStream.play()，从本地磁盘、Web 服务器或 Flash Media Server 播放媒体文件。
- 调用 NetStream.publish()，以将视频、音频和数据流发布到 Flash Media Server。
- 调用 NetStream.send()，将数据消息发送给所有订阅客户端。
- 调用 NetStream.send()，向实时流添加元数据。
- 调用 NetStream.appendBytes()，将 ByteArray 数据传入 NetStream。

在本实例中我们仅仅用到了第一项操作。

对外部 FLV 影片的播放与加载其他的数据不同，因为该影片并没有真正地加载进 Flash 影片内部，而只是通过链接的方式读取播放数据。所以为了实时的监测媒体文件的播放进度，还需要通过一个媒体对象来对相应的播放数据进行采集，而通过这些采集到的媒体信息、状态，还可以实时地检测影片的播放进度并可以实时地对播放的进度加以控制。下面的脚本就是完成这些功能的。

```
var metaObject:Object=new Object();
metaObject.onMetaData = onMetaData;
function onMetaData(datainfo:Object):void
{//用来实时监测和控制影片的播放进度
}
myNs.client = metaObject;
```

通过 NetStream 对象实现对外部的 FLV 影片进行播放操作，都是"私底下"偷偷进行的，在舞台上是根本看不到的，如果想要在舞台上实时看到播放效果，需要用到对象 Video。

只有将 NetStream 正在播放的过程拖拽到 Video 对象上以后，才能显示播放的内容。其中 Video 对象就像其他可显示对象一样拥有可视对象的位置、尺寸、透明度等各种参数，而平滑度参数是 Video 对象所特有的一项参数，即：video.smoothing = true。有此参数的话影片在播放过程中会经过平滑计算，使得画面效果更加细腻平滑。

同样为了操控方便，仍将 Video 可视对象添加到一个空白影片剪辑实例（MyMovie）中，完成影片"加载"的表象，当该 Video 可视对象从 MyMovie 中移除后即完成了影片"卸载"的过程。

🖱 操作步骤

1 实例命名

在舞台上只有 2 个需要命名的实例，即"继续"按钮和"卸载"按钮，分别命名为 jiazai、xiezai。

2 添加脚本

单击"主要脚本"图层的开始帧，按 F9 键打开动作编辑面板，输入下面的动作脚本。

```
1 import flash.net.NetConnection;
2 import flash.net.NetStream;
3 import flash.media.SoundMixer;
4 import flash.display.MovieClip;
5 var MyMovie:MovieClip = new MovieClip  ;
6 addChild( MyMovie);//创建一个空影片剪辑作为显示容器
7 jiazai.addEventListener(MouseEvent.CLICK,yingpianjiazai);
8 function yingpianjiazai(evt:MouseEvent):void
9 {
10   var myNc:NetConnection=new NetConnection();
11   //初始化定义一个网络连接关键字变量
12   myNc.connect(null);
13   //清空连接关键字变量中的信息;
14   var myNs:NetStream = new NetStream(myNc);
15   //根据网络连接关键字变量 (myNc) 构造NetStream对象
16   myNs.play("medias/电影欣赏.flv");
17   //用NetStream对象开始连接一个外部的FLV视频
18   var metaObject:Object=new Object();
19   //创建一个媒体对象，用来接收加载的数据
20   metaObject.onMetaData = onMetaData;
21   function onMetaData(datainfo:Object):void
22   {//用来实时监测和控制影片的播放进度
23   }
24   myNs.client = metaObject;
25   //将NetStream对象监测的数据实时传给前面定义好的一个媒体对象上
26   var video:Video = new Video(475,270);
27   //创建一个video对象并设定一个画面尺寸
28   video.smoothing = true;//设置视频画面细节为平滑
29   video.attachNetStream(myNs);
30   //将前面已经加载数据的NetStream拖拽到Video对象上
31   myNs.seek(0);
32   //将NetStream的播放进度调整到开始位置;
33   video.x = 75;
34   video.y = 100;
```

```
35    MyMovie.addChild(video);
36 }
37 //将Video对象，添加到显示对象列表中，这样观众就可以看到画面了；
38 xiezai.addEventListener(MouseEvent.CLICK,yingpianxiezai);
39 function yingpianxiezai(evt:MouseEvent):void
40 {
41    while (MyMovie.numChildren>=1)
42    {
43        MyMovie.removeChildAt(0);
44    }
45 SoundMixer.stopAll();
46 }
```

7.7.4　走近多彩的网络世界

ActionScript 2.0 对 XML 的支持不是内建的（build-in），也并非基于 ECMAScript for XML（E4X）标准。而 ActionScript 3.0 中对 XML 的支持符合 E4X 标准，它的设计有三个优点：

（1）简易。包括操作和可读性。ActionScript 3.0 中对于 XML 的操作犹如对一个普通 Object 对象一样浅显易懂。语句非常浅白流畅。

（2）连续性。其各个功能的设计和 ActionScript 3.0 其余的部分思想一致，易于理解。

（3）熟悉。操作符和操作逻辑对我们来说都相当熟悉易用。

在本实例中将要用到的语句主要有：

● URLLoader (地址);//　以数据形式加载外部文件。

● XML;// XML 数据对象，可用来存放加载进来的 XML 文件数据。

前几节中已经介绍了使用脚本加载外部图片、声音、视频、Flash 动画等内容，在本实例中将重点介绍对外部 XML 数据文件的加载以及数据利用和处理的过程。

1. 课件展示

本课件运行后的画面如图 7-35 所示。

图 7-35　课件运行的初始画面

单击画面上的"网络拓扑图"按钮，一张外部的网络拓扑图图片将被加载到舞台上，效果如图 7-36 所示。

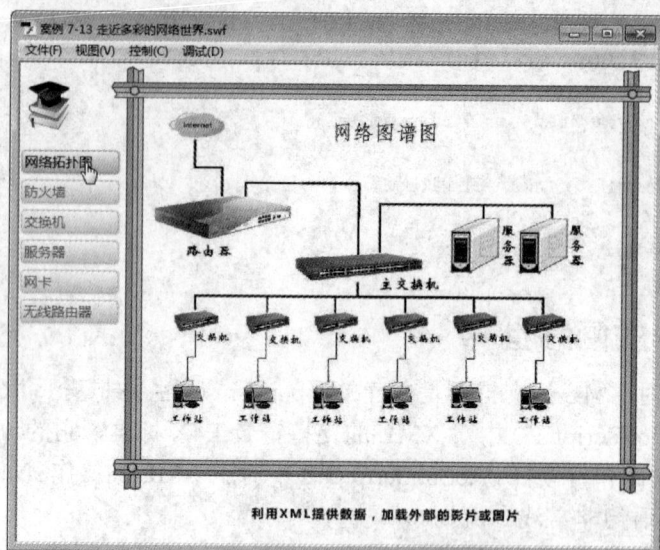

图 7-36　单击"网络拓扑图"按钮后的画面

2. 课件解析

本课件画面左侧的 6 个按钮及按钮名字都是根据外部的 XML 文件提供的数据由脚本来创建的，当外部的 XML 文件中的数据发生改变后，这些内容也将随之发生改变。这样有利于课件更灵活地调用外部的数据，制作出更加丰富的内容。

对于 XML 文件的加载是通过一个 URLLoader 对象来实现的，当数据加载完毕之后，将该对象中得到的数据转移到一个 XML 对象中。前面已经多次提到过在 ActionScript 3.0 中对 XML 数据的处理基本上就像使用一个变量一样简单。

首先打开将要加载的这个外部 XML 文件，看一下其数据内容。

```
<?xml version="1.0" encoding="gb2312" ?>
<root>
    <pic>
    <ID>1</ID>
    <picname>网络拓扑图</picname>
    <picurl>images/tuoputu.jpg</picurl>
    </pic>
    <pic>
    <ID>2</ID>
    <picname>防火墙</picname>
    <picurl>images/fanghuoqiang.jpg</picurl>
    </pic>
    <pic>
    <ID>3</ID>
    <picname>交换机</picname>
    <picurl>images/jiaohuanji.jpg</picurl>
    </pic>
    <pic>
```

```
<ID>4</ID>
<picname>服务器</picname>
<picurl>images/fuwuqi.jpg</picurl>
</pic>
<pic>
<ID>5</ID>
<picname>网卡</picname>
<picurl>images/wangka.jpg</picurl>
</pic>
<pic>
<ID>6</ID>
<picname>无线路由器</picname>
<picurl>images/wuxianluyouqi.jpg</picurl>
</pic>
</root>
```

　　XML 文件本身就是一个按照特定规律书写而成的文本文件，所以可以通过任何的文本编辑器打开并进行数据的添加、修改、删除等操作。例如本实例中的 XML 文件就是通过 Windows 自带的记事本进行编辑的。

　　本实例涉及的脚本内容主要分成两块：一是完成加载外部的 XML 数据并对数据做相应的分析，然后根据数据内容在舞台上创建相应的按钮实例；二是针对每个按钮实例添加相应的加载外部图片的动作。为了简化脚本的编写，本实例直接将按钮上需要显示的名字以及将要加载的图片地址作为动态的文本添加到按钮实例上。

　　打开元件库，会注意到"标准小标题"已经被设定了类名为 biaoti，为脚本实例化该按钮的实现做好了准备。双击"标准小标题"元件，使其进入编辑状态，解除各图层的编辑锁定状态，将看到标题名字的动态文本实例名为：mingzi；图片地址的动态文本实例名为：dizhi。如图 7-37 所示。

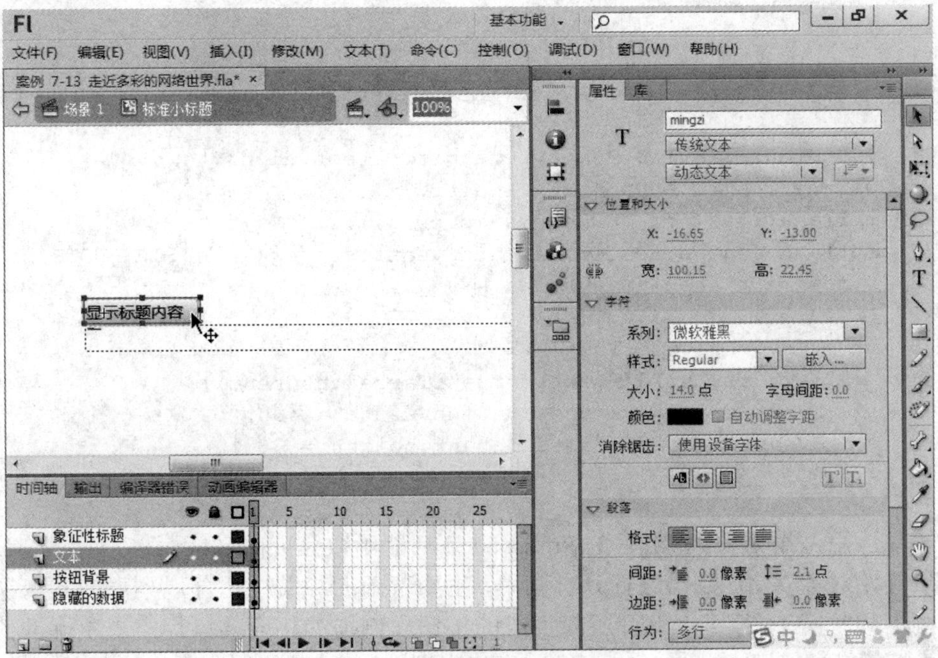

图 7-37　设置动态文本的实例名

设置动态文本实例的时候，需要在右侧属性面板"字符"一项中将"消除锯齿"选项设置为"使用设备字体"，否则在运行时将无法正确显示被重新赋值的文本数据。

操作步骤

1 实例命名

在本实例中舞台上只有 1 个需要命名的实例，即"走近多彩的网络世界"这个彩色画面所在的影片剪辑，给该实例命名为：MyMV。

2 添加脚本

单击"主要脚本"图层的开始帧，按 **F9** 键打开动作编辑面板，输入下面的动作脚本。

```
1 System.useCodePage = true;
2 //该设置保证XML文件中的中文数据能正常显示
3 var myXML:XML = new XML();
4 var XML_URL:String = "images/photos.xml";
5 var myXMLURL:URLRequest = new URLRequest(XML_URL);
6 var myLoader:URLLoader = new URLLoader(myXMLURL);
7 myLoader.addEventListener("complete", xmlLoaded);
8 function xmlLoaded(event:Event):void
9 {
10   myXML = XML(myLoader.data);
11   for (var i=0; i<myXML.pic.length(); i++)
12   {
13       var BT:biaoti = new biaoti  ;
14       BT.mingzi.text = myXML.pic[i].picname;
15       BT.dizhi.text = myXML.pic[i].picurl;
16       BT.addEventListener(MouseEvent.CLICK,jiazaitupian);
17       BT.x = 20;
18       BT.y = 100 + 30 * i;
19       addChild(BT);
20   }
21 }
22 function jiazaitupian(Myevt:MouseEvent):void
23 {
24   var picurl:String = Myevt.target.parent.dizhi.text;
25   var myflash:Loader = new Loader  ;
26   myflash.load(new URLRequest(picurl));
27   myflash.contentLoaderInfo.addEventListener(Event.COMPLETE,xianshi);
28   function xianshi(Myevt)
29   {
30       MyMV.removeChildAt(0);
31       MyMV.addChild(Myevt.currentTarget.content);
32       Myevt.currentTarget.content.width = 480;
33       Myevt.currentTarget.content.height = 360;
34   }
35 }
```

简要解释一下，第 8 行到 21 行的 xmlLoaded 功能函数完成的功能是：当加载 XML 数据文件成功后开始对该 XML 数据进行分析利用，生成若干的导航按钮并以列表方式依次排列在舞台的左侧，同时第 16 行语句是针对新生成的按钮实例增加相应的鼠标点击事件的侦听。第 22 行到 35 行的功能函数 jiazaitupian 是针对导航按钮侦听到鼠标点击后所要执行的功能。在本段脚本中，需要留意一下图片地址是怎样传递到 jiazaitupian 这个功能函数中去的。

★ **提 示**　通过前面的多个实例可以发现，针对需要加载不同类型外部文件，在 Flash CS6 中提供了不同的容器，并且按照各种文件需要表达的内容，在不同的空间中进行再现。例如，图片、Flash 动画可以添加到 MovieClip 实例中进行显示；而声音则是需要加载到指定的某个声音通道中才能顺利播放。

7.8　初步认识类文件

7.8.1　类文件的基本结构

ActionScript 3.0 类文件是一种以扩展名 ".as" 结尾的纯文本文件。一个类文件可以包含一个或多个类定义，甚至可以直接写入一次性执行的语句。有些类可以单独地加载并独立的执行，有的类可以绑定到 Flash 影片或者是影片内的某些元件上，为其添加一些更丰富的功能。某些类按照一定的标准制作完成后，可以完全脱离当前的影片而与任何其他影片结合并被重复使用。

下面以影片绑定的主文档类为实例介绍一下类的基本结构。"场景间导航菜单的实现"课件范例中绑定到主影片的文档类文件名为：**main.as**。打开该类文件内容如下：

```
1   package
2   {
3     //这是第一步需要做的
4     import flash.display.MovieClip;
5     import flash.events.Event;
6     import flash.events.MouseEvent;
7     import flash.display.StageDisplayState;
8     import flash.events.FullScreenEvent;
9     public class main extends MovieClip
10    {//记住上面的单词extends还有就是文件名与主函数名要一致 (main)
11        public static var duihua:int = 0;
12        public function main()
13        {
14            stage.displayState = StageDisplayState.FULL_SCREEN;
15            var daohangtiao:MovieClip = new daohang  ;
16            this.addChild(daohangtiao);
17        }
18    }
19  }
```

该类中一共有 19 行脚本。**Package** 是包的意思，说明该文件把下面的脚本内容打在一个包里面。在该关键词（Package）的后面还可以接着写当前类相对主影片所在的路径，由于本文档是放在和主影片同一个文件夹下的，所以也就不用再描写了。脚本的 4 到 8 行是后面脚本中将要用到脚本所在包的引用，这些内容是必须有的，否则下面的语句将无法执行。第 9 行是给该文档包添加一个与文件名同名的类（class），而且扩展类型是影片剪辑（MovieClip），当然扩展成 sprite 一样也可以。该类前面有一个 public 关键词，声明该类的内容是公开的，以便在其他环境中能够被调用。

在第 12 行是定义一个类型为 public 的主函数，该函数的名字要与上面的类文件以及该文

件所在的文件名同名，这是一个外部类文件的结构所必须有的。当该文档类被加载后其主函数
将立即开始执行，所以一般情况下该主函数中主要写一些初始化环境用到的一些内容。例如在
本实例中的操作是，将舞台的播放状态调整到全屏模式。写法是这样的：

```
stage.displayState = StageDisplayState.FULL_SCREEN
```

需要注意的是此表达方式与原来 ActionScript 2.0 的书写方式是完全不同的。设置完初始
舞台环境后，开始实例化导航菜单并添加到舞台上的操作。

下面开始深入的了解一下本实例涉及的两个类运作方式，学习利用这些类来完成整个影片
的导航过程。

7.8.2 场景间导航菜单的实现

在本实例中共有 10 个场景，这些场景的名称如图 7-38 所示。

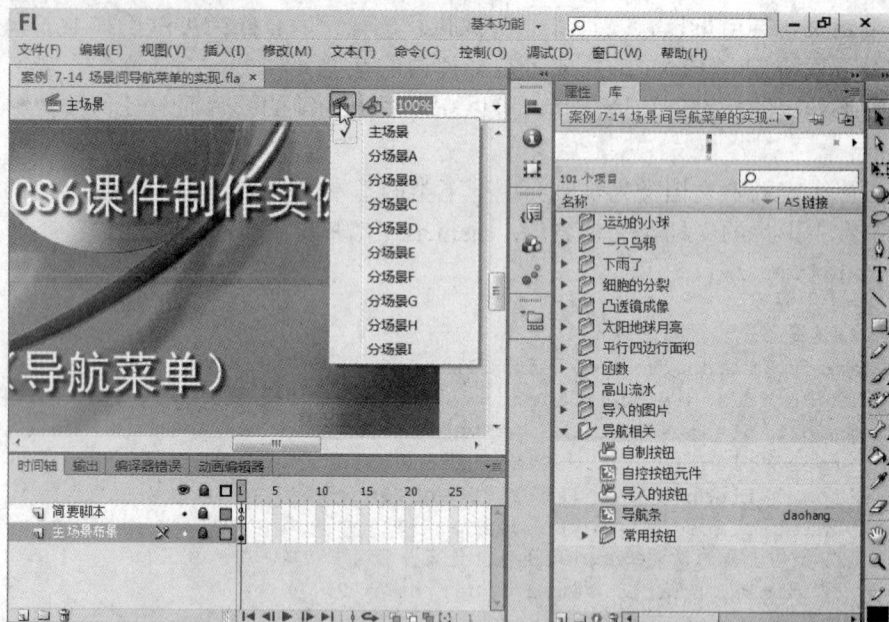

图 7-38 当前实例中的 10 个场景列表

每个场景都是一些不同的课件片段，如何有机地将这些片段衔接起来，成为一个完整的课
件呢？那就是设计一条导航线索，用导航菜单实现无疑是最好的解决方案。

为解决导航菜单在每个场景中都出现的问题，这里设计了一个绑定影片的主文档，在该文
档中执行加载菜单的操作，这样加载出来的菜单不属于任何一个场景，而是属于当前影片，所
以在每个场景中均可以看到该导航菜单条。

导航菜单条其实是影片元件库中的一个影片剪辑，在该影片剪辑中几乎没有添加任何导航
操控脚本（某些帧上仅添加了 stop 语句除外），通过绑定一个外部类文档，主要的脚本内容完
全在该外部类文档中书写。

在导航菜单中有多个菜单按钮，为了判断鼠标点击事件发生在了哪个菜单按钮上，这里使
用了 switch-case 多分支语句。基本语法书写格式如下：

```
switch(变量){
case 条件值1:语句1;
break;
```

```
case 条件值2:语句2;
break;
...;
default:语句n+1;
    }
```

　　switch-case 语句可以根据变量的值来决定程序的执行流程，其变量的类型可以是字符型、整型等。当各分支条件中没有与变量值相匹配的条件值的时候，程序将执行 default（默认）后面的语句，如果没有默认语句 default，则直接结束 switch 语句。

　　在实际的测试中，会发现由于场景的不断变换使得导航菜单所在的图层也会随之发生变化，在某些场景中导航菜单常常被其他演示内容遮挡住，影响到了对菜单的点击操作，为解决这样的问题，增加了一个导航菜单对自己所在图层的调整，使其总是处于最高的图层，摆脱了任何场景中其他演示内容遮挡的问题。基本算法是这样的：

```
var cengall:int = this.parent.numChildren - 1;
//统计影片当前状态存在图层数并保存到整数型变量cengall中
    var cengziji:int = this.parent.getChildIndex(this);
//得到当前对象在当前影片中所对应的图层索引值并保存到整数型变量cengziji中
    if ((cengall != cengziji))
    {//如果当前对象未在最高图层则调整的最高的图层位置
        this.parent.setChildIndex(this,cengall);
    }
```

　　首先是取得当前菜单（语句中的 this 关键字代表了该导航菜单）对象父容器中存在的图层个数，再取得菜单本身所在的图层序号，然后用一个条件来判断一下，如果菜单自身的图层不是最高图层那么就将其图层设置为最高图层。因为在场景跳转过程中都会涉及该图层的调整操作，所以将这些脚本放入到一个侦听帧进入的函数中。

1. 课件展示

　　本课件运行后效果如图 7-39 所示。

图 7-39　课件运行的起始画面

如果单击菜单条中的"场景 D"按钮，影片将导航到场景 D 的环境中，如图 7-40 所示。

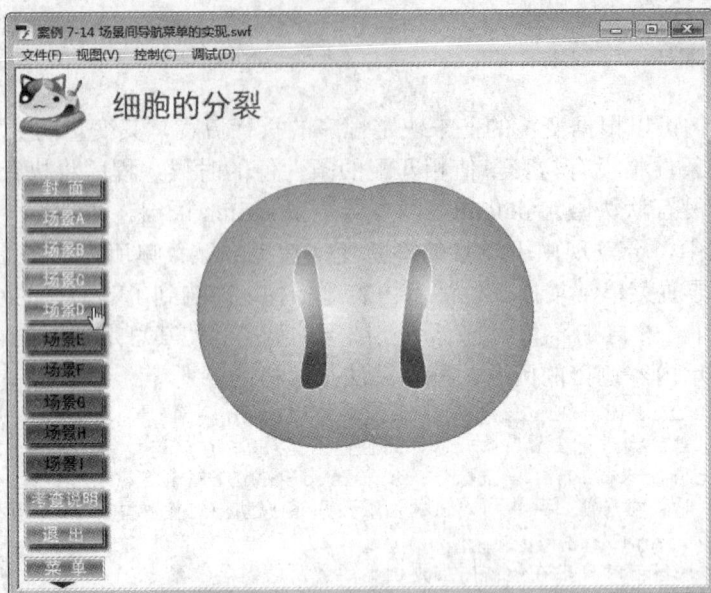

图 7-40　场景 D 中的演示画面

2. 课件解析

在前面的小节中已经看到了本实例 Flash 影片绑定的主脚本文档 main.as 的内容，那么该文档是怎样绑定到影片上去的呢？接下来打开"场景间导航菜单的实现"课件源文件，在出现的主场景画面的舞台外侧单击鼠标，然后从舞台右侧的属性面板中可以看到 main 字符的影子。如图 7-41 所示。

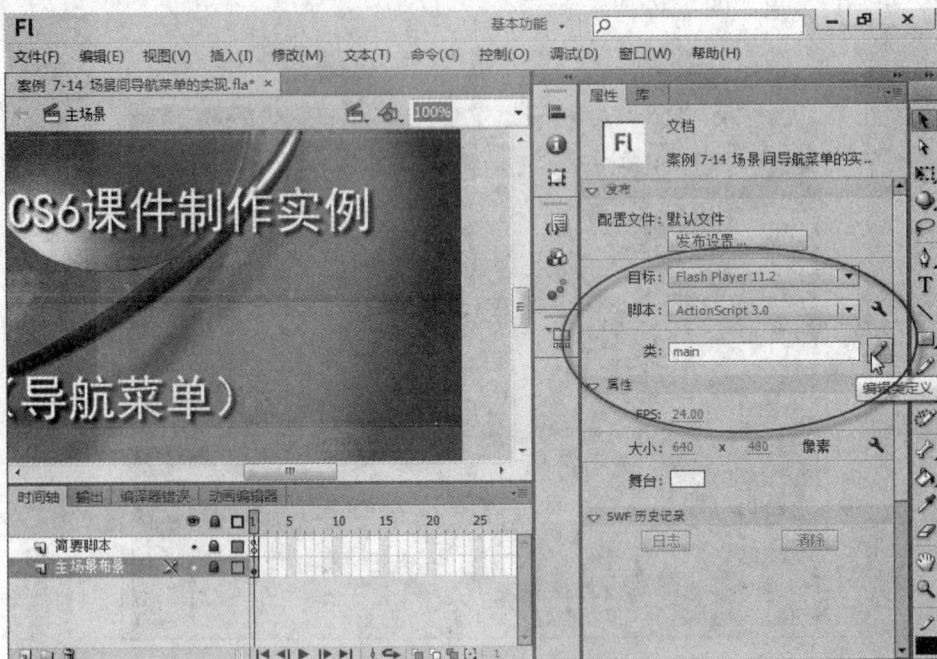

图 7-41　影片主文档类的绑定

注意上面截图中被椭圆标注的地方，是在这里设置的。这时如果用鼠标点击"编辑类定义"的按钮（也就是那个铅笔图标位置），就可以进入到 main.as 文档的编辑状态。

还有一个绑定到导航菜单的类是怎样绑定上去的呢？首先从图库中找到用来做导航菜单的元件"导航条"，看到它 as 链接赫然写的就是 daohang，该名字与其绑定的外部文档类 daohang.as 是一样的。其实即使不编写一个这样的文档类，影片在编译的时候也会生成一个 daohang.as 的空文档类，只是现在把这项工作替编译器提前完成了，而且给该文档类设计了更多的功能。双击"导航条"元件进入到影片剪辑的编辑状态，可以看到该导航条由两段画面组成，如图 7-42 所示。

图 7-42　编辑导航条

前 2 帧画面中"菜单"按钮以上的所有按钮全部在如图 7-42 所示画面中虚线位置的右侧（注意：这条虚线是临时画上去的）。如果该虚线位置代表舞台的左侧边界的话，这表示所有的按钮是可见的；在第 3 帧中"菜单"按钮以上的按钮全部移动到了虚线位置的左侧很远的地方，也就是远离了舞台，从而在演示的时候处于"不可见"状态，这样就制作出来了一个很简单的伸缩菜单。

因为所有的导航脚本完全是在影片的主脚本文档中加载的，并在该位置开始执行，无法根据脚本中的对象为参照按相对路径的方式来设计影片在各场景间的导航动作，所以采用根路径（root）的绝对路径表达方式，使影片时间轴上的播放头跳转的指定的场景中。

如下面的语句：

```
MovieClip(root).gotoAndPlay(1,"分场景A");
```

该语句执行的结果就是让影片跳转到"分场景 A"时间轴上的第 1 帧并继续播放。

操作步骤

1 实例命名

影片剪辑"导航条"中共有 13 个按钮实例，分别命名为：fengmian、changjingA、changjingB、changjingC、changjingD、changjingE、changjingF、changjingH、changjingI、shuoming、tuichu、caidan，这些实例名基本上是按照按钮上的中文拼音。

2 完善导航脚本

设计一个文件名为"danghang.as"文档类，并在该类文件中输入下面的脚本。

```
1   package
2   {//这是包的开始,下面的导入还是很必要的
3   import flash.display.MovieClip;
4   import flash.events.Event;
5   import flash.events.MouseEvent;
6   import flash.system.fscommand;
7   public class daohang extends MovieClip
8   {//这是类的开始
9       public function daohang()
10      {//这是主函数要完成环境、变量、参数等初始化
11      this.addEventListener(Event.ENTER_FRAME,ziwotiaozheng);
12
    changjingA.addEventListener(MouseEvent.CLICK,daohangcaozuo);
13      changjingB.addEventListener(MouseEvent.CLICK,daohangcaozuo);
14      changjingC.addEventListener(MouseEvent.CLICK,daohangcaozuo);
15      changjingD.addEventListener(MouseEvent.CLICK,daohangcaozuo);
16      shuoming.addEventListener(MouseEvent.CLICK,daohangcaozuo);
17      tuichu.addEventListener(MouseEvent.CLICK,daohangcaozuo);
18      fengmian.addEventListener(MouseEvent.CLICK,daohangcaozuo);
19      caidan.addEventListener(MouseEvent.CLICK,daohangcaozuo);
20      }
21      function daohangcaozuo(evt:MouseEvent):void
22      {
23          switch (evt.target.name)
24          {
25              case "fengmian" :
26                  MovieClip(root).gotoAndPlay(1,"主场景");
27                  break;
28              case "changjingA" :
29                  MovieClip(root).gotoAndPlay(1,"分场景A");
30                  break;
31              case "changjingB" :
32                  MovieClip(root).gotoAndPlay(1,"分场景B");
33                  break;
34              case "changjingC" :
35                  MovieClip(root).gotoAndPlay(1,"分场景C");
36                  break;
37              case "changjingD" :
38                  MovieClip(root).gotoAndPlay(1,"分场景D");
39                  break;
40              case "shuoming" :
41                  if (main.duihua == 0)
```

```
42                  {
43                          var tmpduihuakuang:MovieClip = new DuiHuaKuang  ;
44                          MovieClip(root).addChild(tmpduihuakuang);
45                          main.duihua = 9;
46                  }
47                  break;
48              case "tuichu" :
49                  fscommand("quit");
50                  break;
51              case "caidan" :
52                  this.play();
53                  break;
54          }
55      }
56      function ziwotiaozheng(evt:Event):void
57      {//图层的自我调整
58          var cengall:int = this.parent.numChildren - 1;
59          var cengziji:int = this.parent.getChildIndex(this);
60          if ((cengall != cengziji))
61          {
62              this.parent.setChildIndex(this,cengall);
63          }//上面的this代表的是菜单本身
64      }
65  }//封闭类的
66  }//封闭包的
```

在上面的脚本中没有为实例 changjingE、changjingF、changjingH、changjingI 添加侦听动作。这主要是考虑到这些脚本的书写方式和对实例 changjingA、changjingB 等的添加方式完全一样。

通过第 49 行不难看出，作为影片退出播放器的脚本书写格式还是和 ActionScript 2.0 一样的，只是在包中需要添加对 flash.system.fscommand 类包的引入，见脚本中的第 6 行。

23 行的分支语句 switch 相对于 if…else 的分支表达方式更加的灵活，在对于判断同一条件（按钮实例名）面临不同的结果的分支表达中推荐使用，将会大大地缩减书写脚本的开销。

★ 提示　通过上面的这个案例可以了解 main.as 这个与主影片绑定的文档类主要是实现环境初始化的，并把导航菜单从元件库中调取出来。而与影片剪辑"导航条"绑定的"danghang.as"文档类是实现各种导航功能的。从这里再一次体会到脚本与图形内容分离的特点。文档类的使用更突出地体现了美工设计与程序设计相分离的原则，很多在 Flash 影片中使用的脚本完全可以写入到一个外部文档中，负责程序设计的人员只需要针对该脚本文档展开设计，而负责美工设计的人员只需要按照预先的要求将需要制作的角色或图形制作出来并保存到 Flash 影片中即可。

7.9　课后练习

1. 运用导航语句制作"控制转动的风车"案例。

提示：在舞台上添加两个按钮，分别为"播放"、"暂停"，单击"暂停"按钮，舞台上的风车停止转动；再点击"播放"按钮，舞台上的风车继续转动起来。效果如图 7-43 所示。

2. 制作"春天的小雨"案例，显示效果如图 7-44 所示。

图 7-43 控制转动的风车测试效果

图 7-44 测试效果

★ 提示 制作一个小雨滴落的动画过程，并转换成一个影片剪辑元件"xiaoyu"，设置链接属性值为"xiaoyu"，如图 7-45 所示。

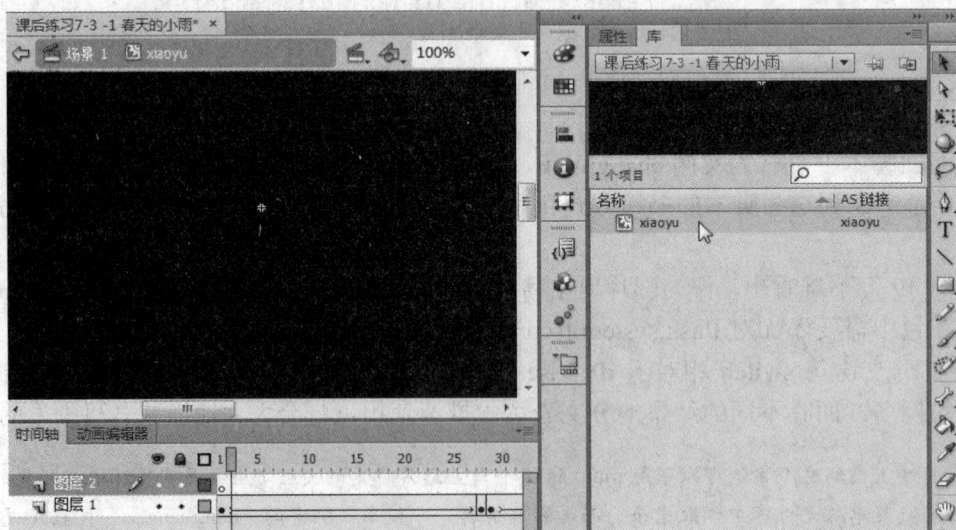

图 7-45 测试效果

在根场景的开始帧中添加如下动作脚本：

```
1   for (var i=0; i<100; i++)
2   {
3       var yudi:xiaoyu = new xiaoyu();
4       yudi.x = 640 * Math.random();
5       yudi.y = -50+100 * Math.random();
6       yudi.gotoAndPlay(Math.round(34*Math.random()));
7       this.addChild(yudi);
8   }
```

该案例实现的基本原理是将一个雨滴落下的动画过程进行 100 次的实例化，并按照随机运算得到的坐标位置，将该实例添加到舞台上。

3. 制作"实例化外部类"案例，显示效果如图 7-46 所示。

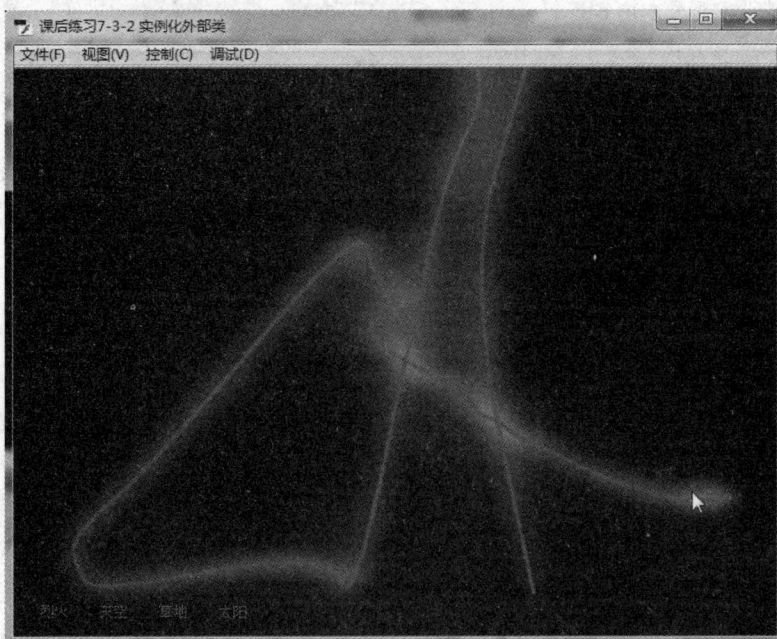

图 7-46　测试效果

★**提示** 该案例涉及一个外部的类文件"LineEffect.as"，第一步新创建一个 Flash CS6 空白影片，第二步将
文档保存，并将 LineEffect.as（可从案例课件文件夹中找到），复制到当前 Flash 影片所在文件夹
中，然后在当前影片的开始帧中添加如下的脚本：

```
1   var L:LineEffect =new LineEffect  ;
2   this.addChild(L);
```

4. 制作"小球对撞"案例，显示效果如图 7-47 所示。

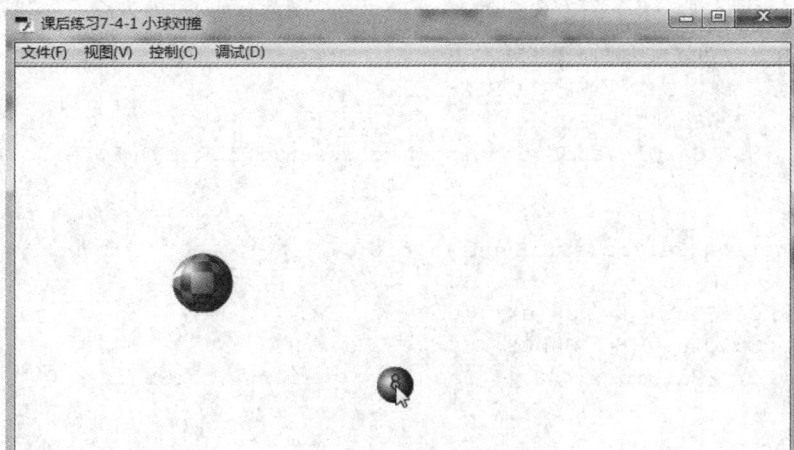

图 7-47　测试效果

用鼠标拖拽舞台上的黑色球撞向彩色球，一旦两球发生碰撞，彩色球就会被弹走直到运动
到舞台外。

★ **提示** 该案例中涉及的两个元件实例分别是黑色球和彩色球，它们的实例名称分别为："HeiQiu"、
"CaiQiu"。主要脚本内容如下：

```
1   var STX:int = 0;//记录小黑球上一帧中座标位置
2   ar STY:int = 0;
3   var MDX:int = 0;//暂存小黑球上一帧结束的座标位置
4   var MDY:int = 0;
5   var EDX:int = 0;//记录小黑球当前帧中的座标位置
6   var EDY:int = 0;
7   var SuDuX:int = 0;//小球碰撞后的运动速度
8   var SuDuY:int = 0;
9   HeiQiu.addEventListener(MouseEvent.MOUSE_DOWN,KaiTuozhuai);
10  HeiQiu.addEventListener(MouseEvent.MOUSE_UP,TingTuozhuai);
11  CaiQiu.addEventListener(MouseEvent.MOUSE_DOWN,KaiTuozhuai);
12  CaiQiu.addEventListener(MouseEvent.MOUSE_UP,TingTuozhuai);
13  function KaiTuozhuai(evt:Event):void
14  {
15      MovieClip(evt.target).startDrag(true);
16  }
17  function TingTuozhuai(evt:Event):void
18  {
19      MovieClip(evt.target).stopDrag();
20  }
21  this.addEventListener(Event.ENTER_FRAME,JiLu);
22  function JiLu(evt:Event):void
23  {
24      STX = MDX;
25      STY = MDY;
26      MDX = EDX;
27      MDY = EDY;
28      EDX = HeiQiu.x;
29      EDY = HeiQiu.y;
30      if (HeiQiu.hitTestObject(CaiQiu))
31      {//用黑球主动碰撞彩球
32          SuDuX = EDX - STX;
33          SuDuY = EDY - STY;
34          CaiQiu.addEventListener(Event.ENTER_FRAME,FeiZou);
35      }
36  }
37  function FeiZou(evt:Event):void
38  {
39      CaiQiu.x +=  SuDuX;
40      CaiQiu.y +=  SuDuY;
41      if (CaiQiu.x < 0 || CaiQiu.x > 640 || CaiQiu.y < 0 || CaiQiu.y >
    480)
42      {
43          CaiQiu.removeEventListener(Event.ENTER_FRAME,FeiZou);
44          //当彩球飞出舞台区域后停止运动
45      }
46  }
```

5. 制作"绘制小车"案例，显示效果如图 7-48 所示。

图 7-48　测试效果

案例用到的参考脚本如下：

```
1   var xiaoche:Shape=new Shape();
2  xiaoche.graphics.beginFill(0x0000ff,1);
3  xiaoche.graphics.drawRect(0,0,180,80);
4  xiaoche.graphics.drawCircle(40,90,20);
5  xiaoche.graphics.drawCircle(140,90,20);
6  xiaoche.graphics.endFill();
7   xiaoche.x = 200;
8   xiaoche.y = 150;
9  addChild(xiaoche);
```

6. 制作"飞机投弹"动画案例，显示效果如图 7-49 所示。

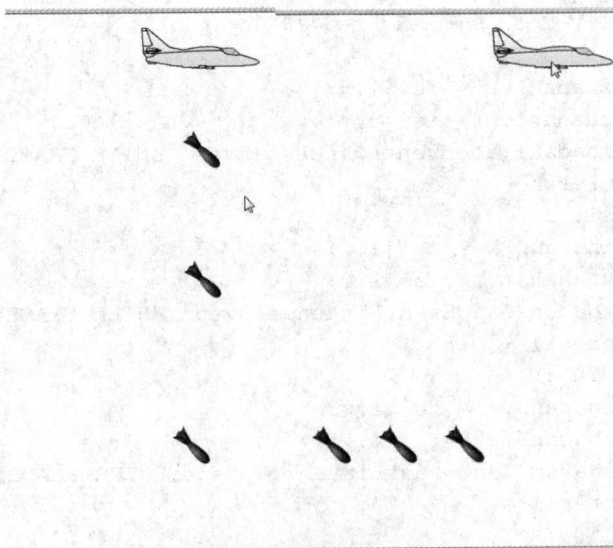

图 7-49　测试效果

⭐**提示** 本实例中需要制作两个影片剪辑并分别命名为"炸弹"、"轰炸机"，对应实例在舞台上的摆放如图 7-50 所示。

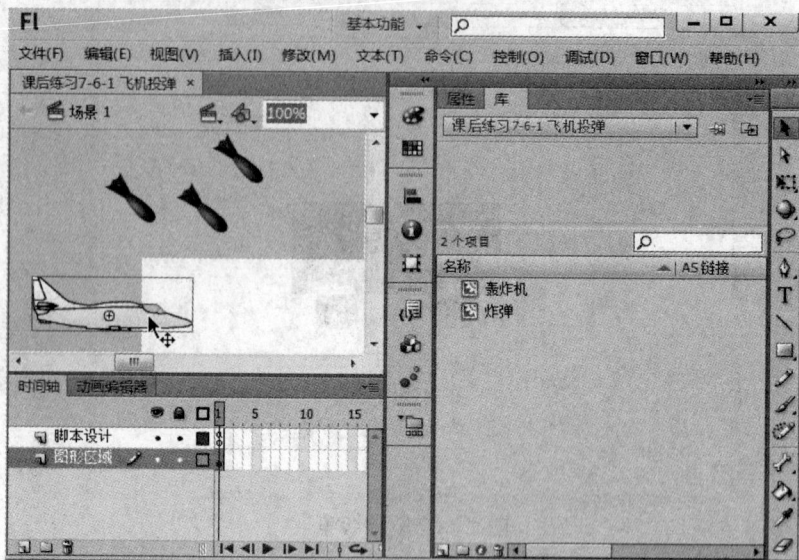

图 7-50　各实例在舞台上的最初摆放位置

其相应的实例名分别为："feiji"、"zhadan1"、"zhadan2"、"zhadan3"。主要动作脚本如下：

```
1   var shuipingsudu:int = 15;
2   var jishi:int = 0;
3   var jiasu:int = 0;
4 feiji.addEventListener(Event.ENTER_FRAME,feixing);
5   function feixing(evt:Event):void
6 {//飞机飞行的动画实现，并在设定时刻启动炸弹动画
7   jishi++;
8   feiji.x += shuipingsudu;
9   switch (jishi)
10  {//根据时间计数值，判断应该开始启动的炸弹
11      case 10 :
12          zhadan1.x = feiji.x;
13          zhadan1.y = feiji.y;
14          zhadan1.addEventListener(Event.ENTER_FRAME,toudan);
15          break;
16      case 15 :
17          zhadan2.x = feiji.x;
18          zhadan2.y = feiji.y;
19          zhadan2.addEventListener(Event.ENTER_FRAME,toudan);
20          break;
21      case 20 :
22          zhadan3.x = feiji.x;
23          zhadan3.y = feiji.y;
24          zhadan3.addEventListener(Event.ENTER_FRAME,toudan);
25          break;
26      case 50 :
27          feiji.removeEventListener(Event.ENTER_FRAME,feixing);
```

```
28              break;
29     }
30     }
31     function toudan(evt:Event):void
32    {//炸弹飞行的动画实现
33      switch (evt.target.name)
34      {//经过计算确定相应炸弹应该得到的加速度值
35          case "zhadan1" :
36              jiasu = jishi - 10;
37              break;
38          case "zhadan2" :
39              jiasu = jishi - 15;
40              break;
41          case "zhadan3" :
42              jiasu = jishi - 20;
43              break;
44      }
45      evt.target.y +=  0.1 * jiasu * jiasu;
46      evt.target.x += shuipingsudu;
47      if (evt.target.y > 450)
48      {//炸弹落地后移除自身的监听停止运动
49          evt.target.removeEventListener(Event.ENTER_FRAME,toudan);
50      }
51      }
```

7. 制作"跟随鼠标运动的小球"动画案例，显示效果如图 7-51 所示。

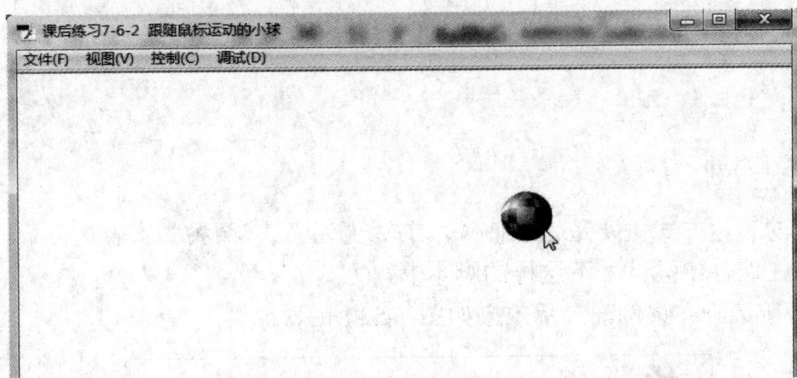

图 7-51　测试效果

　　舞台上有一个小球，当鼠标移动的一个新的位置后，小球将按照鼠标最近移动过的轨迹进行运动，后小球位置与鼠标指针重合。

★提示　在本案例中只需要一个元件实例，也就是小球，实例名为："CaiQiu"。主要动作脚本如下：

```
1   var GSX:Array = new Array  ;
2   var GSY:Array = new Array  ;
3   var ShiJian:int = 0;
4   var GSKS:Boolean = false;
5   var XQ:int = 0;
6  CaiQiu.addEventListener(Event.ENTER_FRAME,gensui);
7   function gensui(evt:Event):void
```

```
8    {
9    GSX[ShiJian] = mouseX;
10   GSY[ShiJian] = mouseY;
11   ShiJian++;
12   ShiJian >30 ? ShiJian = 0:false;
13   //时间计数大于30后清零然后重新计数
14   ShiJian >10 ? GSKS = true:false;
15   //当时间计数大于10则开始小球追随鼠标运动
16   if (GSKS)
17   {//让小球坐标定位在10帧以前的鼠标指针位置
18       (ShiJian - 10) <0 ? XQ = 30 + ShiJian - 10:XQ = ShiJian - 10;
19       CaiQiu.x = GSX[XQ];
20       CaiQiu.y = GSY[XQ];
21   }
22   }
```

在该案例中有一个分支语句的表达可能与我们平时接触到的表达方式不同，例如：

```
ShiJian >30 ? ShiJian = 0:false;
```

等同于：

```
if (ShiJian > 30)
{
ShiJian = 0;
}
```

再例如：

```
(ShiJian - 10) <0 ? XQ = 30 + ShiJian - 10:XQ = ShiJian - 10;
```

等同于：

```
if ((ShiJian - 10) < 0 )
{
XQ = 30 + ShiJian - 10;
}else{
XQ = ShiJian - 10;
}
```

案例中采用的表达方式主要是为了使脚本书写更为紧凑，两种脚本表达方式的执行效果是一样的，也可以在课件中尝试一下这样的脚本书写方式。

8. 制作"音乐选听"案例，显示效果如图 7-52 所示。

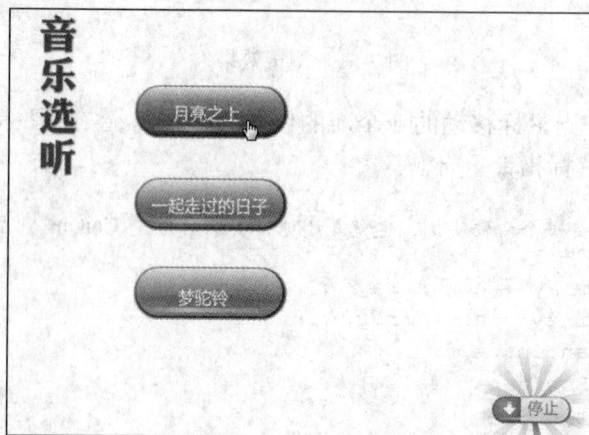

图 7-52　测试效果

当点击某一歌曲按钮的时候，该音乐开始播放，点击"停止"按钮后音乐停止。

★ 提示 这个案例是在前面"音乐欣赏"范例的基础上经过稍许改动而成的。在这个案例中将音乐播放功能封装到了一个函数中，这样可以方便在任意时刻调用该功能。首先在舞台上设计如上图所示的 4 个按钮实例，实例名分别为："gequ1"、"gequ2"、"gequ3"、"tingzhi"。主要的动作脚本参考如下：

```
1 import flash.events.Event;
2 import flash.events.IOErrorEvent;
3 import flash.events.EventDispatcher;
4 import flash.media.Sound;
5 import flash.media.SoundChannel;
6 import flash.media.SoundMixer;
7 import flash.net.URLRequest;
8 import flash.events.MouseEvent;
9 gequ1.addEventListener(MouseEvent.CLICK,bofang);
10 gequ2.addEventListener(MouseEvent.CLICK,bofang);
11 gequ3.addEventListener(MouseEvent.CLICK,bofang);
12 function bofang(evt:MouseEvent)
13 {
14   switch (evt.target.name)
15   {
16     case "gequ1" :
17         yinyue("medias/月亮之上.mp3");
18         break;
19     case "gequ2" :
20         yinyue("medias/一起走过的日子.mp3");
21         break;
22     case "gequ3" :
23         yinyue("medias/梦驼铃.mp3");
24         break;
25   }
26 }
27 function yinyue(geming:String):void
28 {
29   SoundMixer.stopAll();
30   var musicchannel:SoundChannel;
31   var musicsound:Sound=new Sound();
32   musicsound.load(new URLRequest(geming));
33   musicsound.addEventListener(IOErrorEvent.IO_ERROR, onIOError);
34   musicsound.addEventListener(Event.COMPLETE, onLoadingComplete);
35   musicchannel = musicsound.play();
36   function onLoadingComplete(evt:Event):void
37   {
38       trace("音乐文件加载完毕！");
39   }
40   function onIOError(evt:Event):void
41   {
42       trace("对不起！没有找到您指定的音乐文件！");
43   }
```

```
44}
45tingzhi.addEventListener(MouseEvent.CLICK,jingyin);
46function jingyin(evt:MouseEvent):void
47{
48  SoundMixer.stopAll();
49}
```

9. 制作"打字动画"案例，显示效果如图 7-53 所示。

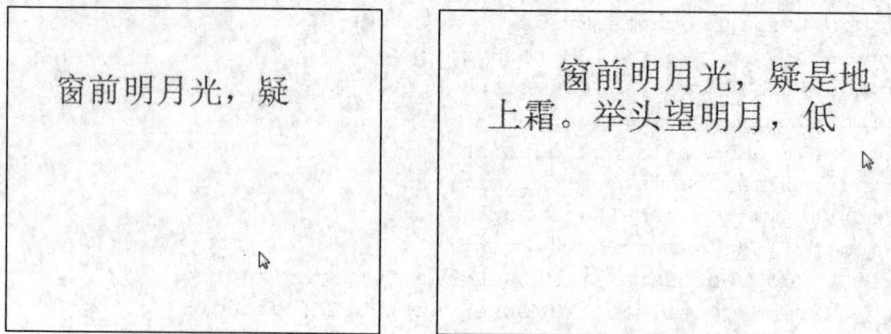

窗前明月光，疑

窗前明月光，疑是地上霜。举头望明月，低

图 7-53　打字动画测试效果

在 Flash CS6 中新建一个 Flash 影片，按照前面的教程所讲的方法，将该影片与一个外部的文档类"dazidonghua.as"（该文档类在案例课件文件夹下）进行绑定，测试后即为上图所示的打字动画效果。该文档类的脚本内容如下：

```
1   package
2   {
3   import flash.display.MovieClip;
4   import flash.text.*;
5   import flash.utils.Timer;
6   import flash.events.TimerEvent;
7   public class dazidonghua extends MovieClip
8   {
9       public function dazidonghua()
10      {
11          //创建文本对象实例并赋予相关属性信息
12          var mytext:TextField = new TextField ;
13          mytext.text = "    窗前明月光，疑是地上霜。举头望明月，低头思故乡。唐.
李白";
14          mytext.x = 100;//坐标位置
15          mytext.y = 100;
16          mytext.width = 400;//文本框宽度
17          mytext.autoSize = TextFieldAutoSize.LEFT;
18          mytext.wordWrap = true;
19          //给文本对象设置颜色、字号等格式
20          var myformat:TextFormat = new TextFormat();
21          myformat.color = 0xED1941;
22          myformat.size = 36;
23          mytext.setTextFormat(myformat, 0, mytext.length );
24          //将文本对象实例化到舞台
25          addChild(mytext);
26          //来定义一个Timer（定时器）对象，并设定定时器时间间隔为200毫秒
```

```
27          var MTimer:Timer = new Timer(200,mytext.length);
28          MTimer.addEventListener(TimerEvent.TIMER,kaishidazi);
29          MTimer.start();
30          //启动定时器;
31          var s:String = mytext.text;
32          var i:int = 0;
33          function kaishidazi(evt:TimerEvent)
34          {
35              i++;
36              mytext.text = s.substring(0,i);
37              mytext.setTextFormat(myformat, 0, mytext.length );
38              //在等时间间隔内按长度截取字符串并按指定格式显示出来
39          }
40      }
41  }
42  }
```

本案例重点在于让大家对文本对象的风格设定、内容填充等过程有一个初步的了解与认识，同时这是本章中唯一一个使用 Timer（定时器）对象的实例，旨在让大家对 Timer（定时器）产生的事件与"ENTER_FRAME"事件有一个对照，前者对时间刻度的调整非常灵活，而后者则在形式表达上更为简便。

第 8 章　常见组件的使用

学习要点

☑　了解组件构成的基本实质
☑　掌握单选与复选组件的使用
☑　掌握视频组件的使用方法
☑　掌握滚动窗格组件的使用方法
☑　了解颜色拾取与数字步进组件的应用

组件是带有参数的影片剪辑，这些参数可以用来修改组件的外观和行为。每个组件都有预定义的参数并可以被设置。每个组件还有一组属于自己的方法、属性和事件，它们被称为应用程序接口（Application Programming Interface，API）。使用组件，可以使程序设计与软件界面设计分离，提高代码的可复用性。组件可以是一个简单的用户界面控件（如 RadioButton 或CheckBox），也可以包含内容（如 List 或 DatGrid），利用它可以简便而快速地构建功能强大且具有一致外观和行为的应用程序。

8.1　单选与复选组件

8.1.1　单选、复选组件中基本参数

单选组件与复选组件是 Flash 提供的最基本组件，也是最常用的组件之一，下面先对这两种组件的基本参数有一个初步的了解。

启动 Flash CS6 软件创建一个新的 Flash 影片，执行【窗口】→【组件】命令，打开组件面板，这时可以看到 Flash 给我们准备好的各种组件。从 User Interface 分组中将 RadioButton组件拖拽到舞台上，从右侧的属性面板中可以看到该组件实例的相关参数，如图 8-1 所示。

从图 8-1 中不难发现，作为一个普通影片剪辑类型的元件实例对象（各种组件的实质其实就是一个可以实现相应功能的影片剪辑），首先允许为该实例取一个实例名称，而其他允许设置的基本参数以及简要说明如下：

- enabled：获取或设置一个值，该值指示组件是否可以接受用户交互，默认值为 true。
- groupName：组名，单选组件通常是以几个为一组的，作为同一组的标志即由组名决定。
- label：标签，是该组件实例的标签名。
- labelPlacement：标签排列方式，默认为右对齐。
- selected：是否处于选中状态，该参数决定该实例是否显示为选中状态，默认为非选中状态。
- value：参数值，该参数值可以为某些脚本提供该组件实例代表的数据信息。
- visible：是否可见，指该实例在影片运行时是否处于可视状态，默认为可视。

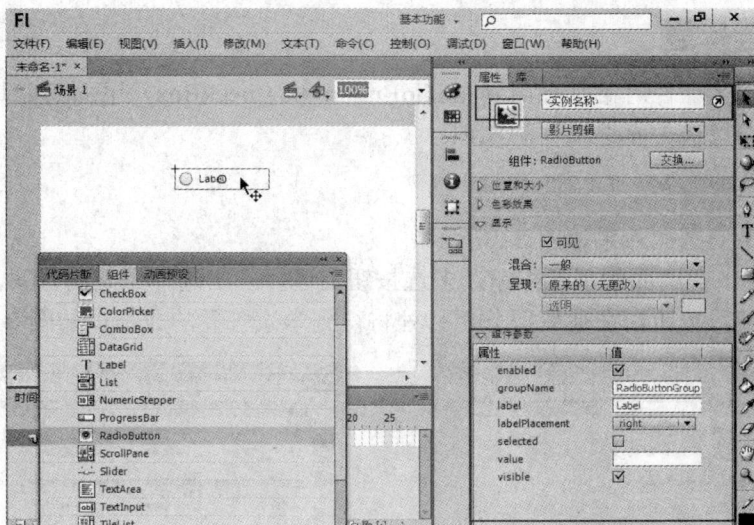

图 8-1　RadioButton 组件实例的基本参数

在实际应用中最常使用到的基本参数主要是实例名、组名、标签等信息。

接下来再从组件面板中拖拽一个复选组件（CheckBox）到舞台上，从相应的属性面板中一起来了解该组件涉及的基本参数。如图 8-2 所示。

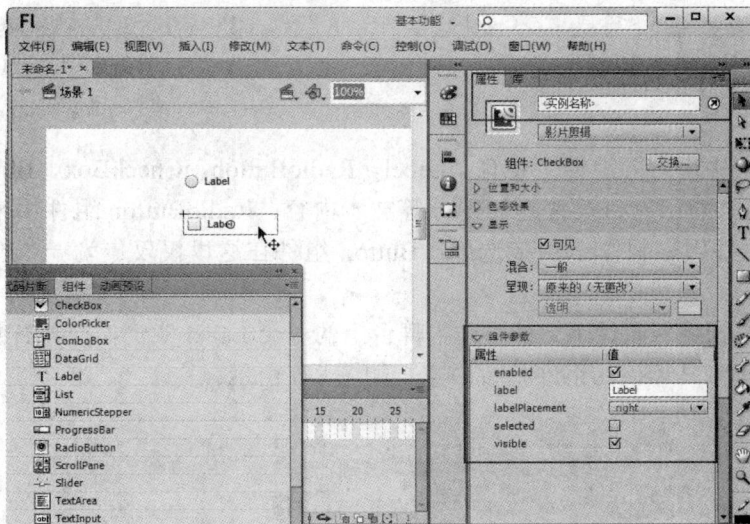

图 8-2　CheckBox 组件实例的基本参数

从 CheckBox 组件实例的属性面板中可以看到，对于复选组件包括的基本参数如下：

- <实例名称>：可以通过该参数设定 CheckBox 组件实例的实例名，以便在脚本中调用。
- enabled：获取或设置一个值，该值指示组件是否可以接受用户交互，默认值为 true。
- label：标签，是该组件实例的标签名。
- labelPlacement：标签排列方式，默认为右对齐。
- selected：是否处于选中状态，该参数决定该实例是否显示为选中状态，默认为非选中状态。
- visible：是否可见，指该实例在影片运行时是否处于可视状态，默认为可视。

8.1.2 制作选择题

在制作选择题类课件时常常会用到 RadioButton 和 CheckBox，下面将以制作一张客观题试卷为实例，介绍单选、复选组件的知识。

1. 课件展示

本课件运行后的画面效果如图 8-3 所示。

根据题目内容，在画面的单选按钮及多选按钮上进行点击选择正确的答案，最后单击画面下方的"提交试卷"按钮，在最后得分栏目处将得到本次答卷的成绩。如图 8-4 所示。

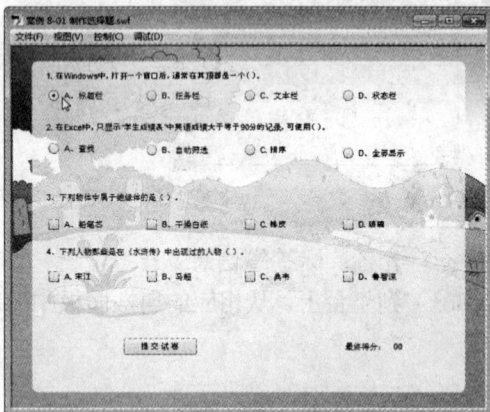

图 8-3 制作选择题

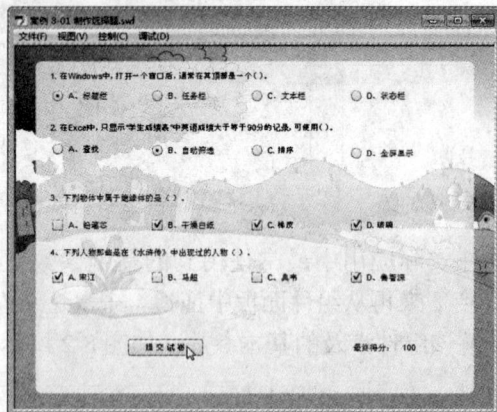

图 8-4 对答题结果进行评判

2. 课件分析

在本课件实例中用到的组件主要有：Label、RadioButton、CheckBox、Button。

Label 组件用来显示题目及答题的得分等文本内容；RadioButton 组件用来制作 2 组单选题；CheckBox 组件用来制作 2 组多选题；Button 组件在这里仅仅作为一个普通的按钮实例来使用。

打开"制作选择题"课件源文件，选中舞台上的一个 Label 实例，打开右侧任务窗格中的属性面板，可以看到其相应的组件参数内容。如图 8-5 所示。

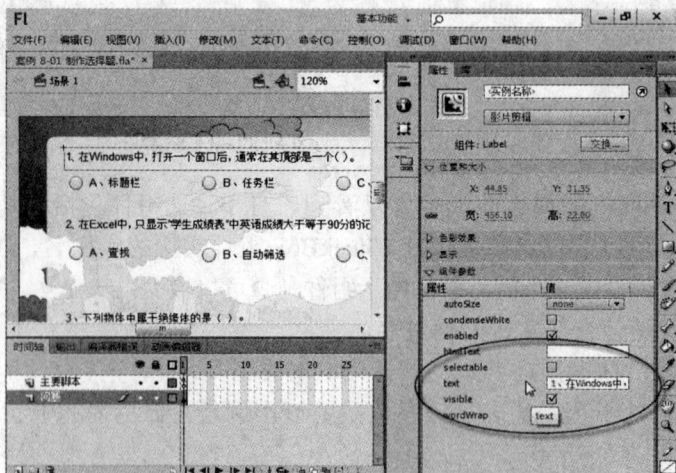

图 8-5 Label 组件的相关参数

通过在"text"参数项的文本输入框中输入需要显示的文本内容，则舞台上的标签将立即显示该内容。如果需要用脚本控制其显示的内容，需要事先为该 Label 实例添加实例名称。例如，本课件实例中显示答案的 Label 实例名称为 defen，脚本可以通过对 defen.text 赋值来实现对应 Label 标签内容的改变。

选中舞台上的一个 RadioButton 组件，在属性面板中会显示关于 RadioButton 组件的相关参数内容，如图 8-6 所示。

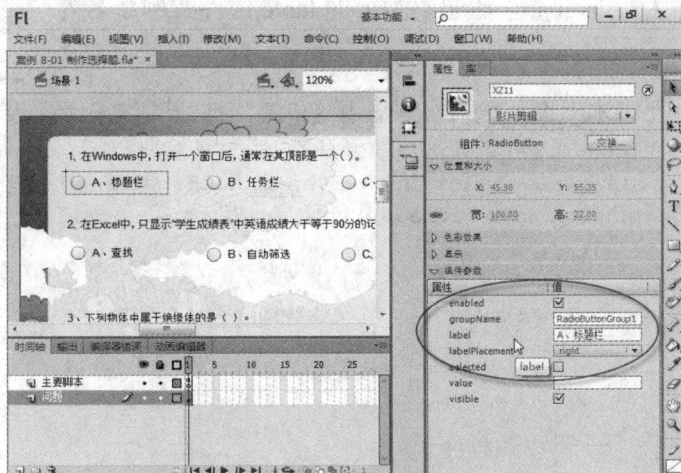

图 8-6　RadioButton 组件的相关参数

单选按钮实例是根据参数"groupName"来分组的。影片会自动的将"groupName"参数值相同的所有 RadioButton 组件实例视为 1 个组，这 1 个组只能有一个单选按钮实例被选中。在本课件实例中第 1 题的 4 个单选按钮实例的"groupName"参数值均设置为RadioButtonGroup1；而第 2 题的 4 个单选按钮实例的"groupName"参数值均设置为RadioButtonGroup2。而 RadioButton 组件的 lable 参数用来设置该组件需要显示的文本内容。

CheckBox 组件实例中只有 lable 参数是需要设置的，所以在这里不再一一展示。

操作步骤

1 将组件拖拽到舞台

单击【窗口】菜单，从打开的下拉命令列表中单击【组件】命令，打开组件面板，这时可以看到 Flash 中准备好的各种组件。如图 8-7 所示。

选择 lable 组件并将其拖拽到舞台上，在属性面板【组件参数】项目中的 text 参数输入框中输入考试题目，并将 lable 组件实例在舞台上的位置以及大小做适当的调整即可。

同理，将 RadioButton、CheckBox、Button 等组件依次拖拽进舞台，布局参考图 8-3 所示。按照课件需要显示的内容设置好相关的参数内容。

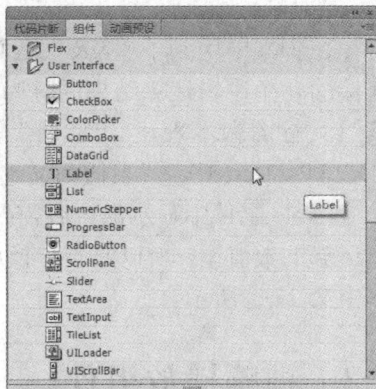

图 8-7　组件面板

2 例命名

给第一组单选题的 4 个 RadioButton 组件实例依次命名为：XZ11、XZ12、XZ13、Z14。

并设置其"groupName"参数为 RadioButtonGroup1。

给第二组单选题的 4 个 RadioButton 组件实例依次命名为：XZ21、XZ22、XZ23、Z24。并设置其"groupName"参数为 RadioButtonGroup2。

给第一组多选题的 4 个 CheckBox 组件实例依次命名为：XZ31、XZ32、XZ33、Z34。给第二组多选题的 4 个 CheckBox 组件实例依次命名为：XZ41、XZ42、XZ43、Z44。

注意上面为这些组件实例命名是有一定的规律性，这对后面的脚本编写是很有帮助的。

给按钮实例命名为：jiaojuan，给最终得分的 lable 组件实例命名为：defen。

3 添加脚本

单击并选中"主要脚本"图层的开始帧，按 F9 键，打开动作编辑面板输入下面的脚本。

```
1   import flash.events.MouseEvent;
2jiaojuan.addEventListener(MouseEvent.CLICK,panduan);
3   function panduan(Myevt:MouseEvent):void
4   {
5   varcj:int = 0;//该变量用来累加计算成绩
6   if (XZ11.selected )
7   {
8        cj +=  25;//答案为A时，加25分
9   }
10  if (XZ22.selected )
11  {
12       cj +=  25;//答案为B时，加25分
13  }
14  if  (!XZ31.selected  &&  XZ32.selected  &&  XZ33.selected      &&
XZ34.selected)
15  {
16       cj +=  25;//当答案为B、C、D的时候，加25分
17  }
18  if  (XZ41.selected  &&  !XZ42.selected  &&  !XZ43.selected      &&
XZ44.selected)
19  {
20       cj +=  25;//当答案为A、D的时候，加25分
21  }
22  defen.text = cj.toString();//将成绩数值显示在得分Lable中
23  }
```

在脚本中用到了"&&"运算符，也就是"与"运算符，它所实现的运算是当用"&&"连接的 4 个逻辑运算结果同时为 true 的时候，该逻辑运算的最后结果才为 true，见第 14 行与第 18 行的脚本表述。而"!"是一个"非"运算符，也就是对某一逻辑值的否定，例如："!XZ31.selected"，代表假如（选项组件）XZ31 处于未选中状态。

Lable 组件中显示的内容需要是纯文本或字符串，而在上面脚本代码中 cj 变量的类型是用于运算的数值型，所以必须转换成字符串类型才能赋值给 Lable 组件的 text 属性中，也就是脚本中第 22 行所示。

8.2 视频播放组件

相对于用脚本来播放外部视频文件,利用视频播放组件实现对外部影片的播放和控制则更

为简单快捷，这也是大多数初学者比较喜欢视频组件的原因之一。视频播放组件其实质就是 Flash 的一个外部类，通过一些简单参数设置便可实现对外部影片的调用。在网上还有很多比 Flash 内置的视频播放组件效果更好的第三方视频播放组件，可以直接下载使用。

8.2.1 视频播放组件的基本参数

新建一个空白的 Flash 影片，执行【窗口】→【组件】命令，打开组件面板，从 Video 分组中将 FLVPlayback 组件拖拽到舞台上，从右侧的属性面板中先来了解一下该视频播放组件所提供的基本参数，如图 8-8 所示。

图 8-8 视频播放组件的基本参数

- <实例名称>：可以通过该参数设定 FLVPlayback 组件实例的实例名，以便在脚本中调用。
- align：在 scaleMode 属性设置为 VideoScaleMode.MAINTAIN_ASPECT_RATIO 或 VideoScaleMode.NO_SCALE 时指定视频布局。
- autoPlay：一个布尔值，如果设置为 true，则在设置 source 属性后自动开始播放 FLV 文件。
- cuePoints：一个数组，说明 ActionScript 提示点和已禁用的嵌入式 FLV 文件提示点。
- isLive：一个布尔值，如果是实时视频流，则为 true。
- preview：仅用于实时预览。
- scaleMode：指定在视频加载后如何调整其大小。
- skin：一个字符串，指定外观 SWF 文件的 URL。
- skinAutoHide：一个布尔值，如果为 true，则鼠标未在视频上时隐藏组件外观。
- skinBackgroundAlpha：外观背景的 Alpha 透明度。
- skinBackgroundColor：外观背景的颜色（0xRRGGBB）。
- source：一个字符串，它指定要进行流式处理的 FLV 文件的 URL 以及如何对其进行流式处理。
- volume：一个数字，介于 0 到 1 的范围内，指示音量控制设置。

8.2.2 生活中的电磁现象

下面通过"生活中的电磁现象"课件案例对视频播放组件进行介绍。

1. 课件展示

本课件运行后的画面效果如图 8-9 所示。

点击"利用互感现象传输声音"按钮，舞台上的影片播放器将开始加载相应的影片，如图 8-10 所示。

图 8-9　生活中的电磁现象

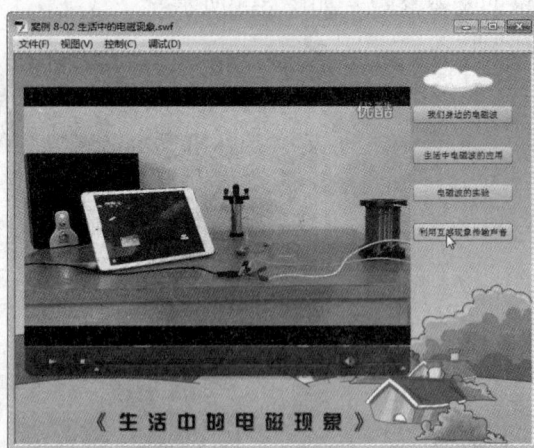

图 8-10　加载指定的影片

2. 课件分析

打开"生活中的电磁现象"课件源文件，选中舞台上的视频播放组件，从右面的属性面板中可以看到关于视频组件的相关组件参数，如图 8-11 所示。

图 8-11　视频组件的相关参数

可以看到能够设置的参数项目有很多，而与本课件实例相关的参数如上图的椭圆圈注位置，即 source 参数，也就是对节目源的设置。单击该位置的铅笔图标，打开节目源设置的对话框，如图 8-12 所示。

　　路径的表达既可以直接输入也可以通过右侧的"文件夹"按钮来进一步查找，为了给课件预先增加一个封面，所以在此暂时输入了"medias/电磁波.flv"这个地址，也就是在课件运行后视频播放组件将预先加载该影片。

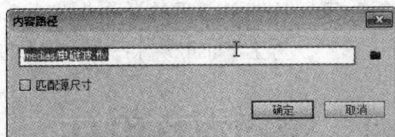

图 8-12　视频组件节目源参数的设置

操作步骤

1 设计操作按钮

　　在本实例中用到的按钮仍为按钮组件。单击【窗口】菜单从下拉命令列表中执行【组件】命令，打开组件面板。连续拖拽 4 个 Button 组件到舞台上，并在属性面板中更改相应 Button 组件实例的 Lable 参数依次为："我们身边的电磁波"、"生活中电磁波的应用"、"电磁波的实验"、"利用互感现象传输声音"。

　　接下来从组件面板中再拖拽 Flvplayback2.5 组件到舞台上，并使用【任意变形工具】将该组件调整到适当大小。

2 实例命名

　　将 4 个 Button 组件实例依次命名为：bt1、bt2、bt3、bt4。将 Flvplayback2.5 组件实例命名为：bofanqi。

3 添加脚本

　　单击"主要脚本"图层的开始帧，按 F9 键，打开动作编辑面板，输入下面的脚本内容。

```
1 import flash.events.MouseEvent;
2 bt1.addEventListener(MouseEvent.CLICK,bofang);
3 bt2.addEventListener(MouseEvent.CLICK,bofang);
4 bt3.addEventListener(MouseEvent.CLICK,bofang);
5 bt4.addEventListener(MouseEvent.CLICK,bofang);
6 function bofang(evt:MouseEvent):void
7 {
8   switch (evt.target.name)
9   {
10     case "bt1" :
11        bofangqi.source = "medias/001.flv";
12        break;
13     case "bt2" :
14        bofangqi.source = "medias/002.flv";
15        break;
16     case "bt3" :
17        bofangqi.source = "medias/003.flv";
18        break;
19     case "bt4" :
20        bofangqi.source = "medias/004.flv";
21        break;
22   }
23 }
```

　　从上面的脚本表达中不难发现，视频播放组件调用外部的视频，都是通过脚本更换视频播放组件的"source"参数值而已，所以这相对于完全用脚本实现视频的加载与播放来说更为简单实用。

★ **提示** 这些被调用的影片是保存在 Flash 影片外部的，所以在转移课件的时候一定要保证这些外部影片与主 Flash 影片一起拷走，并且需要保证当前 Flash 影片与视频影片的相对路径。

8.3 滚动窗格组件

滚动窗格组件可以加载外部的 Flash 影片或者图片到显示窗口中，这无疑为利用脚本加载外部文件提供了一个更为简单的设计思路。如果滚动窗格中加载的图片或 Flash 影片内容超出了滚动窗格组件的显示区域，则还可以通过调整滚动窗格提供的滚动条进行调整，或者设置拖拽参数直接拖拽，以便将未完全显示区域显示出来。

8.3.1 滚动窗格组件的基本参数

新建一个空白的 Flash 影片，执行【窗口】→【组件】命令，打开组件面板，从 User Interface 分组中将 ScrollPane 组件拖拽到舞台上，从右侧的属性面板中先来了解一下该滚动窗格组件所提供的基本参数，如图 8-13 所示。

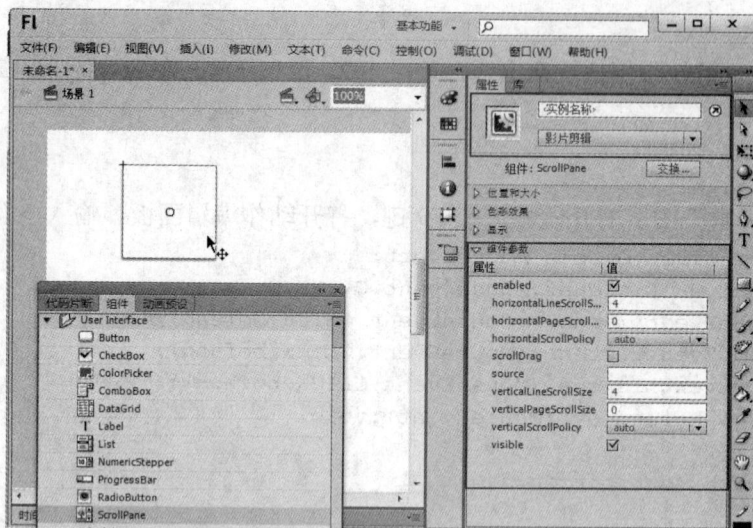

图 8-13　ScrollPane 组件的基本参数

- <实例名称>：可以通过该参数设定 ScrollPane 组件实例的实例名，以便在脚本中调用。
- enabled：组件实例是否处于可用状态，默认值为 true。
- horizontalLineScrollSize：获取或设置一个值，该值描述当单击滚动箭头时要在水平方向上滚动的内容量。
- horizontalPageScrollSize：获取或设置按滚动条轨道时水平滚动条上滚动滑块要移动的像素数。
- horizontalScrollPolicy：获取或设置一个值，该值指示水平滚动条的状态。
- scrollDrag：获取或设置一个值，该值指示当用户在滚动窗格中拖动内容时是否发生滚动。
- source：获取或设置以下内容：绝对或相对 URL（该 URL 标识要加载的 SWF 或图像文件的位置）、库中影片剪辑的类名称、对显示对象的引用或者与组件位于同一层上的影片剪辑的实例名称。

- verticalLineScrollSize：获取或设置一个值，该值描述当单击滚动箭头时要在垂直方向上滚动多少像素。
- verticalPageScrollSize：获取或设置按滚动条轨道时垂直滚动条上滚动滑块要移动的像素数。
- verticalScrollPolicy：获取或设置一个值，该值指示垂直滚动条的状态。
- visible：组件实例是否处于显示状态，默认值为 true。

关于滚动窗格组件的基本参数先简要介绍到这里，下面我们通过一个具体的案例《案例 8-03 新年快乐》来对这些组件有一个更深入的认识。

8.3.2　新年快乐

下面通过"新年快乐"课件案例对滚动窗格组件进行介绍。

1. 课件展示

本课件运行后的画面效果如图 8-14 所示。

图 8-14　新年快乐初始画面

单击舞台上的"图片"按钮，舞台上的滚动窗格组件将开始加载一个外部的位图图片，如图 8-15 所示。

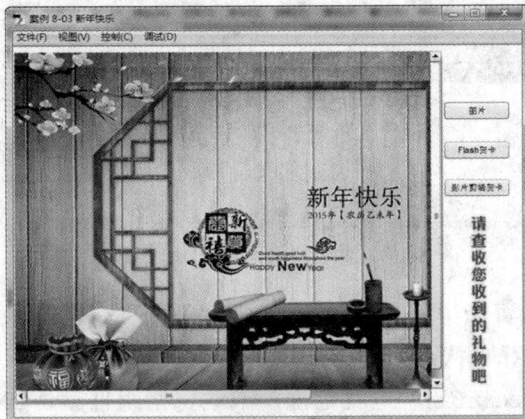

图 8-15　加载外部位图图片

单击舞台上的"Flash 贺卡"按钮,舞台上的滚动窗格组件将开始加载一个外部的 Flash 影片,如图 8-16 所示。

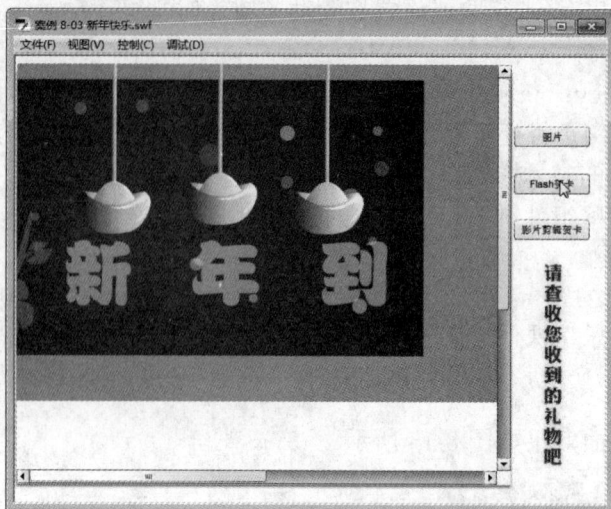

图 8-16　加载外部的 Flash 影片

2. 课件分析

打开"新年快乐"课件源文件,单击选中舞台上的滚动窗格组件实例,在属性面板中可以看到其相关的组件参数,如图 8-17 所示。

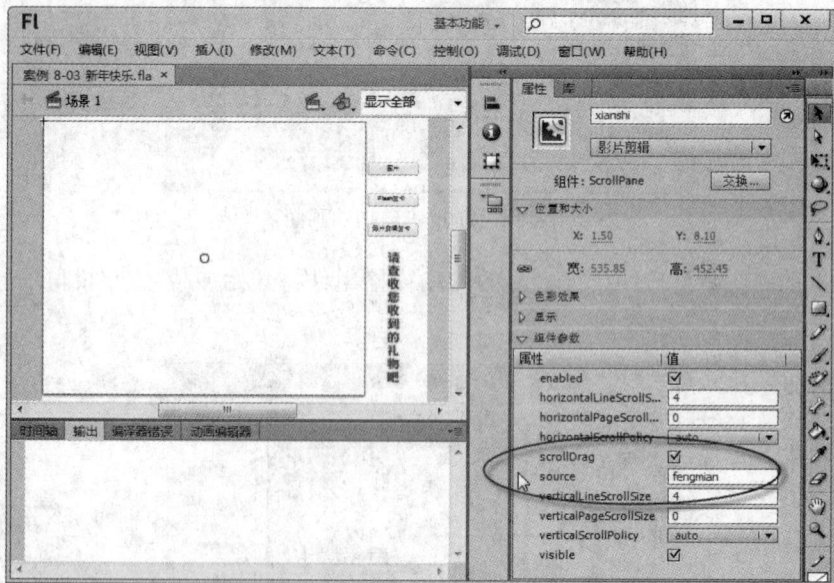

图 8-17　滚动窗格组件的相关参数

其中 scrollDrag 参数设置为了 true 也就是打上了对勾,这表示允许对滚动窗格内显示的内容进行拖拽,以便将未显示的内容显示出来。

Source 参数设置成为 fengmian,也就是说,滚动窗格组件默认加载的对象是类名(链接)为 fengmian 的影片剪辑。打开元件库,可以看到该影片剪辑,如图 8-18 所示。

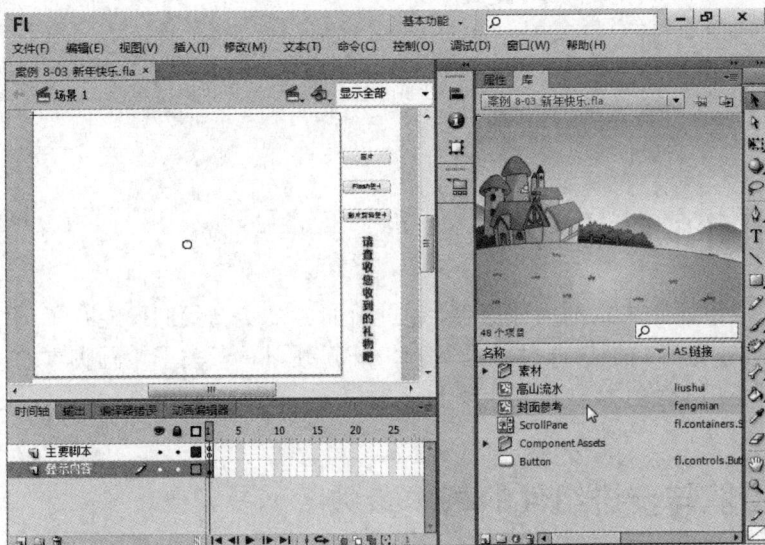

图 8-18　被绑定在滚动窗格组件实例上的影片剪辑

同样在元件库中还有 1 个类名（链接）为 liushui、元件名为"高山流水"的影片剪辑，这是准备为点击"影片剪辑贺卡"按钮后进行加载而准备的素材。

操作步骤

1 添加操作按钮以及滚动窗格组件到舞台

在本实例中用到的按钮仍为按钮组件。单击【窗口】菜单从下拉命令列表中执行【组件】命令，打开组件面板。连续拖拽 3 个 Button 组件到舞台上，并在属性面板中依次更改相应 Button 组件实例的 Lable 参数为："图片"、"Flash 贺卡"、"影片剪辑贺卡"。

接下来从组件面板中再拖拽 ScrllPane 组件到舞台上，并使用【任意变形工具】将该组件调整到适当大小。

2 命名实例

将舞台上 3 个 Button 组件实例依次命名为：tupian、swf、yingpian。

将 ScrllPane 组件实例命名为：xianshi。

3 添加脚本

单击"主要脚本"图层的开始帧，按 F9 键，打开动作编辑面板，输入下面的脚本内容。

```
1 import flash.events.MouseEvent;
2 tupian.addEventListener(MouseEvent.CLICK,jiazaitupian);
3 swf.addEventListener(MouseEvent.CLICK,jiazaiswf);
4 yingpian.addEventListener(MouseEvent.CLICK,jiazaiyingpian);
5 function jiazaitupian(evt:MouseEvent):void
6 {
7   xianshi.source = "medias/HapyNewYear.jpg";
8 }
9 function jiazaiswf(evt:MouseEvent):void
10 {
11   xianshi.source = "medias/yingxinnian.swf";
12 }
```

```
13function jiazaiyingpian(evt:MouseEvent):void
14{
15  vargaoshan:liushui = new liushui  ;
16  xianshi.source = gaoshan;
17}
```

8.4　常见组件的综合应用

Flash CS6 提供了非常丰富的内建组件，通过前面 3 个实例我们已经有了一个大概的了解，本节通过一个"简易电子白板"课件综合案例，既回顾上一章关于绘画脚本的一些基本知识，同时了解 ColorPicker（颜色拾取）组件及 NumbericStepper（数字步进）组件在课件制作中的应用。

8.4.1　颜色拾取与步进组件的基本参数

新建一个空白的 Flash 影片，执行【窗口】→【组件】命令，打开组件面板，从 User Interface 分组中将 ColorPicker 组件拖拽到舞台上，从右侧的属性面板中先来了解一下颜色拾取组件所提供的基本参数，如图 8-19 所示。

图 8-19　颜色拾取组件的基本参数

- <实例名称>：可以通过该参数设定 ColorPicker 组件实例的实例名，以便在脚本中调用。
- enabled：组件实例是否处于可用状态，默认值为 true。
- selectedColor：颜色拾取组件选中的颜色值。
- showTextField：获取或设置一个布尔值指示是否显示 ColorPicker 组件的内部文本字段。
- visible：组件实例是否处于显示状态，默认值为 true。

接下来从 User Interface 分组中将 NumbericStepper（数字步进）组件拖拽到舞台上，从右侧的属性面板中可以看到 NumbericStepper（数字步进）组件实例所包含的基本参数，如图 8-20 所示。

- <实例名称>：可以通过该参数设定 NumbericStepper 组件实例的实例名，以便在脚本中调用。
- enabled：获取或设置一个值，该值指示组件是否可以接受用户交互，默认值为 true。

198

- maximum：获取或设置数值序列中的最大值，默认值为 10。
- minimum：获取或设置数值序列中的最小值，默认值为 0。

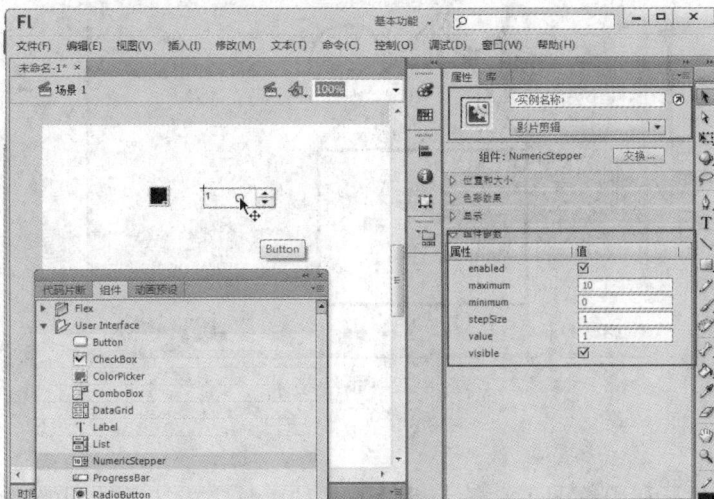

图 8-20　数字步进组件基本参数

- stepsize：获取或设置一个非零数值，该值描述值与值之间的变化单位，默认值为 1。
- value：获取或设置 NumericStepper 组件的当前值。
- visible：组件实例是否处于显示状态，默认值为 true。

8.4.2　简易电子白板

1. 课件展示

本课件运行后的画面效果如图 8-21 所示。

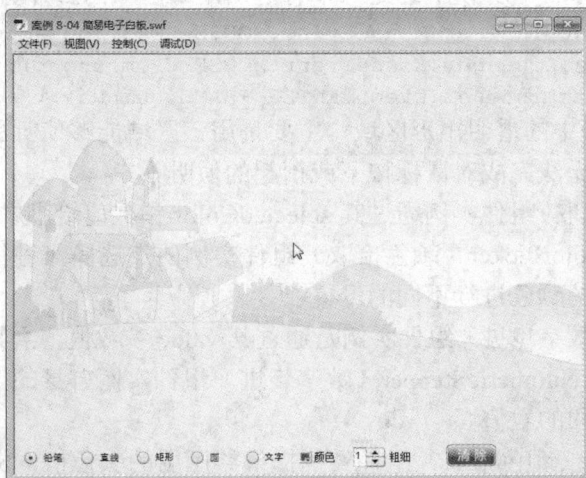

图 8-21　简易电子白板

在本实例的操作中，可以先通过舞台上的 ColorPicker（颜色拾取）组件实例（实例名为：YS）设置好颜色，再通过 NumbericStepper（数字步进）组件（实例名为：CX）设置好线条粗细，从单选按钮中选择合适的绘画工具后，就可以在画面中开始手绘操作了，效果如图 8-22 所示。

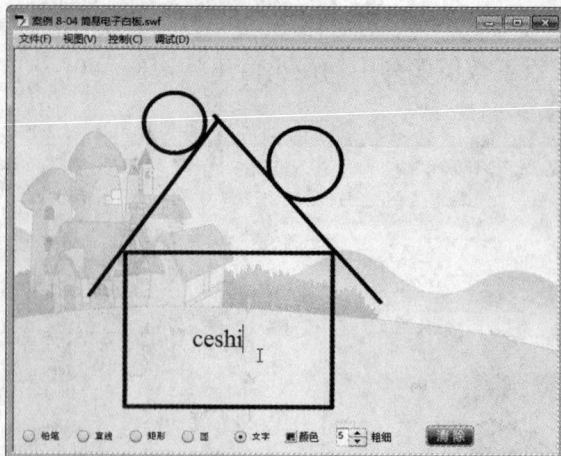

图 8-22 手绘结果

2. 课件分析

本课件实例主要是利用绘图工具条上提供的几种工具完成徒手绘图的操作，为此需要解决下面几个事件的侦听与函数处理。

首先是当鼠标首次按下的时候，用一个变量记住这是手绘的开始动作。

例如：varDown:Boolean = false;

当第一次鼠标指针按下的时候设置：Down=True;借此表示鼠标按下，且要准备开始绘图的操作了。当鼠标指针抬起的时候设置：Down=False;表示鼠标处于抬起状态。也就是说，只有当鼠标指针一直按着时是一直处于绘图状态，绘图的实现就用到了一个对帧进入事件的监听，在该事件发生时如果 Down 一直处于 True 时，表明铅笔的绘图操作一直在继续，否则绘图操作停止下来。

用来实现对这 3 个事件进行侦听的是一个有透明矩形区域的影片剪辑，实例名为 HuaBu。

```
HuaBu.addEventListener(MouseEvent.MOUSE_DOWN,mousedown);
HuaBu.addEventListener(MouseEvent.MOUSE_UP,mouseup);
HuaBu.addEventListener(Event.ENTER_FRAME,huihua);
```

之所以保留 HuaBu 中的透明矩形区域，主要是用该区域能够侦听鼠标指针的动作，如果该区域不存在的话，就无法完成对鼠标按下或抬起的侦听了。

ColorPicker（颜色拾取）组件实例通过其 selectedColor 参数值给脚本提供当前的颜色信息，该颜色值可以通过对 ColorPicker（颜色拾取）组件实例的点选操作进行改变，绘图脚本可以根据此颜色信息对线条的颜色进行不同的设置。

NumbericStepper（数字步进）组件实例是通过其 value 参数值，给其他脚本提供一个数值信息，该数值可以通过 NumbericStepper（数字步进）组件实例自身的点击进行数值的调整，从而给其他脚本提供不同的数值。

在经由 ColorPicker（颜色拾取）组件实例提供绘图用的颜色值，NumbericStepper（数字步进）组件实例提供了线条粗细值以后，就是展开绘图的过程了。在前面已经介绍过画线语句的使用。本实例中新增了两种常见图即圆与矩形，对应的绘图语句是 drawCircle 和 drawRect。其相应的语法表达方式如下：

```
drawCircle(圆点X坐标,圆点Y坐标,圆的半径);
drawRect(起点X坐标，起点Y坐标，X方向长度，Y方向长度);
```

由此可见，要想绘制这些图形必须知道两个点的坐标，即绘图起点与绘图终点，相关语句内的参数值均由这两点的坐标进行计算得到。为了记住绘图的开始坐标位置，特意声明了两个变量用来记住鼠标初次按下时的 X 坐标值与 Y 坐标值。如下：

```
varSTX:int = 0;
varSTY:int = 0;
```

绘图终点的坐标值是由绘图过程中当前的鼠标坐标值来得到的。

对于绘图结果的清除操作是通过点击"清除"按钮来实现的，点击该按钮后执行 qingchu 函数，该函数中首先把 HuaBu 上本来的图形区域中的绘制图形（这些图形主要是铅笔绘图产生），也就是用 HuaBu.graphics.clear()实现了；另外就是脚本新创建的影片剪辑或文本实例，这些实例只有通过移除操作来实现，由于考虑到要保留 HuaBu 上本来的图形区域，所以脚本做了如下的修改：

```
while (HuaBu.numChildren>=2)
    {
        HuaBu.removeChildAt(1);
    }
```

执行的结果是 HuaBu 中最原始的透明图形区域不被移除，只将其上面后来添加的各种实例加以移除。

对于添加文本这项功能与其他的绘图不同，添加该对象只要是在画板上单击便在该位置创建并添加。并且需要设定文本对象的显示格式以及输入类型，同时还需要设定当前的文本对象是处于焦点状态，以便于输入相应的文字内容。

操作步骤

1 实例命名

打开"简易电子白板"课件源文件，单击选中舞台上的"画板范围"剪辑实例，该区域即为本课件中指定的绘图区域，将该实例命名为 HuaBu。如图 8-23 所示。

图 8-23 给绘图板实例命名

选中舞台下方的自制绘图工具条部分，将其实例命名为 GongJu。双击该工具条实例进入到"工具条"影片剪辑的编辑状态，依次为下面的各组件实例命名为：QB、ZX、JX、YU、WZ、YS、CX。

2 添加脚本

单击"主要脚本"图层的开始帧，按 **F9** 键，打开动作编辑面板，输入下面的脚本内容。

```
1 import flash.display.MovieClip;
2import flash.display.Graphics;
3import flash.text.TextField;
4varTuXing:Graphics = HuaBu.graphics;
5varSTX:int = 0;
6varSTY:int = 0;
7varDown:Boolean = false;
8//让画布区域接收各类的鼠标事件;
9HuaBu.addEventListener(MouseEvent.MOUSE_DOWN,mousedown);
10HuaBu.addEventListener(MouseEvent.MOUSE_UP,mouseup);
11function mousedown(evt:MouseEvent):void
12{
13   //当鼠标按下准备开始绘图的操作
14   STX = mouseX;
15   STY = mouseY;
16   Down = true;
17   if (GongJu.QB.selected == false &&GongJu.WZ.selected == false)
18   {
19       varmc:MovieClip = new MovieClip  ;
20       TuXing = mc.graphics;
21       HuaBu.addChild(mc);
22   }
23   TuXing.lineStyle(GongJu.CX.value,GongJu.YS.selectedColor,1);
24   TuXing.moveTo(STX,STY);
25   HuaBu.addEventListener(Event.ENTER_FRAME,huihua);
26   if (GongJu.WZ.selected == true)
27   {
28       varMyfm:TextFormat=new TextFormat();//创建一个文本格式
29       Myfm.color = GongJu.YS.selectedColor;//设置格式对象文字颜色
30       Myfm.leftMargin = 10;//设置文本内容距左边框的距离
31       Myfm.size = 30;//设置文字大小
32       varwz:TextField = new TextField  ;//创建文本对象
33       wz.type = TextFieldType.INPUT;//设置文本对象的类型为输入文本
34       wz.x = STX;
35       wz.y = STY;
36       wz.width = 400;
37       wz.defaultTextFormat = Myfm;//应用自定义文本格式到输入文本对象上
38       this.stage.focus = wz;//设置该输入文本对象为舞台上焦点对象
39       HuaBu.addChild(wz);
40   }
41}
42function mouseup(evt:MouseEvent):void
43{ //停止绘图
44   Down = false;
45   HuaBu.removeEventListener(Event.ENTER_FRAME,huihua);
46}
47function huihua(evt:Event):void
48{
```

```
49  if (GongJu.QB.selected == true && Down == true)
50  {
51      TuXing.lineTo(mouseX,mouseY);
52  }
53  if (GongJu.ZX.selected == true && Down == true)
54  {
55      TuXing.clear();
56      TuXing.lineStyle(GongJu.CX.value,GongJu.YS.selectedColor,1);
57      TuXing.moveTo(STX,STY);
58      TuXing.lineTo(mouseX,mouseY);
59  }
60  if (GongJu.JX.selected == true && Down == true)
61  {
62      TuXing.clear();
63      TuXing.lineStyle(GongJu.CX.value,GongJu.YS.selectedColor,1);
64      TuXing.drawRect(STX,STY,(mouseX-STX),(mouseY-STY));
65  }
66  if (GongJu.YU.selected == true && Down == true)
67  {
68      TuXing.clear();
69      TuXing.lineStyle(GongJu.CX.value,GongJu.YS.selectedColor,1);
70 TuXing.drawCircle(STX+(mouseX-STX)/2,STY+(mouseY-STY)/2,(mouseX-STX)/2);
71  }
72 }
73 GongJu.QingChu.addEventListener(MouseEvent.CLICK,qingchu);
74 function qingchu(evt:MouseEvent):void
75 {
76 HuaBu.graphics.clear();
77 while (HuaBu.numChildren>=2)
78 {
79      HuaBu.removeChildAt(1);
80 }
81 }
```

★提示　Flash CS6 中提供了丰富的组件，而且每种组件都设计了相应人性化的接口，仅从该组件提供的属性中就可以设置或调用该组件的参数值，可以实现该组件所能实现的功能，这使课件制作变得简单了许多。在平常的课件制作过程中有很多的组件是用不到的，本教程中也只是将一少部分比较常用的组件进行了简要介绍，如果用户对其他组件感兴趣的话，可以在课下对其他的组件进行研究与学习。

8.5　课后练习

1. 单选与复选组件是制作测验型课件的常用组件，请仿照本章第一节的实例制作一个类似的测验试卷。

2. 在本章第二节中了解了一般视频播放组件的使用方法。视频播放组件还有很多参数没有一一了解，如视频组件外观（skin）的选择设置。本习题要求大家对视频播放组件的外观做一个初步的认识。修改外观参数的基本方法以及实测效果如图 8-24 与图 8-25 所示。

图 8-24　给视频组件选择外观

图 8-25　修改外观后的不同效果图

3. 仿照第 3 节的实例，熟悉使用滚动窗格组件加载外部图片以及 Flash 影片的过程。

4. 请试着导入一个文本组件，并从其实例对应的属性面板上设置（text）文本内容，然后测试一下显示效果。参考实测效果如图 8-26 所示。

图 8-26　文本组件的使用

5. 练习下拉列表组件的使用方法，制作一个相关课件。点击下拉列表组件，选择相应的标题，将跳转到相应的习题页面。实测效果如图 8-27 所示。

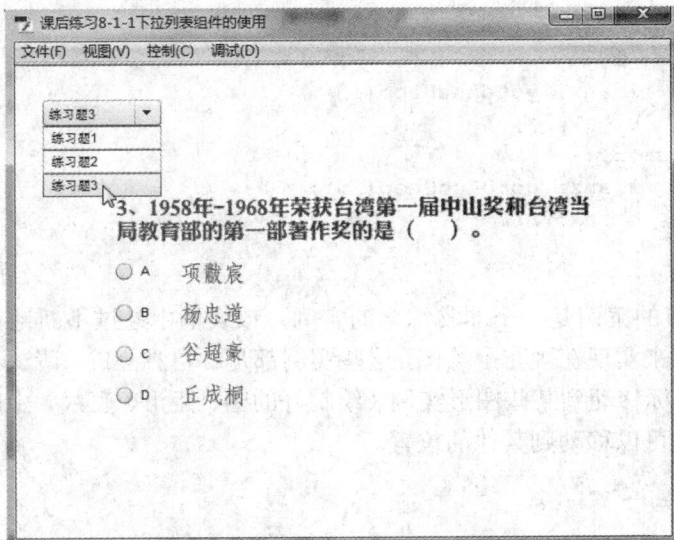

图 8-27 下拉列表组件的使用

★提 示 创建一个新的 Flash 影片，将下拉列表组件（ComboBox）拖拽到舞台上，将下拉组件实例命名为
"cbox"，在属性面板的"组件参数"项目中，点击"dataProvider"后面的铅笔图标打开 dataProvider
参数的设置面板，进行如图 8-28 所示的设置。

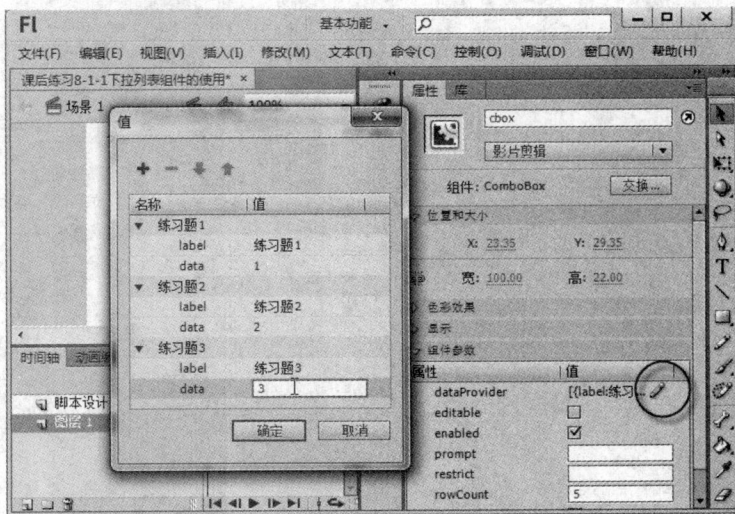

图 8-28 设置下拉列表组件相关参数

　　设计一个影片剪辑，制作 3 个习题，影片剪辑实例名为："lianxi"。本实例中涉及的主要
脚本如下：

```
1 cbox.addEventListener(Event.CHANGE,daohang);
2 function daohang(evt:Event):void
3 {
4   switch (int(cbox.selectedItem.data))
5   {//根据下拉列表选项值进行导航
6     case 1 :
7         lianxi.gotoAndStop(1);
```

```
8           break;
9       case 2 :
10          lianxi.gotoAndStop(10);
11          break;
12      case 3 :
13          lianxi.gotoAndStop(20);
14          break;
15  }
16}
```

6. 本章最后一节的案例是一个非常综合的实例，该实例中通过不断地在画布"容器"中添加图形或文本实例来实现在画布上绘图，这些实例都是各自独立的。请试着在工具条上增加一个拖拽工具，当鼠标移动到某些图形实例（绘制好的圆、矩形、直线）上时，使这些实例处于被拖拽状态，并且可以移动到其他的位置。

第9章 模板的使用与制作

学习要点

☑ 了解模板的类型
☑ 掌握使用模板制作简单课件的方法
☑ 学会制作课件模板

9.1 Flash CS6 模板简介

1. 打开模板

执行【文件】→【新建】菜单命令或按 Ctrl + N 键，在打开的【新建文档】对话框中选择【模板】选项，进入【从模板新建】对话框，可以在左边的类别窗格中选择模板类型，在中间的模板列表中选择具体的影片模板，右边预览窗格显示出该模板的画面效果影像，在预览窗格下面可以看见该影片模板的功能说明，如图 9-1 所示。

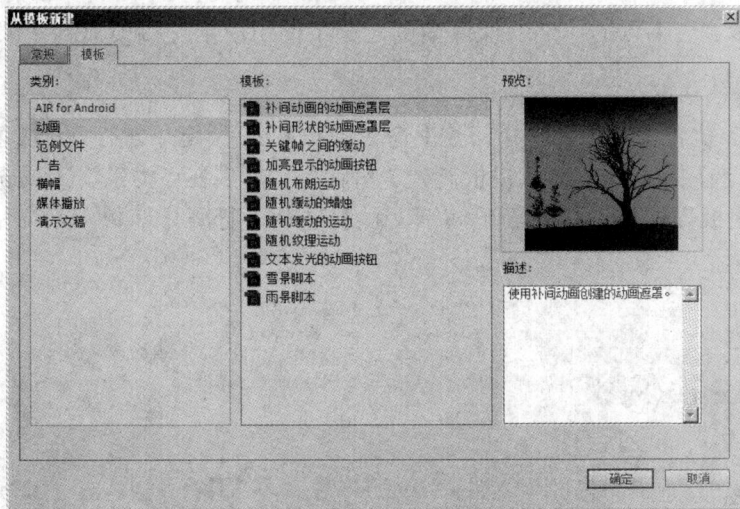

图 9-1 【从模板新建】对话框

2. 了解模板

Flash CS6 中的模板包括 AIR FOR Android 模板、动画模板、范例文件模板、广告模板、横幅模板、媒体播放模板、演示文稿模板，并且每种模板又包含若干个模板。

模板实际上是已经编辑完成、具有一定构架的文件，并且具有强大的互动扩充功能。使用模板创建文件，只需要根据原有的构架对可编辑元件进行修改或替换，就可以便捷、快速地创建精彩的互动文件。

9.2 会唱歌的作文

在 Flash 中，可以利用"演示文稿"模板，创建简单和复杂的演示文稿样式，可以用幻灯片的形式播放图片，"演示文稿"模板包括"高级演示文稿"和"简单演示文稿"两种模板，如图 9-2 所示。

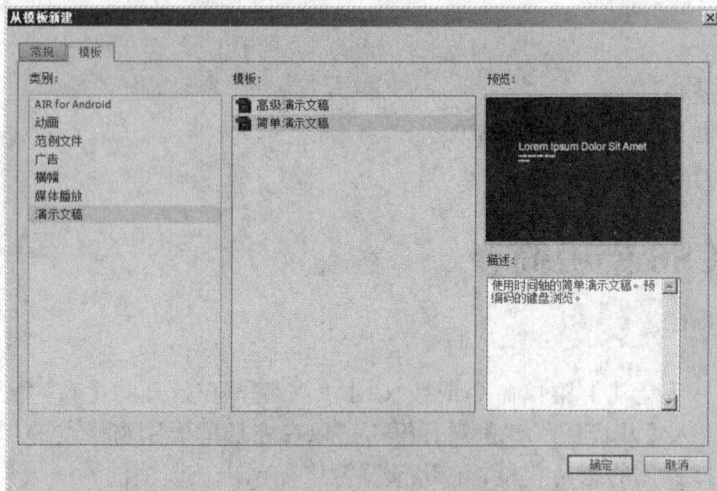

图 9-2 "演示文稿"模板

下面通过制作"会唱歌的作文"课件案例，介绍使用演示文稿模板制作课件的方法。

操作步骤

1 打开模板。执行【文件】→【新建】命令或按 Ctrl+N 键，在打开的【新建文档】对话框中选择【模板】选项卡，进入【从模板新建】对话框，然后在"类别"区域选择【演示文稿】选项，接着在"模板"区域选择【简单演示文稿】选项，打开【简单演示文稿】模板，如图9-3 所示。

图 9-3 【简单演示文稿】模板

演示文稿模板共有 4 个图层。从上到下的顺序依次是：

（1）说明图层：这是对模板的一些说明，如图 9-4 所示。

模板说明(引导层 – 不随 SWF 导出)

1. 要添加和删除幻灯片，只需添加或删除"幻灯片"图层中的关键帧并编辑其中的内容。
2. 要编辑页眉和页脚，请对"背景"图层解锁并编辑其中的内容。
3. 使用键盘箭头和空格键以浏览幻灯片。
4. 要全屏运行，请发布为放映文件并在放映文件中切换全屏模式。

图 9-4　模板说明

（2）动作图层：这是一个代码层。选中写入代码的帧，打开【动作】面板，就可以看到动作脚本。

（3）幻灯片图层：这是演示模板最主要的图层——内容图层。这里放置演示文稿的每一个页面，默认时，它上面是 4 个页面。可以单击每一帧，查看每个演示页面的内容。

（4）背景图层：这是演示文稿的背景，可以根据自己的爱好重新设计。

执行【控制】→【测试影片】→【测试】或按 Ctrl + Enter 键，观察一下课件效果，按"空格键"或"方向键"切换页面。

了解了演示文稿模板的内容后，就可以把原有内容删除，放上要演示的内容。可以先把所有图层加锁，在编辑时再把相关图层的锁打开，修改完成后再把该图层加锁。

2 保存文件。执行【文件】→【保存】命令，将文件名保存为"会唱歌的作文"。

3 设置第 1 张幻灯片。选择"幻灯片"图层的第 1 帧，将舞台上的文字全部删除，然后输入"会唱歌的作文更出彩——用歌词打造作文新亮点"，如图 9-5 所示。

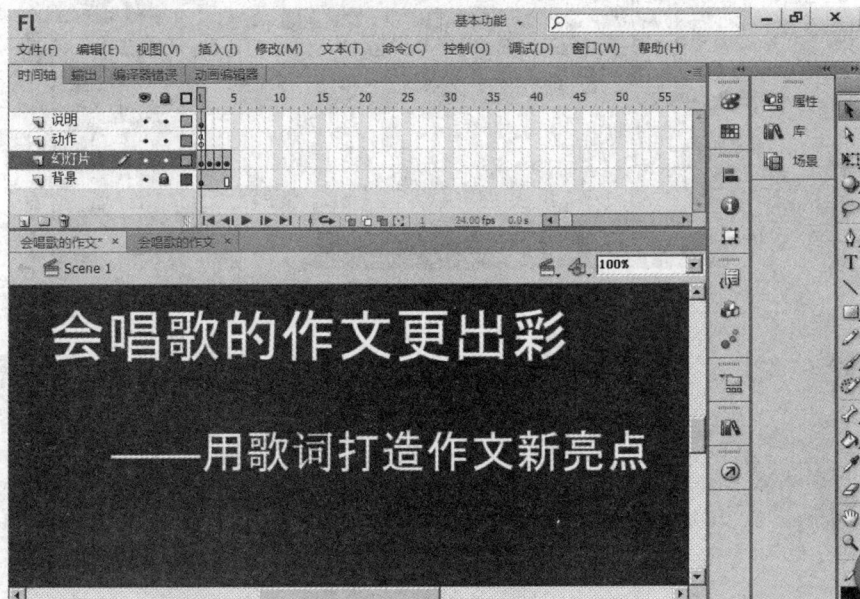

图 9-5　"幻灯片"图层第 1 帧

4 设置第 2 张幻灯片。选择"幻灯片"图层的第 2 帧，将舞台上的文字全部删除，然后在舞台上方输入"用歌词打造新亮点"，在舞台中输入相应文本。如图 9-6 所示。

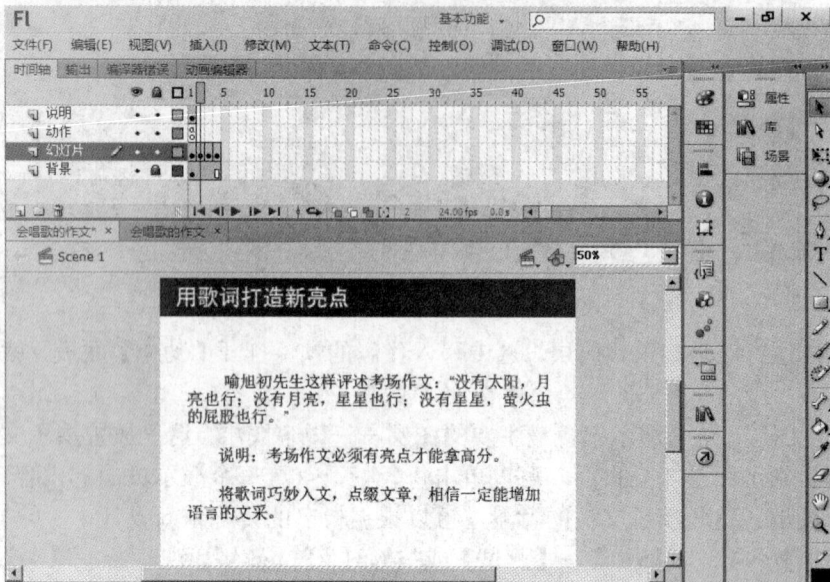

图 9-6 "幻灯片"图层第 2 帧

5 设置第 3 张幻灯片。选择"幻灯片"图层的第 3 帧，将舞台上的文字全部删除，然后在舞台上方输入"一、标题——'我一见你就笑'"，在舞台中输入相应文本。如图 9-7 所示。

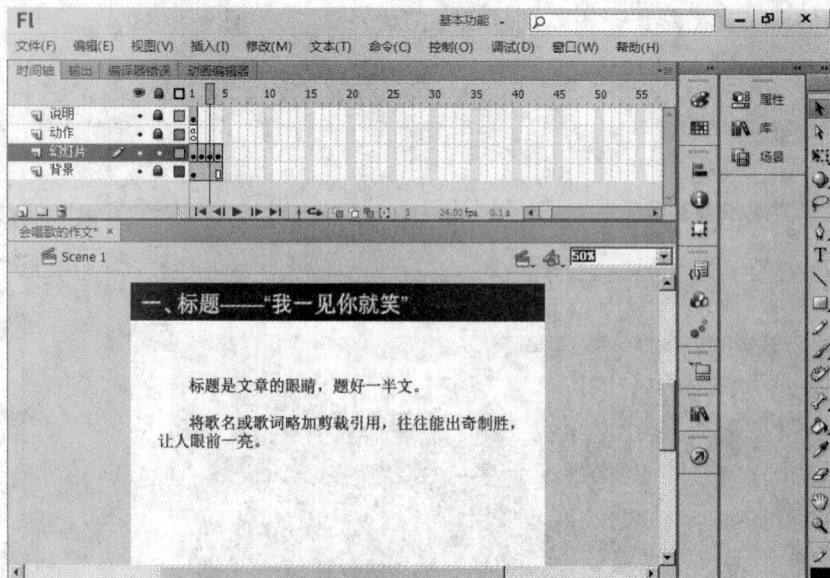

图 9-7 "幻灯片"图层第 3 帧

6 设置第 4 张幻灯片。选择"幻灯片"图层的第 4 帧，将舞台上的文字全部删除，然后在舞台上方输入"二、凤头——'忘记你我做不到'"，在舞台中输入相应文本。如图 9-8 所示。

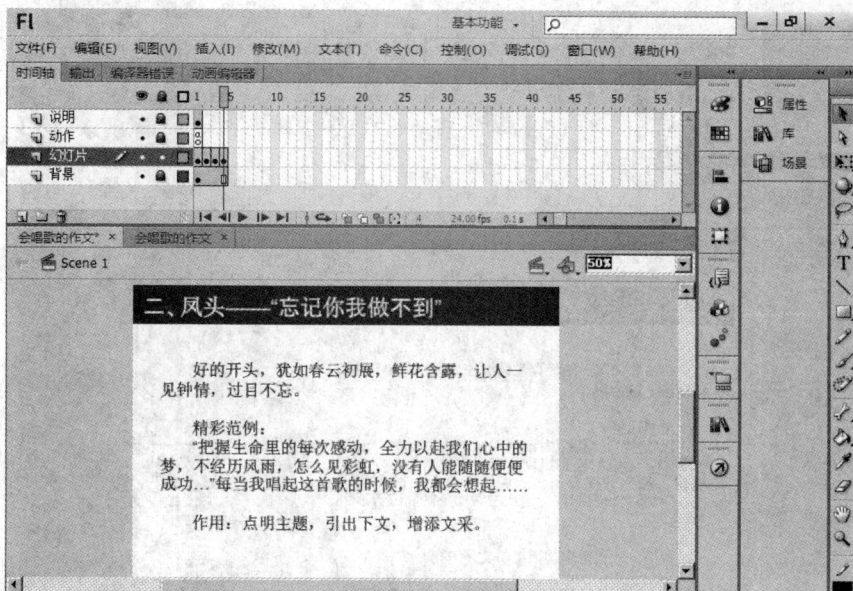

图 9-8 "幻灯片"图层第 4 帧

7 设置背景，添加幻灯片。选择"背景"图层的第 8 帧，插入帧，如图 9-9 所示。

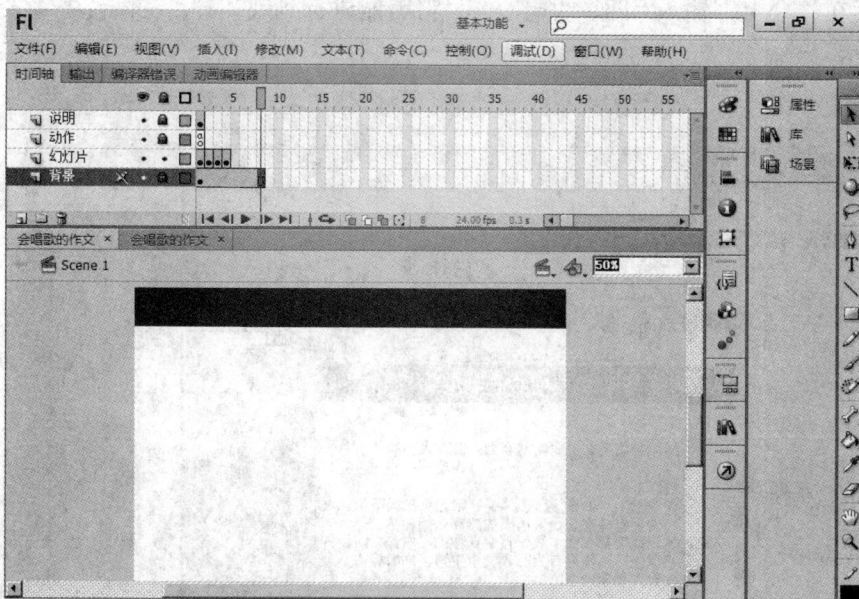

图 9-9 插入帧与关键帧

8 设置第 5 张幻灯片。选择"幻灯片"图层的第 5 帧，插入关键帧，将舞台上的文字全部删除，然后在舞台上方输入"三、语言——'华彩华彩满天飞'"，在舞台中输入相应文本。如图 9-10 所示。

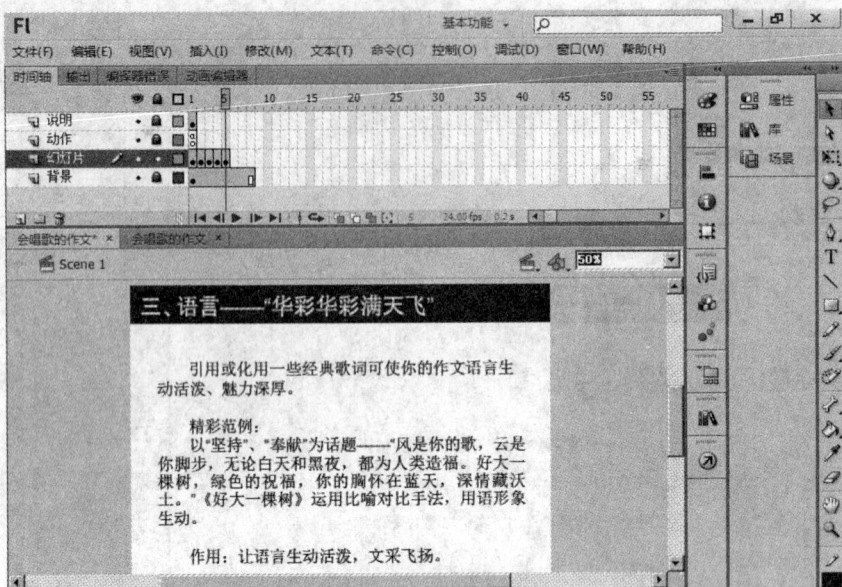

图 9-10　"幻灯片"图层第 5 帧

9 设置第 6 张幻灯片。选择"幻灯片"图层的第 6 帧，插入关键帧，将舞台上的文字全部删除，然后在舞台上方输入"四、豹尾——'将美丽进行到底'"，在舞台中输入相应文本。如图 9-11 所示。

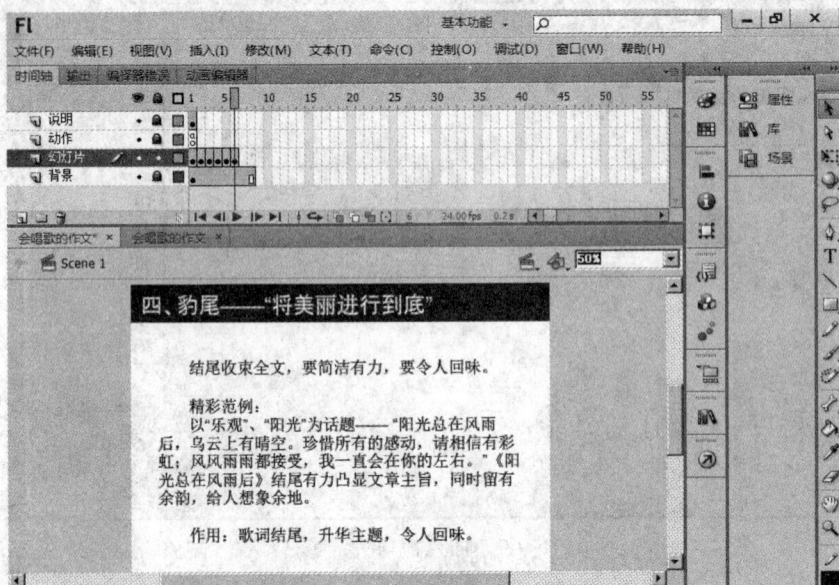

图 9-11　"幻灯片"图层第 6 帧

10 设置第 7 张幻灯片。选择"幻灯片"图层的第 7 帧，插入关键帧，将舞台上的文字全部删除，然后在舞台上方输入"总结"，在舞台中输入相应文本。如图 9-12 所示。

11 设置第 8 张幻灯片。选择"幻灯片"图层的第 8 帧，插入关键帧，将舞台上的文字全部删除，然后在舞台上方输入"总结"，在舞台中输入相应文本。如图 9-13 所示。

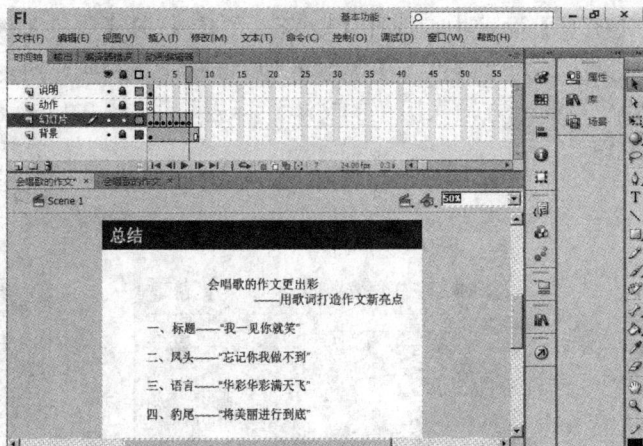

图 9-12 "幻灯片"图层第 7 帧

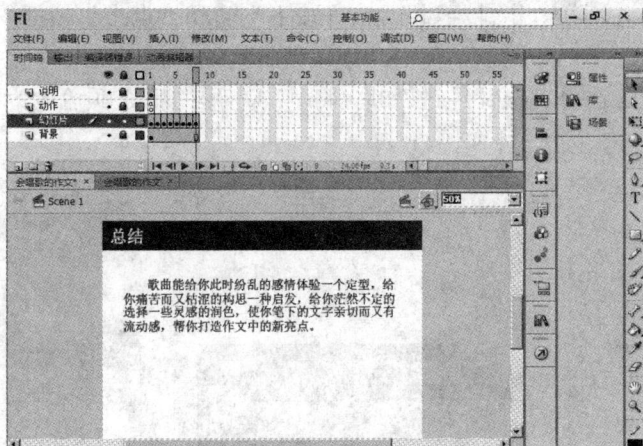

图 9-13 "幻灯片"图层第 8 帧

12 保存并测试文件。按 Ctrl+S 键保存文件，按 Ctrl+Enter 键测试课件效果，可以使用空格键或方向键演示幻灯片。

9.3 认识长方形

除了可以利用"演示文稿"模板创建演示文稿外，还可以自己制作课件模板，下面通过"认识长方形"课件案例介绍制作课件模板的方法。

在制作本课件时，首先制作可以在各个画面中跳转的按钮元件，然后制作影片剪辑，最后编辑各个场景。

操作步骤

1 设置属性。新建空白文档，打开【属性】面板，设置"FPS"为 12，"舞台大小"为 800×600，如图 9-14 所示。

2 创建"标题"按钮。按 Ctrl+F8 键，打开【创建新元件】对话框，在【名称】框中输入"标题"，在【类型】下拉列表中选择"按钮"，如图 9-15 所示，单击【确定】按钮。

3 插入矩形。在【工具】面板中，选择【矩形工具】，打开【属性】面板，设置【笔触颜色】为"红色"，【填充颜色】为"黄色"，【笔触】为"3"，如图 9-16 所示；在按钮元件工作区中，绘制矩形，然后在矩形上方输入黑色的文本"标题"，如图 9-17 所示。

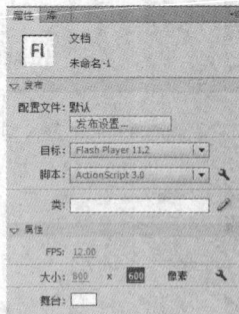

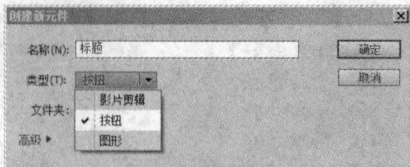

图 9-14 【属性】面板	图 9-15 【创建新元件】对话框	图 9-16 矩形属性

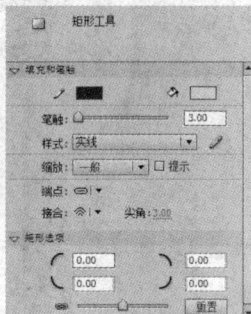

4 插入关键帧。分别在"指针经过"帧、"按下"帧和"点击"帧插入关键帧，如图 9-18 所示。

5 修改按钮颜色。选择"指针经过"帧，将其中矩形的填充颜色改为"白色"，如图 9-19 所示。

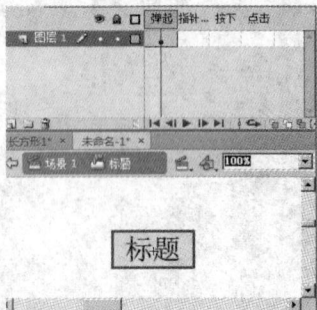

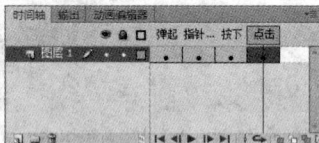

图 9-17 绘制矩形	图 9-18 输入文本	图 9-19 修改按钮颜色

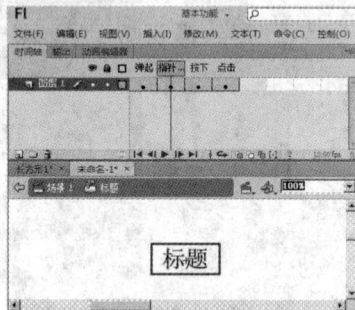

6 创建"引入"按钮。创建一个名称为"引入"的按钮元件，将按钮元件"标题"中"弹起"帧的矩形和文本，复制到按钮元件"引入"的工作区，然后将文本"标题"修改为"引入"，如图 9-20 所示。

7 扩大按钮。重复步骤 4、步骤 5，将"引入"按钮的"指针经过"中矩形的填充颜色改为"白色"，如图 9-21 所示。

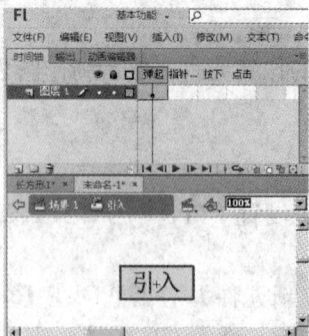

图 9-20 "引入"按钮	图 9-21 修改颜色

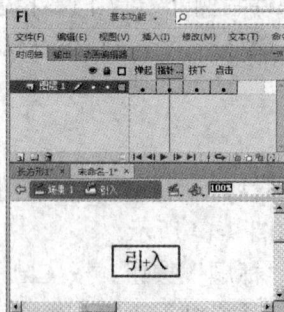

214

8 创建其他按钮。重复步骤 6、步骤 7，分别创建名称为"定义"、"性质"、"小结"、"前进"及"后退"的按钮元件，如图 9-22 至图 9-26 所示。

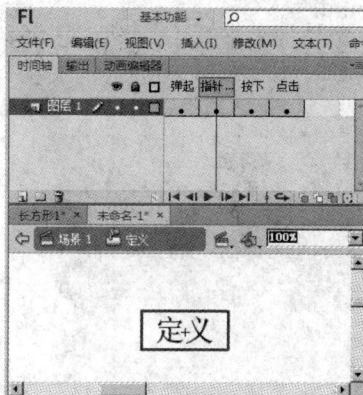
图 9-22 "定义"按钮

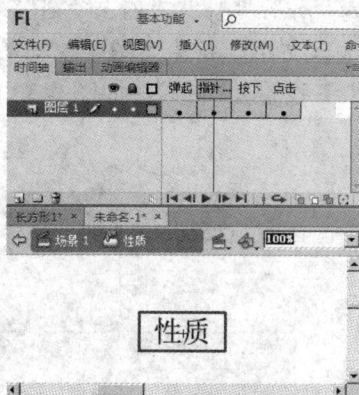
图 9-23 "性质"按钮

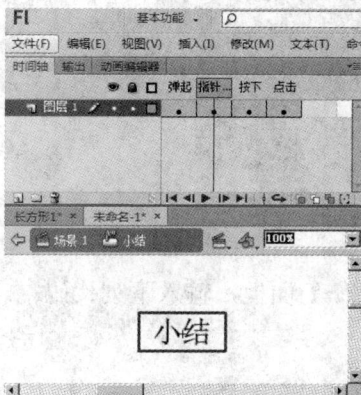
图 9-24 "小结"按钮

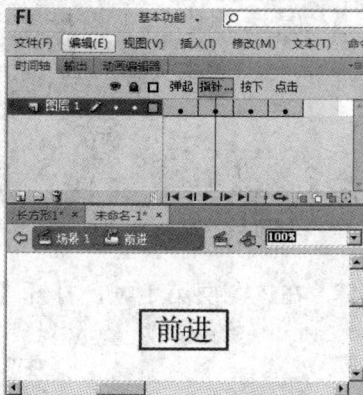
图 9-25 "前进"按钮

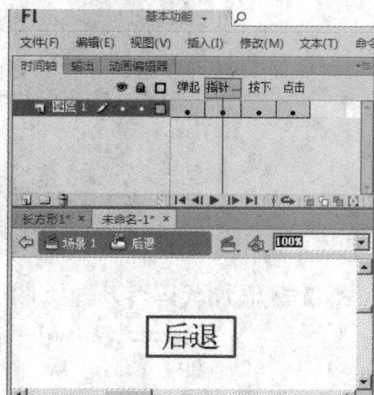
图 9-26 "后退"按钮

9 导入背景。返回场景 1，将背景图片导入到舞台，在【对齐】面板中将【匹配大小】设置为"匹配高和宽"，【对齐】方式为"左对齐、顶对齐"，效果如图 9-27 所示。

10 拖入按钮元件。新建"图层 2"，依次将【库】面板中的按钮元件"标题"、"引入"、"定义"、"性质"、"小结"、"前进"、"后退"拖入到舞台上，如图 9-28 所示。

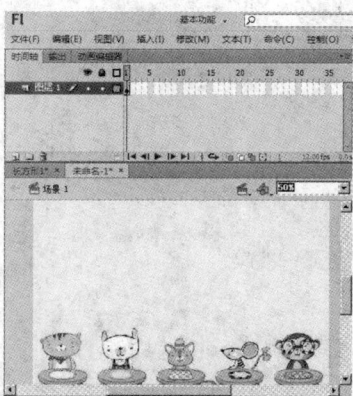
图 9-27 导入背景

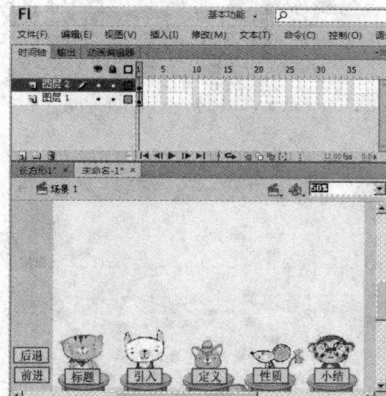
图 9-28 拖入按钮

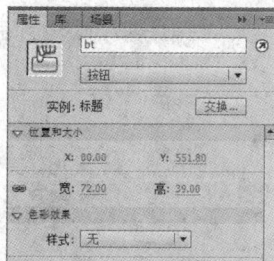
图 9-29 设置实例名称

11 设置实例名称。选择按钮元件"标题",打开【属性】面板,将其实例名称设置为"bt",如图 9-29 所示;用同样的方法,分别将按钮元件"引入"、"定义"、"性质"、"小结"的实例名称设置为"yr"、"dy"、"xz"、"xj"、"qianjin"、"houtui"。

12 输入文字。新建"图层 3",在舞台上输入文字"认识长方形",打开【属性】面板,将其【大小】设置为"70",如图 9-30 所示。

图 9-30　输入文本

13 添加代码。新建"图层 4",在该图层第 1 帧,打开【动作】面板,输入下列代码:

```
    import flash.events.MouseEvent;
stop();
chongfu();
function chongfu():void
{
qianjin.addEventListener(MouseEvent.CLICK,daohang);
    houtui.addEventListener(MouseEvent.CLICK,daohang);
    bt.addEventListener(MouseEvent.CLICK,daohang);
  yr.addEventListener(MouseEvent.CLICK,daohang);
  dy.addEventListener(MouseEvent.CLICK,daohang);
  xz.addEventListener(MouseEvent.CLICK,daohang);
  xj.addEventListener(MouseEvent.CLICK,daohang);
}
function daohang(evt:MouseEvent):void
{
switch (evt.target.name)
  {
case "bt" :
    MovieClip(this.root).gotoAndPlay(1,"场景 1");
    break;
  case "yr" :
    MovieClip(this.root).gotoAndPlay(1,"引入");
    break;
  case "dy" :
```

```
                    MovieClip(this.root).gotoAndPlay(1,"定义");
                    break;
            case "xz" :
                    MovieClip(this.root).gotoAndPlay(1,"性质");
                    break;
            case "xj" :
                    MovieClip(this.root).gotoAndPlay(1,"小结");
                    break;
            case "qianjin" :
                    nextFrame();
                    break;
            case "houtui" :
                    prevFrame();
                    break;
        }
}
```

14 创建场景。打开【场景】面板，选择"场景 1"，单击【重制场景】按钮，新建"场景 1 复制"，如图 9-31 所示。双击场景名称"场景 1 复制"，设置场景名称为"引入"，如图 9-32 所示。

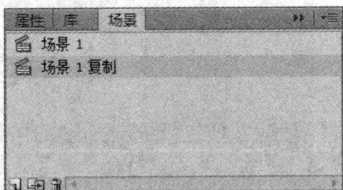

图 9-31　复制场景

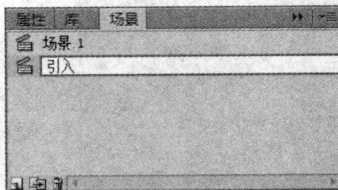

图 9-32　重命名场景

15 导入素材。选择"图层 3"，删除文字"认识长方形"，将素材图片"电视机"导入到舞台上，如图 9-33 所示。

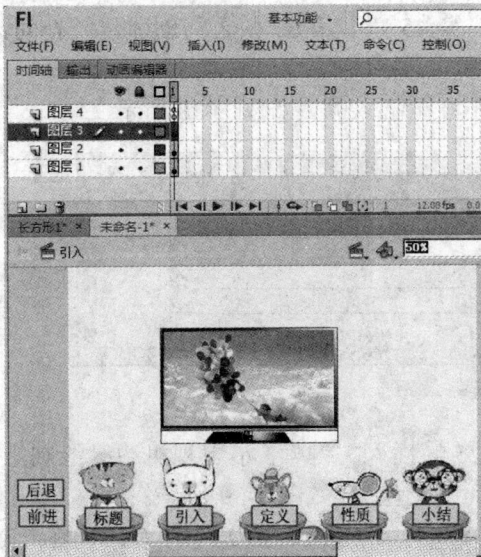

图 9-33　导入素材

图 9-34　转换为元件

16 转换为元件。将素材图片转换为名称为"电视机"的影片剪辑元件，如图 9-34 所示。

17 插入关键帧。分别在"图层 3"的第 20 帧、45 帧、65 帧处插入关键帧，如图 9-35 所示。

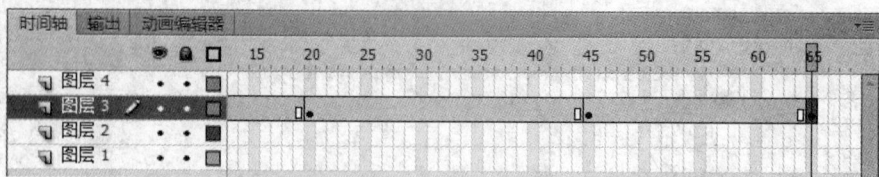

图 9-35　插入关键帧

18 设置 Alpha 值。选择第 1 帧中的影片剪辑，打开【属性】面板，选择【色彩效果】的样式为 Alpha，将其设置为 0，如图 9-36 所示。用同样的方法将第 65 帧中的影片剪辑的 Alpha 值设置为 0。

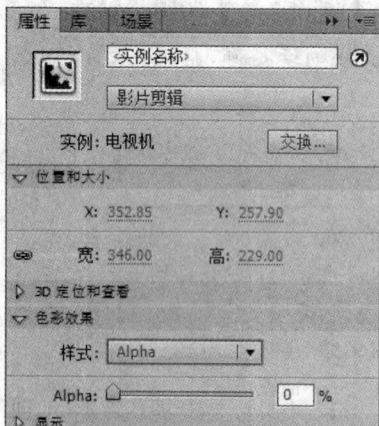

图 9-36　设置 Alpha 值

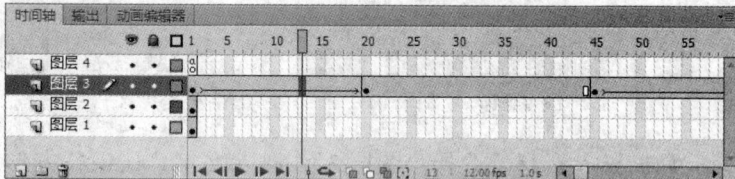

图 9-37　传统补间

19 创建传统补间。分别在第 1 帧和第 20 帧、第 45 帧和第 65 帧之间创建传统补间，如图 9-37 所示。

20 插入帧。在"图层 1"至"图层 3"的第 100 帧插入帧，如图 9-38 所示。

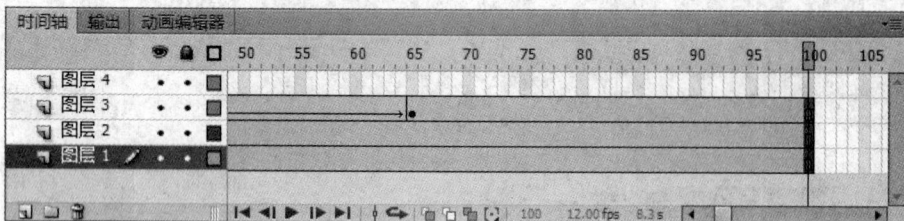

图 9-38　插入帧

21 绘制矩形。新建"图层 5"，在该图层的第 25 帧插入关键帧，沿电视机边缘绘制矩形，设置其【笔触颜色】为"#FF00FF"，【填充颜色】为"无色"，如图 9-39 所示。

22 插入关键帧与空白关键帧。分别在"图层 5"的第 27 帧、第 29 帧、第 31 帧、第 45 帧插入关键帧，然后，在第 26 帧、第 28 帧、第 30 帧插入空白关键帧，如图 9-40 所示。

图 9-39　绘制矩形

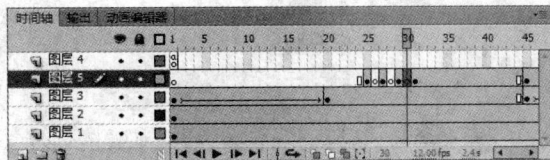

图 9-40　插入关键帧与空白关键帧

23 创建传统补间。将"图层 5"的第 45 帧的矩形向右上方移动，然后在第 31 帧和第 45 帧之间创建传统补间，如图 9-41 所示。

24 导入素材。新建"图层 6"，在其第 60 帧插入关键帧，将素材图片"小房子"导入到舞台上，如图 9-42 所示。

图 9-41　创建传统补间

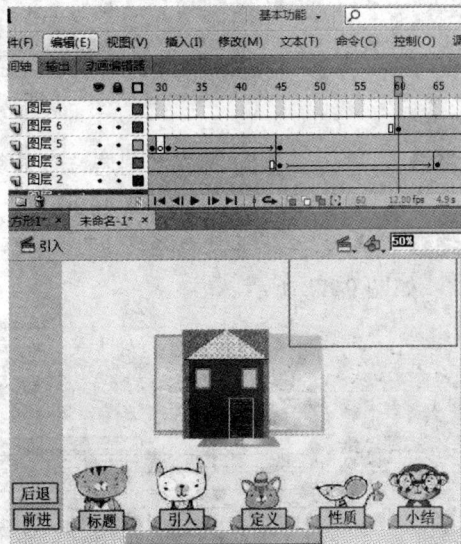

图 9-42　导入素材

25 创建传统补间。将素材图片转换为名称为"小房子"的影片剪辑元件，在"图层 6"的第 80 帧插入关键帧，然后，选择第 60 帧中的影片剪辑，将其 Alpha 值设置为 0；最后在第 60 帧与第 80 帧之间创建传统补间，如图 9-43 所示。

26 绘制矩形。新建"图层 7"，在该图层的第 80 帧插入关键帧，沿小房子墙面绘制矩形，设置其【笔触颜色】为"#0000FF"，【填充颜色】为"无色"，如图 9-44 所示。

图 9-43　创建传统补间

图 9-44　绘制矩形

27 插入关键帧与空白关键帧。分别在"图层 7"的第 82 帧、第 84 帧、第 86 帧、第 96 帧插入关键帧，然后在第 81 帧、第 83 帧、第 85 帧插入空白关键帧，如图 9-45 所示。

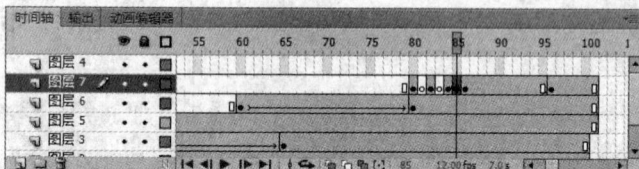

图 9-45　绘制矩形

28 创建传统补间。将"图层 7"的第 96 帧的矩形向右下方移动，然后在第 86 帧和第 96 帧之间创建传统补间，如图 9-46 所示。

29 输入文字。新建"图层 8"，在舞台上方输入文字"在生活和学习中，我们常见到长方形"，如图 9-47 所示。

图 9-46　创建传统补间

图 9-47　输入文字

30 输入文字。在"图层 8"的第 96 帧插入关键帧，输入文字"右侧的两个图形是长方形吗？"，如图 9-48 所示。

31 修改代码。将"图层 4"中第 1 帧的代码修改为："chongfu();"；并在其第 100 帧插入帧。

32 添加代码。新建"图层 9"，在该图层第 100 帧插入关键帧，打开【动作】面板，输入代码"stop();"。

33 创建场景。打开【场景】面板，选择"场景 1"，单击【重制场景】按钮，创建"场景 1 复制"，如图 9-49 所示；双击场景名称"场景 1 复制"，设置场景名称为"定义"，如图 9-50 所示。

34 绘制矩形。选择"图层 3"，删除文字"认识长方形"，在舞台上绘制矩形，设置其【笔触颜色】为"#0000FF"，【填充颜色】为"无色"，如图 9-51 所示。

图 9-48 输入文字

35 插入关键帧。在"图层 3"的第 25 帧插入关键帧，并将矩形水平移至右端，如图 9-52 所示。

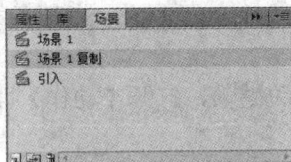
图 9-49 复制场景

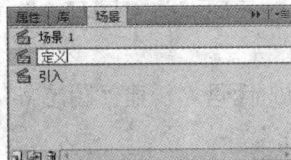
图 9-50 重命名场景

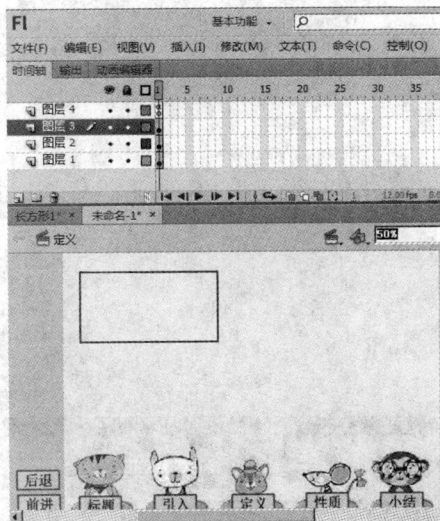
图 9-51 绘制矩形

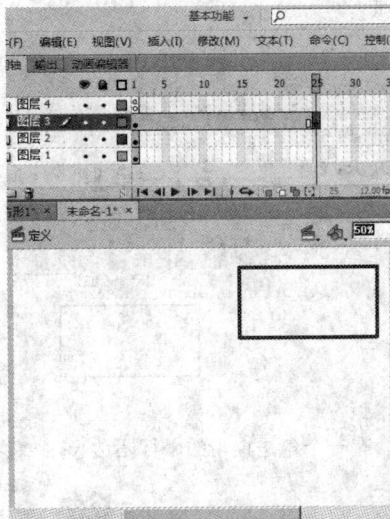
图 9-52 插入关键帧

36 创建传统补间。在"图层 3"第 1 帧和第 25 帧之间创建传统补间，然后选择第 1 帧中的矩形，打开【变形】面板，将其水平倾斜"25"，即变形为"平行四边形"，如图 9-53 所示。

37 插入帧。分别在"图层 1"至"图层 3"的第 30 帧插入帧，如图 9-54 所示。

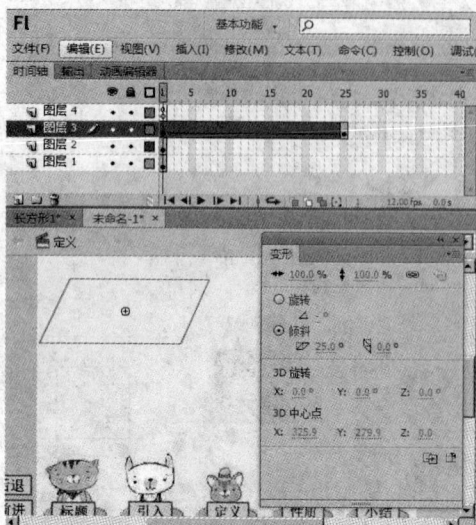

图 9-53　创建传统补间

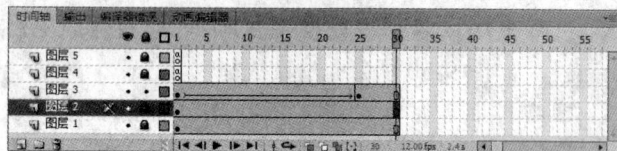

图 9-54　插入帧

38 输入文字。新建"图层 5"，在其第 25 帧处插入关键帧，在舞台上输入文字"长方形：有一个角是直角的平行四边形。"如图 9-55 所示。

39 修改代码。将"图层 4"中第 1 帧的代码修改为："chongfu();"；并在其第 30 帧插入帧。

40 添加代码。新建"图层 6"，在该图层第 30 帧插入关键帧，打开【动作】面板，输入代码"stop();"。

41 创建场景。打开【场景】面板，选择"场景 1"，单击【重制场景】按钮，创建"场景 1 复制"，如图 9-56 所示；双击场景名称"场景 1 复制"，设置场景名称为"性质"，如图 9-57 所示。

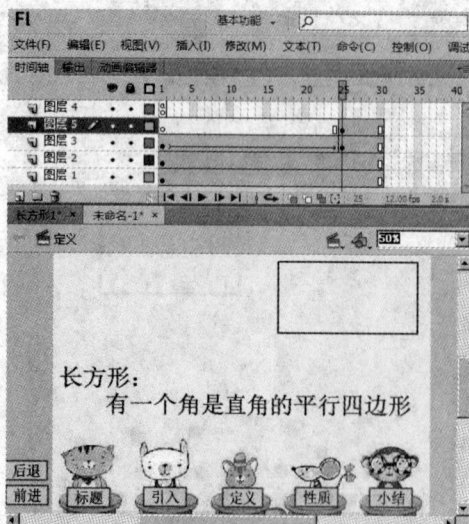

图 9-55　输入文字

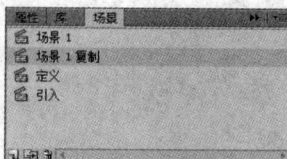

图 9-56　复制场景

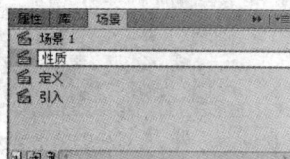

图 9-57　重命名场景

42 输入文字。选择"图层 3"，将文字"认识长方形"，修改为"定理 1：长方形的四个角都是直角；"，如图 9-58 所示。

43 插入关键帧。在"图层 3"的第 2 帧插入关键帧，输入文字："定理 2：长方形的对角线相等。"如图 9-59 所示。

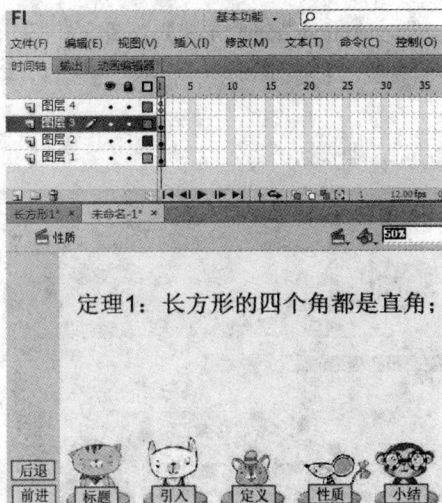

图 9-58　输入文字

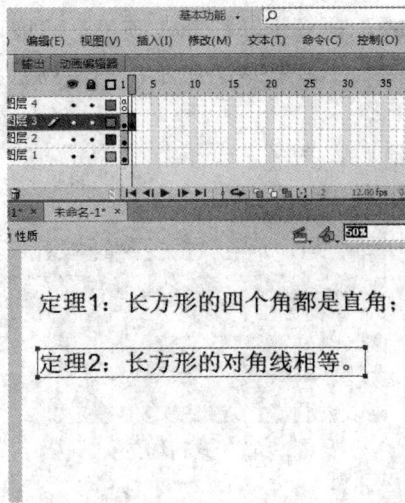

图 9-59　插入关键帧

44 插入帧。分别在"图层 1"和"图层 2"的第 2 帧插入帧，如图 9-60 所示。

45 拖入"前进"按钮。选择"图层 2"的第 1 帧，将按钮元件"前进"拖入到舞台上，如图 9-61 所示。

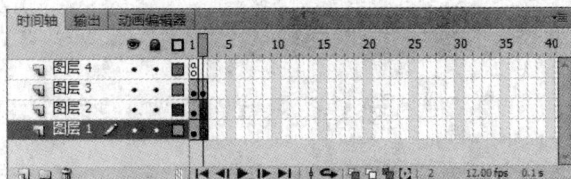

图 9-60　插入帧

图 9-61　拖入按钮

46 拖入"后退"按钮。选择"图层 2"的第 2 帧，将按钮元件"后退"拖入到舞台上，将按钮元件"前进"拖到舞台外，如图 9-62 所示。

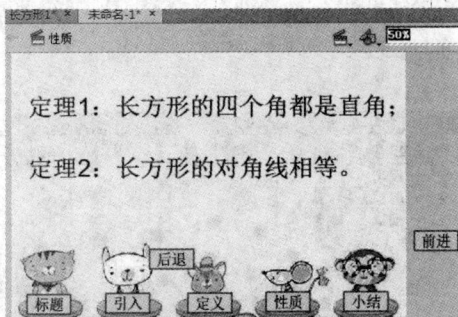

图 9-62　拖入按钮

47 修改代码。将"图层 4"中第 1 帧的代码修改为如下代码：

```
stop();
chongfu();
```

48 创建场景。打开【场景】面板，选择"场景 1"，单击【重制场景】按钮，创建"场景 1 复制"，如图 9-63 所示；双击场景名称"场景 1 复制"，设置场景名称为"小结"，如图 9-64 所示。

49 输入文字。选择"图层 3"，将文字"认识长方形"删除，输入文字"小结"、"1、定义："，如图 9-65 所示。

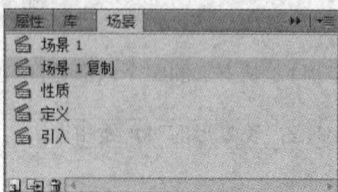

图 9-63　复制场景

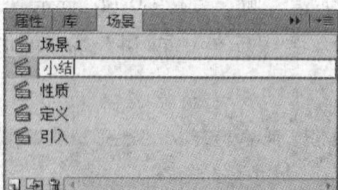

图 9-64　重命名场景

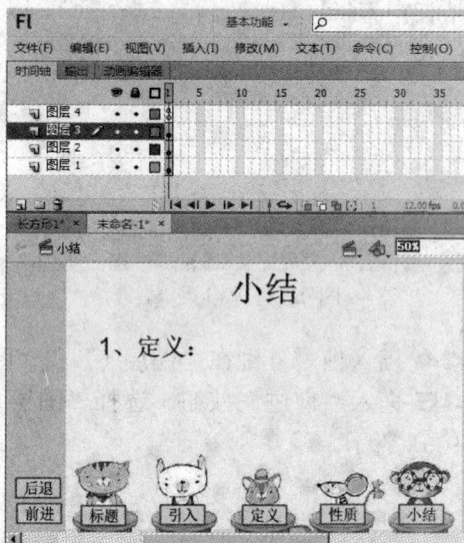

图 9-65　输入文字

50 插入关键帧。在"图层 3"的第 2 帧插入关键帧，输入文字："长方形是有一个角是直角的平行四边形。"如图 9-66 所示。

51 插入帧。分别在"图层 1"至"图层 3"的第 7 帧插入帧，如图 9-67 所示。

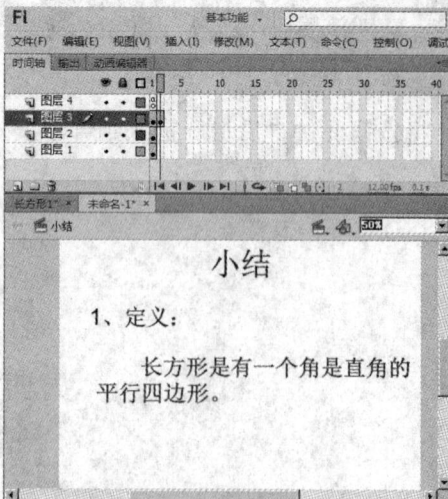

图 9-66　插入关键帧

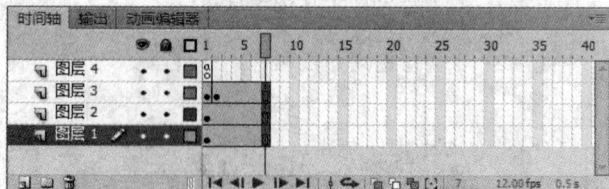

图 9-67　插入帧

52 输入文字。在"图层 3"的第 3 帧插入关键帧，将文字修改为："小结"、"2、性质："，如图 9-68 所示。

53 输入文字。在"图层 3"的第 4 帧插入关键帧，输入文字："（1）长方形的四个角都是直角；"如图 9-69 所示。

图 9-68 输入文字

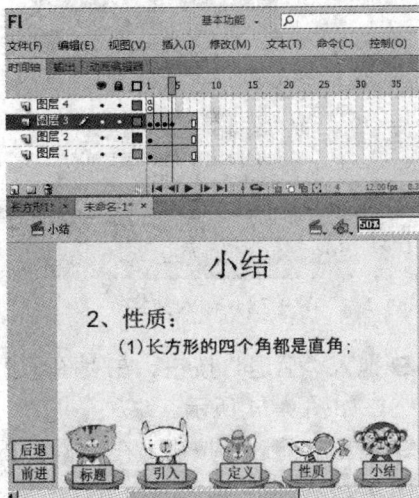

图 9-69 输入文字

54 输入文字。在"图层 3"的第 5 帧插入关键帧，输入文字："（2）长方形的对边平行且相等；"如图 9-70 所示。

55 输入文字。在"图层 3"的第 6 帧插入关键帧，输入文字："（3）长方形的对角线相等且互相平分；"如图 9-71 所示。

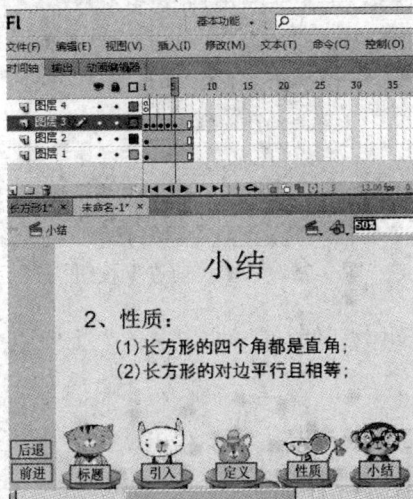

图 9-70 输入文字

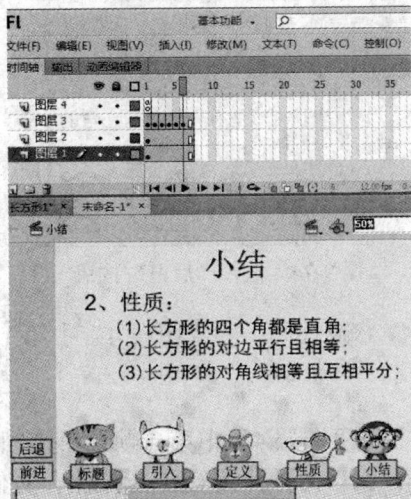

图 9-71 输入文字

56 输入文字。在"图层 3"的第 7 帧插入关键帧，输入文字："（4）长方形是轴对称图形。"如图 9-72 所示。

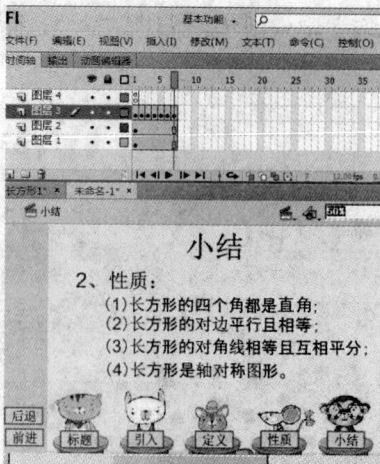

图 9-72　输入文字

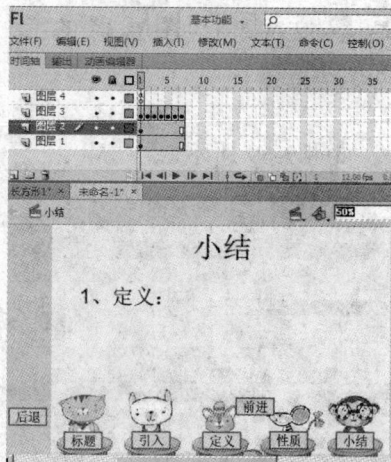

图 9-73　拖入"前进"按钮

58 拖入"后退"按钮。在"图层 2"的第 2 帧插入关键帧，并将按钮元件"后退"拖入到舞台上，如图 9-74 所示。

59 移出"前进"按钮。在"图层 2"的第 7 帧插入关键帧，将按钮元件"前进"移出舞台，如图 9-75 所示。

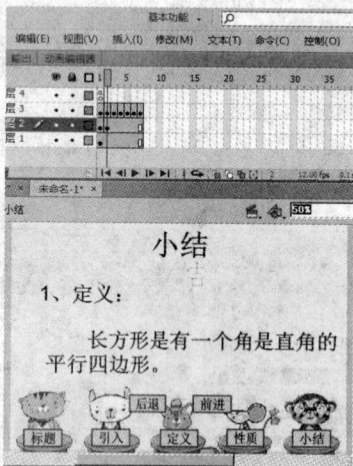

图 9-74　拖入"后退"按钮

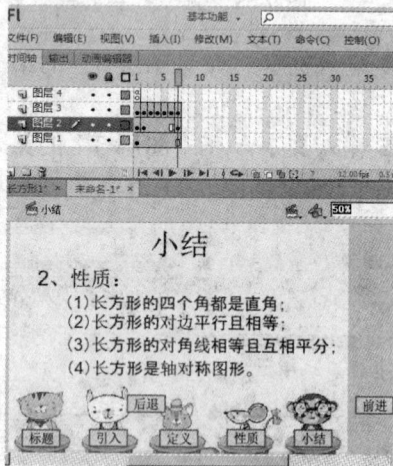

图 9-75　移出"前进"按钮

60 修改代码。将"图层 4"中第 1 帧的代码修改如下代码：

```
chongfu();
stop();
```

然后将"图层 4"中第 2 帧至第 7 帧分别添加代码："stop();"。

61 保存文件。按 Ctrl+S 键保存文件，按 Ctrl+Enter 键测试影片。

以上是一个完整的长方形课件制作过程，大家可以根据自己的情况进行修改。

9.4　课后练习

利用"认识长方形"课件介绍的知识制作"认识三角形"课件。